3000件精品文物　新说陕西古代历史

陕西古代文明

王炜林　主编
陕西历史博物馆　编

陕西师范大学出版总社

《陕西古代文明》编辑委员会

主 任
强 跃

副主任
王炜林

委 员
强 跃　王炜林　程 旭
庞雅妮　魏成广　朱 铭

主 编
王炜林

副主编
谭前学

撰 稿
王炜林　胡中亚　梁彦民　谭前学
张维慎　杨效俊　晏新志　田小娟

前言

陕西地处中国腹地,黄河中游。这里山川壮美,物产丰饶,人文荟萃,兼有黄土高原的苍莽豪迈、关中平原的广阔坦荡和秦巴山区的巍峨雄奇。这种独特的自然环境为陕西古代文明的演进和社会发展提供了得天独厚的条件,成就了陕西在中华文明史上的重要地位:

115万年前亚洲北部最早的直立人——蓝田猿人用打击石器和星星之火,拉开了中国历史的帷幕;

5000年前的炎、黄二帝从陕西黄土高原出发,一路高歌猛进将中国带进了文明时代,以渭河流域为中心的陕西文化开始走向中华文明的舞台中心;

西周创立的礼乐文化构成了中国传统思想、文化的核心;

秦统一全国后确立的多种制度奠定了中国2000年来政治文明的基础;

汉代开通的丝绸之路使中国因文明发达而闻名于世;

魏晋南北朝的陕西见证了中国历史上规模空前的民族大融合、文化大交流;

隋朝创立的科举制至今仍影响着中国乃至世界众多国家的人才选拔;

唐朝创造了一个让人自豪、让人追忆并永远激励人们昂首奋进的黄金盛世;

唐以后的陕西虽不再是首都所在之地,但长期担负着维系西部稳定、守护中原安全的重任,并在文化传承发展方面取得了很多有巨大影响的成就。

总之,在陕西上演的历史活剧,既上牵江山社稷,也下连黎民百姓;既事关中国前途，也牵动世界命运；既影响生产方式的变迁、生活方式的沿袭，也关乎上层建筑的演进、民族精神和文化心理的塑造；既决定着古代中国的发展方向，也跨越时空影响着现代中国的政治经济、思想文化、社会生活。源远流长、博大精深的陕西文化既构成了中国文化的血脉筋骨，也谱写了中华文明最耀眼的华彩乐章。

陕西独特的历史地位造就了陕西丰富的文化遗存，也成就了陕西历史博物馆"古都明珠，华夏宝库"的美誉。作为全国最有影响的国家级博物馆之一，陕西历史博物馆馆藏文物多达171万件。这些文物不但全面反映了陕西历史文化的概貌，而且还以其无与伦比的典型性、完整性和序列性，充分体现了中国古代文明的博大精深。而荟萃了近3000件馆藏精品的基本陈列——"陕西古代文明"展览，以时代为序，将陕西古代文明划分为史前、周、秦、汉、魏晋南北朝、隋唐、宋元明清七个阶段，运用最新的展陈理念和展陈方式，在5000平方米的展厅、2000余米长的展线上系统地展示了陕西乃至中国古代文明孕育、发展、鼎盛的过程以及陕西古代文明的发展成果，是公众最直观、最便捷、最形象地了解陕西历史文化以及中华优秀传统文化的载体，长期受到社会各界的热捧。

为了增进公众对陕西历史文化、"陕西古代文明"展览的深度理解，陕西历史博物馆特别组织部分参与"陕西古代文明"展览设计工作的人员，按照展览的框架结构，编写了这本《陕西古代文明》。在编写的过程中，除了注重吸取最新研究成果外，还努力避免过去以博物馆藏品或展览为题材的图书常见的单纯从考古学和器物学角度出发过分学术化的倾向，注重深入发掘文物的文化内涵，以及文字的可读性和器物的观赏性，力求让读者既能感受到陕西的历史脉络和文化特征，又能感受到它的神韵辉煌，从而让更多的人走进陕西，走进陕西历史博物馆。

目录

第一单元　文明摇篮 …………………………………………… /3

　一、人猿揖别 ……………………………………………………… /4

　　　1. 直立人 ……………………………………………………… /6

　　　2. 早期智人 …………………………………………………… /12

　　　3. 晚期智人 …………………………………………………… /14

　二、华夏源脉 ……………………………………………………… /17

　　　1. 氏族初兴——老官台文化 ………………………………… /18

　　　2. 文化一统——仰韶时代 …………………………………… /22

　　　3. 古国肇始——龙山时代 …………………………………… /43

第二单元　赫赫宗周 …………………………………………… /55

　一、凤鸣岐山 ……………………………………………………… /56

　　　1. 周人起源 …………………………………………………… /56

　　　2. 周原立国 …………………………………………………… /62

　　　3. 周国四邻 …………………………………………………… /66

　二、礼乐之邦 ……………………………………………………… /74

　　　1. 武王灭商 …………………………………………………… /74

2. 建都丰镐 ································· /77
　　3. 封国采邑 ································· /82
　　4. 礼制刑罚 ································· /85
　　5. 战争交往 ································· /90
　三、经济文化 ··································· /94
　　1. 百工技艺 ································· /94
　　2. 货殖交通 ································· /98
　　3. 青铜艺术 ································· /102

第三单元　东方帝国——秦 ······················ /107
　一、崛起西部 ··································· /108
　　1. 岐丰建国 ································· /108
　　2. 圣都雍城 ································· /112
　　3. 变法图强 ································· /115
　　4. 葬仪恢宏 ································· /119
　二、天下一统 ··································· /123
　　1. 皇皇帝都 ································· /123
　　2. 横扫六合 ································· /128
　　3. 皇权一统 ································· /133
　　4. 骊山夕照 ································· /143

第四单元　大汉雄风 ···························· /151
　一、汉都长安 ··································· /152
　　1. 龙墀凤阁 ································· /152
　　2. 离宫别苑 ································· /156

3.皇家陵阙 ………………………………………………… /158

　二、经济繁荣 ………………………………………………………… /161

　　　1.农桑牧渔 ………………………………………………… /161

　　　2.冶炼织造 ………………………………………………… /164

　　　3.商贾市肆 ………………………………………………… /169

　三、社会图景 ………………………………………………………… /172

　　　1.时人生活 ………………………………………………… /172

　　　2.科技文化 ………………………………………………… /176

　四、开拓交流 ………………………………………………………… /178

　　　1.汉与匈奴 ………………………………………………… /178

　　　2.凿空西域 ………………………………………………… /182

第五单元　冲突融合——魏晋南北朝 ………………………………… /187

　一、魏蜀相争 ………………………………………………………… /188

　二、群雄逐鹿 ………………………………………………………… /190

　三、融合互通 ………………………………………………………… /201

　　　1.民族融合 ………………………………………………… /201

　　　2.丝路来客 ………………………………………………… /205

　　　3.多彩生活 ………………………………………………… /209

　四、长安佛光 ………………………………………………………… /213

第六单元　盛唐气象 …………………………………………………… /217

　一、东方名都 ………………………………………………………… /218

　二、巍巍帝陵 ………………………………………………………… /221

　三、巅峰盛世 ………………………………………………………… /228

1. 公私仓廪俱丰实——农牧业 /228
　　2. 方寸巧心通万造——手工业 /230
　　3. 万邦商旅会长安——商业赋税 /246

四、灿烂文化 /248
　　1. 云髻明珠映罗裙——服饰艺术 /248
　　2. 挟弹飞鹰霓裳曲——文化娱乐 /258
　　3. 莲花影里数楼台——宗教文化 /271

五、丝路繁华 /277
　　1. 流沙昆仑涉越勤——异域使者 /278
　　2. 泱茫瀚海闪遗珍——丝路遗存 /283

第七单元　文脉绵长——唐以后的陕西 /295

一、西北重镇 /296
　　1. 屏藩要冲 /296
　　2. 经略西北 /299
　　3. 名门望族 /306

二、世俗百态 /312
　　1. 雅俗衣冠 /312
　　2. 耀州青瓷 /317
　　3. 精致生活 /321
　　4. 宗教世界 /328

跋 /335
作者简介 /341

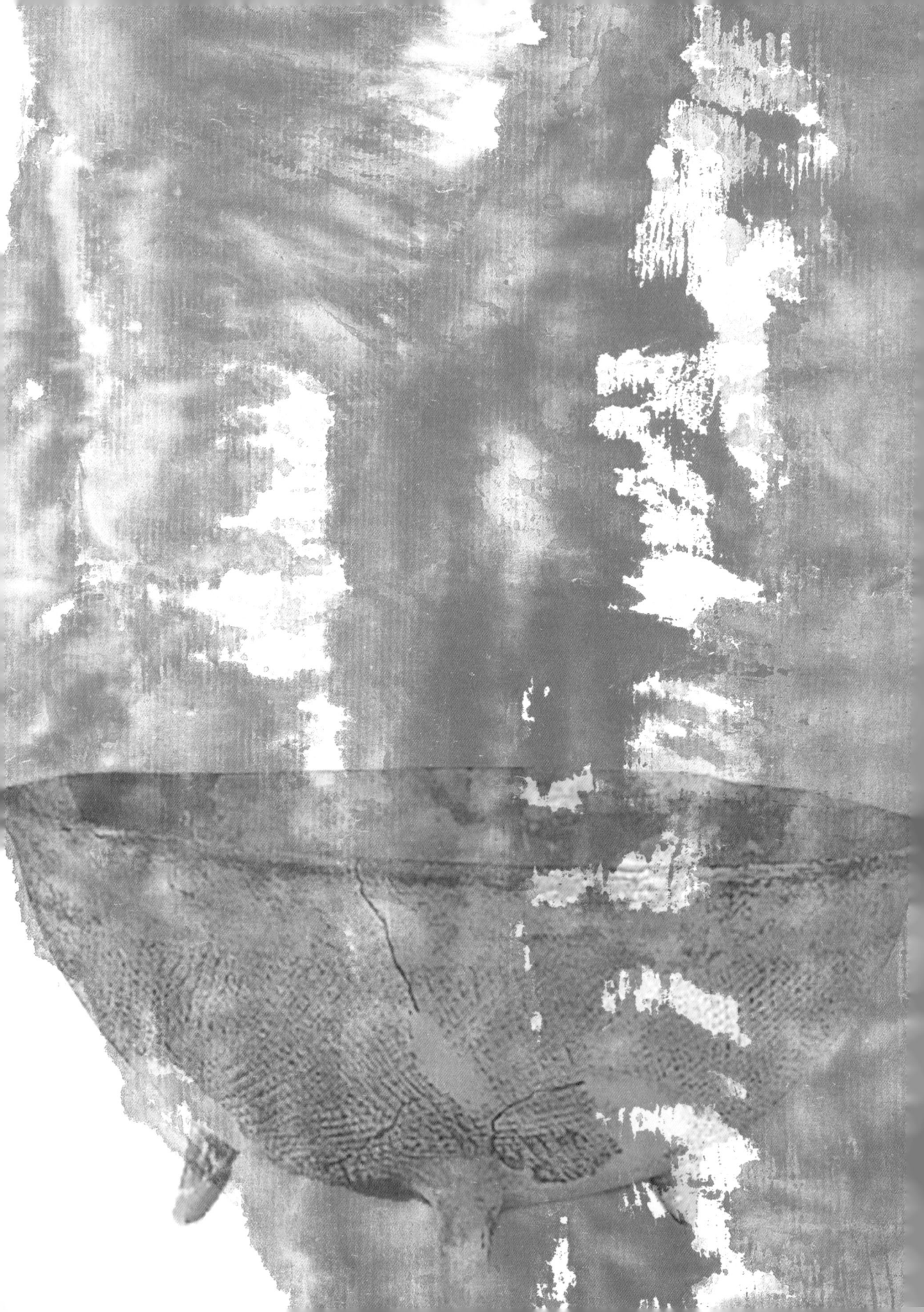

第一单元

文明摇篮

从蒙昧、野蛮到文明，生生不息、延绵不绝的中华文化漫步而来，富饶丰沃的陕西大地孕育了它的童年。

地理环境优越、气候条件适宜的三秦大地是我国史前人类最早的聚居地之一，蓝田人、大荔人、黄龙人等以接力的方式自旧石器时代一路走来，用打击石器和星星之火创造并改变自己。从聚落初兴、文化一统到古国肇始，从以白家村为代表的老官台文化，到以半坡、杨官寨环壕聚落为代表的仰韶时代，再到以石峁古城为代表的龙山时代，先民一步步从蒙昧迈向文明。他们创造的悠久灿烂的历史文化星罗棋布，序列完整。"一个你来我去、我来你去，我中有你、你中有我，而又各具个性的多元统一体"的华夏文明在三秦大地上不断成长，最终成为中华文明最重要也最集中的发源地。

一　人猿揖别

"我们从哪里来"一直是人类认识自我的永恒话题，人类探索自身的脚步从未停歇。西方人说上帝耶和华神用尘土创造了亚当，又用亚当的一根肋骨变出了夏娃；古老的东方流传着女娲抟土造人的神话。那么人类究竟从何而来呢？直到19世纪中叶，达尔文的经典著作《物种起源》问世，提出人是从猿进化而来的，人类终于开启了科学探索自身起源问题的大门。深藏地下的古猿和古人类化石便成了重建人类史前时代历史的主要线索。大量涌现的古人类化石及其文化遗物极大地弥补了早期人类研究的空白，进而勾画出南方古猿、能人、直立人、早期智人、晚期智人等人类起源与演化进程的大致轮廓。

进化阶段		化石发现地区	距今年代（万年）	脑量（毫升）	特　点
南方古猿		非洲	400—100	400—500	与黑猩猩相似，颅内膜的形态已经和人类相近
能人		非洲	200	510—752	已经开始制造工具，可能具有语言能力
直立人		非洲 亚洲 欧洲	200—20	600—1251	开始使用火，制造石器、骨器等多种工具，集体狩猎，以天然洞穴为栖身之所
智人	早期智人（古老型智人）	非洲 亚洲 欧洲	20—5	1300—1400	石器制造技术提高，用途分工明显；可以人工取火；还出现了有意识埋葬死者的习俗
	晚期智人	非洲 亚洲 欧洲 大洋洲 美洲	5—1	1300—1400	装饰品加工中出现了磨制技术和钻孔技术，为后来的磨制石器奠定了基础；使用骨针缝制衣服，抵御风寒；出现了美化自己的装饰品；岩画、骨雕、石雕人物像和动物形象，表明原始艺术和原始宗教意识的存在；埋葬死者的习俗更普遍

南方古猿　　能人　　直立人　　早期智人　　晚期智人

>> 古人类进化简表

学术界虽已公认人是由猿发展而来的，但人类不是从某一种古猿直接演化而来，而是不断分化的产物。距今400多万年的南方古猿是目前所知的跨越人猿界限最早的代表，是"正在形成中的人"。他们原本成群地生活在热带和亚热带森林中，后来一部分古猿为寻找食物从树栖转移到地面活动，并逐渐学会直立行走，前肢得以解放，脑容量不断增大。当南方古猿发现把两块石头放在一起互相敲击可以让其中一块变得锋利时，他们成了最早的工具制造者。直立行走和制造工具因此也成为人区别于猿的重要标志，自此掀开了人类演化历史的新篇章。

能人是南方古猿其中一支的后代，是早期的人属动物之一，大约生活在距今250万—160万年的时代。他们的体质特征较南方古猿有所进步，脑容量也提升到600多毫升，所制造的工具也更为进步，因此其拉丁文名被称为"手巧的人"（Homo habilis）。能人继而发展成直立人，再发展演化成后来的早期智人、晚期智人。晚期智人已经和现代人非常接近，但不同区域人类的肤色、发型、五官也还有一些区别，因此划分为黄种人、白种人、黑种人。这一过程中也并不排除人类近亲的某些分支先后灭绝，比如现代欧洲人的祖先的近亲尼安德特人最后就消失了。

世界各地目前发现的南方古猿和能人化石材料主要集中分布在非洲，因此学术界普遍认为早期人类应该起源于非洲，直到距今150万年时直立人出现后才"第一次走出非洲"扩散到欧亚大陆。但在亚洲也发现有腊玛古猿等古猿化石，可能人类起源诞生的过程远比我们想象的要更为复杂。虽然目前的考古发现和研究已经大为进步，但人类起源这一问题仍未能完全阐述清楚。根据目前的发现，非洲和亚洲无疑是最有希望的地区。

幅员辽阔、物资丰饶、环境优越的中华大地一直是早期人类谱写生命乐章的重要摇篮。古老三秦大地上生生不息地繁衍着的蓝田人、大荔人、黄龙人等先民，不仅完整地展示出中国早期人类体质、智力的成长历程，更代表着中国旧石器文化在世界文化格局中发展演化、自成体系的重要地位。

| 直立人 |

在100多万年前的中更新世早期,考古学上属旧石器时代早期,秦岭还未抬升成横亘陕西南北的地理屏障,关中盆地温暖而湿润的气候孕育了亚洲北部迄今所知最古老的直立人——蓝田人。蓝田人,亦称"蓝田直立人"或"蓝田猿人",20世纪60年代发现于陕西省蓝田县公王岭和陈家窝两个地点。

公王岭发现有1个头盖骨、3颗牙齿和1件上颌骨,属于一名40岁左右的成年女性。人骨化石头颅粗壮,额骨宽阔并向后倾斜,眉嵴突出,吻部前突,脑容量仅有780毫升。这些比较原始的体质特征说明其还处于直立人早期阶段,古地磁测年结果为距今约163万年。

陈家窝发现有1件下颌骨并原位附着13颗牙齿,可能属于一位老年女性个

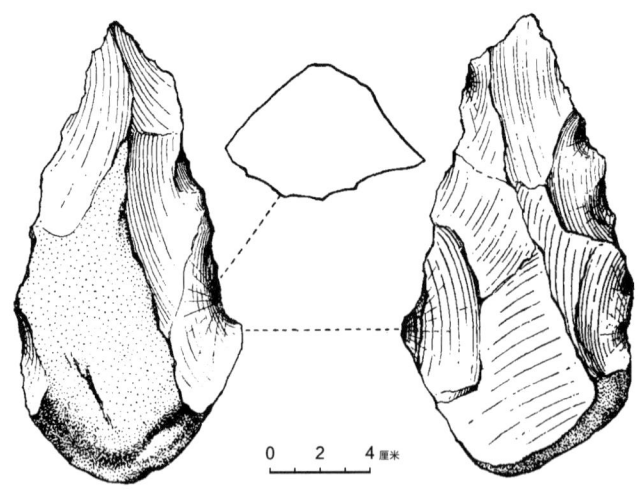

>> 公王岭大尖状器

见戴尔俭《陕西蓝田公王岭及其附近的旧石器》。

体。下颌骨颏孔较多，有明显的联合部突起和联合棘，下颌明显向后倾斜并有明显的颏三角。同时左右两侧第三臼齿（智齿）未见萌生，一般认为智齿先天性缺失是较为进化的特征。因此整体来看，蓝田陈家窝人的体质特征较蓝田公王岭人要稍稍进步一些，古地磁测年距今65万—60万年，应该处在直立人较晚阶段。而且陈家窝下颌骨化石右侧第一臼齿生前脱落，齿槽萎缩，牙根岔暴露，反映其曾患过牙周疾病，这在直立人中是首次发现。

　　蓝田公王岭人到蓝田陈家窝人之间的一百万年中发生了环境巨变。与蓝田公王岭人化石伴出的哺乳动物化石多为剑齿虎、东方剑齿象、大熊猫等南方类型的动物，而陈家窝地层则多出复齿兔、丁氏鼢鼠等北方类型的动物，表明当

时渭河流域的气候由温暖湿润渐趋寒冷干燥。二者的体质也发生了一些变化，但他们的阶段性整体特征仍比较相似，因此被确定为同一类型，称为蓝田直立人（Homo erectus Lantianensis）。

尽管蓝田人在体质上比较原始，但他们已经能够制造工具并学会了用火。在公王岭、陈家窝及其邻近的十几个地点发现了他们制造的石制品，主要有器形简单、加工粗糙的大尖状器、大型多边砍砸器、刮削器和石球等，可能还有一些未能保存的木棒等木质工具。公王岭化石地点及其附近的地层中就发现有一些灰烬和炭屑，距离公王岭不远且年代接近的辋川锡水洞遗址还发现有灰烬层和烧骨，这些都表明蓝田人已经学会了用火。火的使用是人类社会最有决定性意义的进步之一，用火熟食可以增强人的体质，而且火也提高了人类适应更为寒冷的自然环境的能力，人类的活动范围由此大大扩展。蓝田人正是用这些最原始的工具，采集野生植物果实，挖掘植物根茎，狩猎食草动物，捕捞水生动物，用火熟食、御寒和抵御野兽，过着居无定所的游移生活。

在关中气候渐趋干冷的同时，陕南适宜的气候和优越的自然环境孕育了众多的远古人类，在汉水上游尤其是洛南盆地即分布着众多的直立人旷野活动地点和洞穴生活居址，成为目前所知全球最为密集的早期人类活动区域之一。

目前共发现有200多处旷野地点，大多集中分布在洛南盆地的南洛河及其支流两岸的二级以上不同高度的阶地上。热释光测年结果显示年代距今50万—25万年，而古地磁测年表明有些包含石制品地层的年代最早距今80万年左右，表明这一区域在距今80万—25万年间应存在大量远古人类反复和持续性活动。这些旷野地点遗址群中保留了大量的石制品，加工比较简单，以手斧、手镐、薄刃斧、砍砸器及石球等重型石片和砾

>> 洛南盆地张豁口地点手斧

石工具为代表。尤以手斧最为特殊，为两面打制而成，呈泪滴形，头端较尖较薄，尾端略宽略厚，便于手握，因此称为手斧。手斧左右两边和正反两面基本对称，形制大小一般相差不大，被认为是人类历史上第一种标准化加工的工具，代表了当时直立人石器加工制作技术的最高水平。

洞穴居址以洛南花石浪龙牙洞最为典型，发现有7万多件石制品和20多种动物化石以及人类踩踏活动面、灰烬层、烧石、烧骨等大量文化遗迹和遗物。部分石器还能进行拼合复原，表明应是一处原地埋藏的居址，这无疑真实地再现了早期人类围坐篝火敲骨吸髓、制造石器的生活起居场景。石制品以中小型石片和刮削器、尖状器以及雕刻器等简单组合的石片工具为代表。这些工具与旷野地点遗址群的石器种类差异显著，很有可能这些旷野地点仅是早期人类野外获取动植物资源的活动场所或临时性的停靠营地，因此所用工具的差异应是功能上的分化。

值得注意的是，洛南盆地旷野旧石器遗址群发现的手斧、薄刃斧和手镐等在东亚区域非常少见，而在欧亚大陆西侧和非洲大陆的阿舍利文化中比较常见。曾有学者以"莫维斯线"将这种差异划分为东、西方两个不同的文化传统和文化区。因此洛南盆地的这些发现一方面对"莫维斯线"所确认的旧大陆存在两个文化区，东方没有以手斧等为代表的阿舍利石器工业类型器物的说法造成了极大冲击；另一方面也为人们重新审视旧石器时代早期欧亚大陆人类的技术交流提供了契机。

>> 洛南盆地张豁口旧石器旷野地点2011年发掘现场

早期智人

经过直立人漫长的发展，在距今二三十万年前的更新世中期，陕西先民的体质和生产技术都进入了一个新的发展阶段，他们的手更为灵巧，头脑也越发健全，进化为"智人"（有智慧的人类）。这一阶段，他们的体质特征已经比较接近现代人，所创造的文化也由最原始的旧石器时代早期步入旧石器时代中期，发现于陕西省大荔县的大荔人即是典型代表。

大荔人于1978年发现于大荔县段家乡解放村甜水沟的崖壁上，是一具相当完整的人类头骨化石，推测属于一个30岁左右的男性。大荔人头骨颅穹低矮，有矢状嵴，颅骨壁厚，眉嵴粗壮，颧弓位置低，有枕骨圆枕等特征，与直立人相似，而颧弓较细，眶上结节等特征又与现代人相似。脑容量约为1120毫升，与

>> 大荔人头骨化石

蓝田人相比有了较大提升。因此从体质特征来看大荔人表现出明显的镶嵌进化现象，很可能是早期智人中一种较早的古老类型，处在直立人到早期智人的过渡阶段，绝对年代在距今30万—20万年之间。同时，大荔人面骨低矮、鼻梁扁塌、颧骨高突、发育有印加骨和矢状嵴等特征又表现出与现代蒙古人种极为密切的近缘关系，可能是正在形成和发展中的蒙古人种。

现代分子生物学研究认为现代人类很可能是20万年前某一非洲女性祖先的后代。这个女性祖先被称为夏娃，她的后代"第二次走出非洲"并扩散到欧洲、亚洲等地，取代了当地原有的早期智人，因而欧洲、亚洲原先的早期智人并非现代人类的祖先，他们与现代人类之间也没有关系。但大荔人所表现的某些蒙古人种特征无疑对现代人单一起源说的"夏娃理论"提出了挑战，为东亚现代人"连续进化附带杂交"的多地区起源说提供了有力佐证。

与大荔人同出并在其附近的地层中还发现大荔人使用的石核、石片等石器。石器种类以中小型刮削器为主，也有尖状器和少量石锥及雕刻器。石制品的特征表明大荔人的生活仍以狩猎为主，采集为辅。所见石核没有发现预制石核技术，且与华北旧石器时代早期石核技术具有明显相似性和连续性，与此同时，石器种类多样而且已有较为精致的修理技术又表现出一定的进步性。大荔人石器技术所表现出的连续性和进步性，正与大荔人头骨化石所显示的镶嵌进化模式互相照应。

晚期智人

在距今四五万年前的更新世晚期，人类经过直立人和早期智人阶段连续不断的发展后进入晚期智人阶段。人类的体质除一些细微特征仍然比较原始外，解剖学特征已与现代人没有明显差别。在考古学上晚期智人所创造的文化属于旧石器时代晚期，黄龙人、河套人以及旧石器时代与新石器时代过渡阶段的宜川龙王辿遗址即是典型代表。

黄龙人于1975年发现于陕西省黄龙县东莲花山下，是一具相对完整的人类头骨化石。头骨保留有额骨和顶骨部分，从头骨骨缝愈合的程度以及额骨特征可以确定该化石属于30岁以上的男性。从颅穹隆起程度、眶上区、额区发育程度及额鳞倾斜程度来看，应属晚期智人，但矢状嵴发育、骨壁较厚、额部更为向后倾斜、前囟点位置较靠后等特征又表现出一系列较原始的特征，应是早期智人向晚期智人过渡的中间类型，绝对年代距今5万—3万年。

>> 宜川龙山辿遗址远景

>> 宜川龙王辿遗址细石器

　　河套人发现于河套地区的萨拉乌苏河流域，共发现人类化石材料20余件，包括顶骨、额骨、枕骨、面骨、下颌骨等头骨，股骨、肱骨、腓骨、肩胛骨等四肢躯干骨，并伴出有30多种哺乳动物化石和10余种鸟类动物化石，以及大量的石制品、灰烬、烧骨等遗物和遗迹。所发现顶骨矢状弧长度和旋弧指数较为细长等特征明显属晚期智人，存在铲形门齿等特征具有明显的现代蒙古人种属性，绝对年代距今5万—3.7万年。

　　宜川龙王辿遗址位于黄河西岸壶口瀑布旁的二级阶地之上，发现有3万余件石制品、动物骨骼以及多处用火遗迹，距今约2万—1.5万年。石制品主要为具有明显中国华北细石器工业传统特征的细石器，以及一些尖状器、砍砸器和锤、砧、砺石等大型打制石器，尤其发现了石磨盘和在刃部有磨制加工痕迹的

>> 宜川龙王辿遗址细石器

石铲以及穿孔蚌壳装饰品。石磨盘四周打制，磨面光滑，中部有长期研磨而形成的凹陷；据石磨盘上附着的淀粉粒分析来看，石磨盘可能是加工禾本科、坚果类或植物根茎的工具。石铲系用层状节理石材剥片后琢打成舌形，顶端两面经磨制而呈弧形刃，可能与木质手柄配合使用。石磨盘和磨制石铲的发现，表明这一时期的先民已经开始强化植物资源的利用，预示着农业即将出现和以磨制石器等为特征的新石器时代的到来。

>> 宜川龙王辿遗址石磨盘

>> 宜川龙王辿遗址石铲

二　华夏源脉

距今1.2万年左右，全球性的末次冰期消退，气候日渐变暖，人类进入了地质上的全新世时期，人类及其文化的发展也迈入了一个全新的阶段——新石器时代。在考古发现中，一般以出现长期定居的村落，在生产中使用磨制石器和烧制陶器，经营原始农业及家畜饲养作为新石器时代的显著特征。当然，旧石器时代向新石器时代过渡是逐渐实现的，上述新石器时代的显著特征也并非同时出现。

据目前的考古材料来看，新石器时代中国不同地区的文化发展并不平衡，但陕西一直是发展的核心区域。根据文化面貌的不同，中国新石器时代文化又依次可分为老官台文化时期、仰韶时代和龙山时代三个阶段。老官台文化时期，农业和定居逐步开始，是氏族初兴和文化奠基时期；以陕西渭河流域为核心的仰韶文化，策动并实现了中国史前文化的大融合，"文化意义上的中国"开始形成，正是传说中"人文初祖"炎、黄二帝统一华夏的时代；龙山时代的陕西，以超大型城址群落为代表，标志着中国进入了古国时代。

氏族初兴——老官台文化

陕西目前还没有发现早于1万年相当于新石器时代早期的陶器，仅在大荔沙苑发现可能处于旧石器时代向新石器时代过渡阶段的细石器文化。而在距今8000—7000年的新石器时代中期，渭河两岸和汉水上游如雨后春笋般出现大量氏族聚落，目前已发现的聚落遗址有40多处。它们沿河两岸或是在近水源的阶地平原或是在山脚下集群分布，已经发掘的聚落遗址主要有渭河流域渭南北刘、临潼白家村、宝鸡北首岭、华县（现为华州区）老官台、秦安大地湾以及汉水上游的西乡李家村、南郑龙岗寺、商县紫荆等。这些聚落发现的陶器、石器、骨器等遗物和房屋、墓葬、窖穴、陶窑等遗迹所表现的文化特征基本相同，这在考古学上一般被归为一个考古学文化，因20世纪60年代最先在老官台遗址发现故称为老官台文化。后来在汉水流域的西乡李家村发现同一类遗存，考古学家就把陕南这类遗存称为老官台文化李家村类型。

老官台文化所处的时代，是史前人类从山丘走向平原，开拓农业文化生活较早的

>> 老官台文化筒形三足罐

时期。广袤富饶的河流冲积平原成为农业发展的沃土，考古资料显示老官台文化先民已经开始种植黍，所见炭化黍的形态和大小已经脱离完全野生的状态，表明当时人类已经对其进行了栽培和初步的驯化。在渭河上游大地湾遗址中还发现油菜籽遗壳，表明蔬菜和油料作物或已进入人们的食谱。白家村等诸多遗址都发现了具有驯化特征的猪和狗，有的还被用于殉葬，可见猪、狗的驯化和饲养也已相当普遍。但整体来看，黍等农作物和猪、狗等家养动物在生业经济中所占比重仍比较低，先民仍以狩猎采集鹿科动物、野猪等哺乳动物以及野鸡等鸟类和鱼、螺等水生动物为主。因此，老官台文化处在以狩猎采集经济为主并进行低水平食物生产的"似农非农"阶段。

老官台文化先民进行狩猎采集经济和作物栽培等各种生产活动的工具已经出现明显分化，有石器、骨器、角器、蚌器等，有些工具还装有木柄等（复合工具）。石器一般为打制或琢磨而成，打制石器依然很多，有用于砍伐树木、敲砸野果和骨髓等的砍砸、敲砸或盘状器，掘土和采集植物根茎的尖状器，切割刮削食物的刮削器，等。磨制石器有砍斫、劈凿的木作加工工具斧、锛、凿等，也有用于掘土种植的石铲或石耜以及研磨谷物或是颜料的磨盘、磨棒等。不过所见石磨盘、石磨棒的数量要明显少于同一阶段分布于河南、河北地区的裴李岗文化和磁山文化，而在北首岭遗址发现有石杵，很有可能老官台文化的居民还使用杵臼一类工具加工粮食。骨角蚌器有戳刺、投射的长矛、箭头等，也有穿刺用的针、锥、钻等，还发现有用于收割的穿孔锯齿蚌镰。总之，老官台文化先民在这一时期已经能够充分利用各种自然资源来制造各种生存必需的工具，尽力做到物尽其用。

老官台文化的先民在日常生活中还逐渐制造了常用的陶器，种类有炊煮用的三足罐，饮食用的圜底、平底、圈足和三足类的钵、碗，汲水、携水和储水用的小口罐、长颈壶及饮水用的杯，仓储用的大型三足罐和圆腹瓮，等。不同区域的陶器器用也不尽一样，汉水上游以李家村为代表的陶器就相对简单，主要有三足罐、三足钵、圈足碗、圜底钵等。这种稳定的陶器群也是考古学家识别某种考古学文化的重要依据之一。

老官台文化的陶器一般就地取材，用陶土烧制而成，在李家村等遗址已经发现有烧制陶器的陶窑。这些陶器均为手制，多以泥片贴塑法和泥条盘筑法制成，工艺相对较原始。烧制火候不太稳定，因而陶器的颜色显得不是那么单纯，多见内黑外红陶和夹砂灰白陶，也有少量泥质黑陶、夹砂红陶和泥质红陶。一些陶器表面压印有斜线、竖线细绳纹，有的器物口沿捏塑锯齿状花边，也有少数陶器上饰锥刺点纹、指甲纹或划纹。这些纹饰也许是制作陶器时拍打器壁所留痕迹，也有可能是先民为了装饰器物特意所为，但一些钵口沿下方的红色宽带彩绘则毫无疑问是为了追求美观，这也是考古界普遍认可的中国最早的彩陶之一。有的钵形器内壁还发现可能具有记事意义的彩绘符号，有的似连续的水波或折纹，有的仅是单个的符号。

>> 老官台文化彩陶三足钵

伴随农业的产生，人口数量逐渐增多，先民也开始脱离巢居穴处的游移生活而过上聚族而居的定居生活。但聚落的规模仍十分有限，一般仅有四五万平方米，最大的临潼白家村聚落也才十万多平方米。根据功能的不同，聚落的内部还区分出居住的房屋、储藏的窖穴、烧制陶器的陶窑以及身后世界的墓葬等。

白家村遗址坐落在渭河北岸的一级台地上，面积约12万平方米。房屋为圆形半地穴式窝棚建筑，面积较小，一般只有五六平方米，建筑形式比较原始。室内一般有灶，周围还有柱洞，有的还有斜坡门道，室内还残留有三足钵、三足罐、圜底钵等生活器具。房屋周围有坑穴，主要为圆形和椭圆形，多呈口大底小的锅底状，有的是用作储藏的窖穴，有的也可能是用作住宅。特意营造代表身后世界的墓葬已开始出现，较早阶段居室与葬地夹杂一处，较晚阶段已经出现三五成群集中埋葬的固定公共墓地，显然是人们有意规划的结果。成人都埋在竖穴土坑墓之中，多为单人仰身直肢葬，也有少数屈肢葬和蹲踞葬，个别也有多人同性合葬，尤其还发现一座7人合葬墓。少数墓葬还发现有三五件随葬的石器和日用陶器，有的墓葬随葬陶器的器形很小，没有实用价值，显然是只有象征意义而特意制造的明器。一些墓葬还用猪下颌骨随葬或是用兽坑附葬，体现出猪与人类生活的密切关系，同时也是财富的象征。儿童的埋葬方式则不同于成人，实行瓮棺葬，一般分布在成人墓地周围，多以陶器为葬具。有的葬具底部有穿孔，可能是供灵魂出入所用。

文化一统——仰韶时代

老官台文化之后距今7000—5000年之间，正值冰期后最温暖的时期，黄河流域以及支流渭河流域远比现在温暖湿润，经济与社会发展迅速。在黄河流域形成分布广泛的仰韶文化，是当时中国乃至整个东亚地区最为繁荣的新石器时代文化。

仰韶文化是中国境内最早被确认的新石器时代文化，因1921年首次发现于河南渑池县仰韶村而得名。近百年来考古学家对仰韶文化遗址进行了重点调查和发掘，发现的仰韶文化遗址已达5000多处，分布在西迄甘青交界，东至河北，北抵

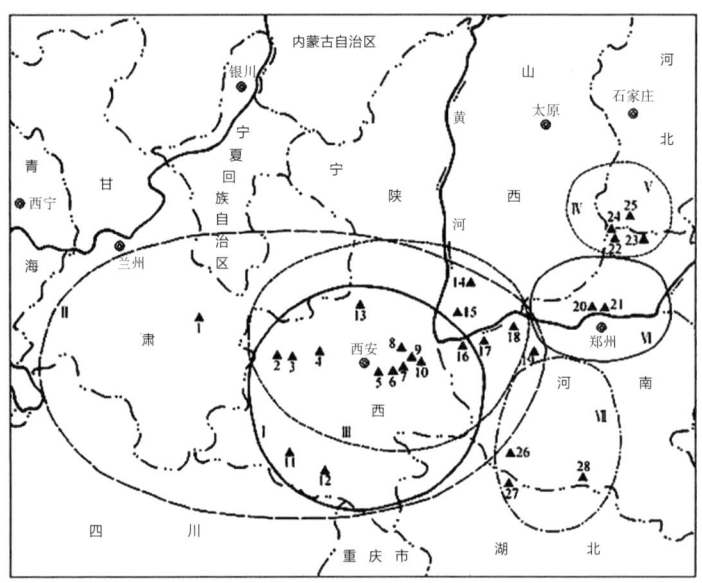

>> 仰韶文化群及主要遗址分布示意图

（据中国社会科学院考古研究所《中国考古学·新石器时代卷》图4-1）

图注：Ⅰ.半坡文化 Ⅱ.庙底沟文化 Ⅲ.西王村文化 Ⅳ.后冈一期文化 Ⅴ.大司空文化 Ⅵ.大河村文化 Ⅶ.下王岗文化 1.秦安大地湾 2.宝鸡北首岭 3.宝鸡福临堡 4.扶风案板村 5.西安半坡 6.临潼姜寨 7.渭南史家 8.华县泉护村 9.华县元君庙 10.华阴横阵村 11.南郑龙岗寺 12.西乡何家湾 13.铜川瓦窑沟 14.夏县西阴村 15.芮城东庄村和西王村 16.陕县庙底沟 17.渑池仰韶村 18.洛阳王湾 19.汝州阎村 20.荥阳秦王寨 21.郑州大河村 22.安阳后冈 23.濮阳西水坡 24.安阳大司空 25.磁县下潘汪 26.淅川下王岗 27.郧县大寺 28.邓州八里岗

河套，南达湖北西北部的广大区域，其中心区域则在陕西关中地区、河南以及山西南部。虽然仰韶文化的分布范围很广，不同区域的文化面貌也有所差异，但都以发达的彩陶、标志性的红陶尖底瓶和绳纹夹砂罐为其共同文化特征，因此考古学家又将这个时期称为仰韶时代。其在时间上与传说中的炎帝、黄帝时代大体吻合。

陕西境内仰韶文化聚落散布在以渭河河谷为中心的关中平原，陕南汉水上游的河谷以及陕北大小河流的阶地两岸。渭河流域是陕西仰韶文化的核心区，并通过代表性的尖底瓶、彩陶等文化因素逐步向周边扩展，促进了三秦大地不同区域之间的文化互动与整合。仰韶文化前后持续了2000多年，考古学家按照时代早晚将陕西地区的仰韶文化分为半坡文化、庙底沟文化和半坡晚期文化三个阶段，分别代表仰韶文化的早、中、晚三期。

1. 仰韶时代早期

距今7000—6000年仰韶时代早期的半坡文化以渭河流域为中心，汉水上游、陕北及晋南、河套、伊洛郑州等地区也受到了它的一些影响。半坡文化是黄河流域一支极为强势的文化，与冀南豫北的后岗一期文化、黄河下游的北辛文化晚期及大汶口文化早期一起构成了这一时期黄河中下游地区三大文化集团的基本格局。

随着气候更加暖湿，定居农业生活已逐步稳固下来，旱作农业的粟、黍和猪、狗的饲养已经相当普遍，考古发现的零星水稻遗存表明源于长江中下游的稻作农业也已传播至关中地区。但狩猎采集经济仍占有相当比重，遗址内仍然多见鹿科等哺乳动物、鸟类以及鱼贝类动物骨骼和狩猎捕捞用的箭镞、鱼钩、网坠等工具。随着农业的发展，人口和聚落的数量急剧增多，聚落的规模也显著增大，大的聚落有数十万平方米，以渭河流域分布最为密集，汉水上游也多有发现，陕北地区则相对稀疏。重点发掘的聚落有西安半坡、鱼化寨、临潼姜寨，宝鸡北首岭，南郑龙岗寺，等，以半坡和姜寨最为典型。

半坡原始村落坐落在浐河东岸的二级阶地之上，占地约5万平方米。整个村落平面呈不规则圆形，房屋、墓地、烧陶的窑场有各自的分布区，整体显得井然有序。房屋集中分布在村落的中心，屋外修建有储藏东西的窖穴、饲养牲畜的圈栏以及众多幼儿瓮棺葬。居住区又可分为两个关系紧密的群落，中间以小沟道为界。每个群落都有一座公共活动用的大房子，大房子周围有氏族成员居住的中小型房子。居住区的外围还有作为防卫设施的围沟，沟北面是埋葬成人的公共墓地，东边是烧制陶器的窑场。这样一个原始村落大概可以容纳数百人生活。两个群落可能分别代表一个大家族，而整个聚落则代表更大的氏族。

与半坡村落大约同时的还有极负盛名的姜寨村落，是目前考古发掘布局最为完整的史前聚落。姜寨聚落位于西安市临潼区骊山山麓临河沿岸的台地上，面积约5万平方米，整个村落也可分为居住区、窑场和墓地三部分。居住区面积约3万平方米，平面略呈圆形，以环壕围护。环壕分为三段，每段交接处留有向外的出口，出口附近设有哨所。在村落的中央，有5000平方米的中心广场，周围环形分布一圈房屋，门户均面向中心广场开放。整个聚落内的房屋有100多座，分大、中、小三种，按布局可以分为五个相对独立的群落，每个群落包括一所大房子和一些中小型房子，房屋之间散布着储藏东西的窖穴和埋葬儿童的瓮棺。在环壕外围修建有每个群落埋葬成人的公共墓地，随葬品主要是日用陶器以及工具，从随葬品数量和质量来看，墓葬之间并没有明显的差别，更多地显示出一个没有等级分化、较为平等的社会面貌。如此来看，半坡、姜寨这种分群落的向心凝聚式布局应当是当时原始村落的普遍形态。

聚落内的房屋和墓葬是了解史前人类生活的核心内容，是当时生前和身后世界的真实缩影。当时房屋建造技术已经相当发达，以中小型房屋居多，既有攒

>> 临潼姜寨文化原始村落复原图

尖顶圆形房屋，也有两面坡木骨泥墙方形房屋，有的房屋已经出现"一明两暗"或"前堂后室"的隔间布局。房屋多数为向地面下挖的半地穴式，也有少数直接在地面起建。屋内正中一般都有炊煮、照明、取暖用的火塘，屋内一侧还建有睡卧休憩的土台，室内有支撑屋顶的木柱，大多还有连通出入口的门道。

半坡文化的墓葬发现很多，盛行将成人死者埋入竖穴土坑墓当中，并且设置有专门的墓地。早期的墓葬以半坡、北首岭、姜寨一期为代表，排列比较整齐，墓与墓的分布位置大多不重合，体现了十分明显的经营规划理念。考古学者一般以墓中所葬人头的朝向来确定墓葬的方向。墓葬方向向西或是西北，盛行单人仰身直肢葬，也有少数面部向下的俯身葬、四肢不同程度蜷曲的屈肢葬和多人合葬。多数墓葬都以种类十分丰富的日用陶器、工具和装饰品等随葬。有些墓葬内头骨或是肢骨缺失，有可能流行"割体葬仪"或是"猎头习俗"。晚期的墓葬以史家、姜寨二期为代表，盛行多人二次合葬，人骨一般有意地整齐摆放在一起，又称为堆骨葬，最多的埋葬50多具人骨。随葬品逐渐变得小而不实用，明器化趋势明显。依旧流行婴幼儿瓮棺葬，多分布在房屋周围，一般以尖底瓶、罐、瓮、钵、盆等扣合起来作为一套复合葬具，一些葬具底部有穿孔。

半坡文化聚落内还出土有大量生产和生活用具。生产工具以磨制的斧、锛、凿等木作加工工具为主，也有农业种植用的石铲、石锄以及收割用的两侧带缺口的打制石刀和陶刀，还有少量砍砸器、刮削器等打制石器，狩猎捕捞用的骨矛、骨镞、骨镖、鱼钩等骨器以及纺织用的纺轮。日常生活用器以陶器最为多见，均为手制，多以泥条盘筑法塑形，有的陶器已经使用慢轮技术修整口沿。许多陶器表面有绳纹、弦纹、锥刺纹和黑彩图案等纹饰。陶窑以横穴窑为主，结构

>> 半坡文化彩陶瓶

比较简单，容量较小。而陶器种类比老官台文化更加多样，主要有饮食器、水器、储藏器和炊煮器等。饮食器主要用于吃饭喝水，多为细泥红陶，常见的有圜底钵、直口凹底深腹钵、敛口平底钵、折腹钵、卷沿盆、浅腹盘等。水器常见的有小口尖底瓶、小口平底瓶、小口长颈壶、葫芦瓶等，以小口尖底瓶和葫芦瓶最具特色。

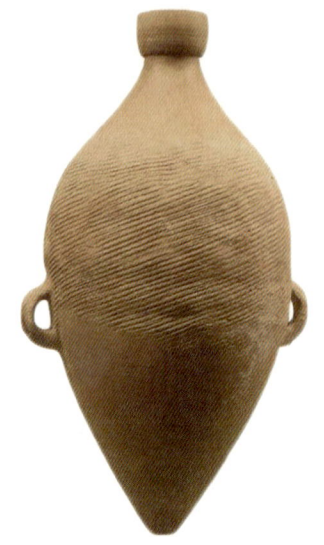

>> 半坡文化小口尖底瓶

小口尖底瓶呈杯形口，细颈，鼓腹，尖底，腹部一般对称附有双耳，器表饰有绳纹。葫芦瓶整体呈葫芦形，杯形口，鼓腹，双耳，姜寨一件葫芦瓶上还通体施黑彩，瓶身绘制有变形人面四组，每组绘一圆形人面，眼、眉、鼻、嘴俱全。储藏器的数量相当多，有瓮、缸、罐等。炊器多是夹砂粗陶，以罐类器物为主，还发现有蒸食用的陶甑。陶甑形状和盆相同，底部有圆形漏孔，表明先民已经对蒸汽的物理特性有了认识。它的出现结束了人类只能吃烧烤或水煮食物的历史，开辟了有别于西方烤食传统

>> 半坡文化颜料锭、研磨盘、研磨棒和陶杯

的东方蒸食体系。

半坡文化陶器中以彩陶最具特色。彩陶一般以赤铁矿等天然矿物质原料为呈色剂，入窑烧制后呈现出赭红、黑、白等不同颜色的图案，在姜寨遗址即发现有制作彩陶的颜料锭、研磨盘、研磨棒和陶杯。半坡文化彩陶的图案，线条单调，形式古朴，以简洁的宽带纹、三角纹、折线网纹等几何纹和鱼纹、人面纹、鹿纹、鸟纹等象生图案为主，尤以2008年北京奥运会

吉祥物福娃的原型"人面鱼纹"最为突出。人面鱼纹头部作圆形或卵圆形，口、眼、耳、鼻五官俱全，嘴角衔有两条鱼或者加两道鱼形简化后的"非"形装饰。关于人面鱼纹的解释向来众说纷纭，或是视为图腾崇拜，或是代表原始巫术佩戴的面具，或是希望像鱼一样繁衍子孙，无疑都表明了半坡先民和鱼的密切关系。这些彩陶图案复杂而优美，各种图案已从现实生活的简单摹写逐步向抽象概括发展，是经过反复提炼的艺术瑰宝，集中反映了先民的审美和原始宗教观念，具有深刻的文化内涵。

>> 半坡文化人面鱼纹盆

>> 半坡文化刻画符号

同样引人注目的是，许多陶器上出现了可能是用于交流或是记事的刻画符号，姜寨即发现38种，半坡有27种。这些符号明显是刻意为之，与后世的甲骨文、金文有相似之处，对研究汉字起源具有一定的意义。陶塑人头像、动物形象等原始雕塑也开始大量涌现，半坡聚落即发现有用泥条塑成的人像和人头形器盖，何家湾还发现骨雕人头像和线刻人面纹骨管。线刻人面纹骨管以兽类肢骨为原料，雕刻有三幅表现哀、怒、喜三种形象的人头像。头像五官清晰，眼睛大而圆，眉毛左右相连，鼻子凸起，嘴唇微噘，露出一副憨厚的表情。整体制作粗犷、简练，刻画准确、生动，堪称原始时期的艺术精品。在半坡等聚落还发现有陶埙等乐器，表明原始音乐也已经有了一定的发展。

>> 何家湾遗址线刻人面纹骨管

2.仰韶时代中期

在渭河流域半坡文化兴盛发展的同时,晋陕豫交界地带也发展出一支特色鲜明的地方性文化,它与半坡文化晚期共存并角逐了一个阶段后逐步向西占领了半坡文化居民的传统领地,进而发展成族群与文化传统有别于半坡文化的庙底沟文化。

距今6000—5500年仰韶时代中期的庙底沟文化,农业较半坡文化有了极大的发展,粟黍为主的旱作农业和作为补充的稻作农业及以猪、狗为主的家畜饲养业持续发展,而邻近的山西夏县西阴村蚕茧和河南巩义双槐树牙雕蚕的发现表明养蚕缫丝可能也已开始。随着农业和定居生活的日趋稳定,这个时期的聚落分布已相当密集,区域聚落规模明显增大,动辄十几万乃至数十万平方米的聚落并不鲜见,大规模的聚落群和群落等级分化开始出现。其时社会发展处于仰韶时代最为强盛的阶段。空前强势的庙底沟文化迅速扩展,形成分布范围东到郑洛及太行山东麓,西及黄河上游,南至陕南、豫西南,北达河套地区的庞大文化共同体,但其活动的中心和发展水平最高的区域仍然在以泾、渭、伊、洛为中心的中原地区,尤以渭河流域为代表。已经发掘的典型聚落有高陵杨官寨遗址、华县泉护村遗址、扶风案板遗址等。在陕南汉水上游和陕北地区也分布有一些庙底沟文化遗存,但文化面貌仍带有较浓厚的半坡文化因素,可能是边缘地带文化滞后的缘故。

杨官寨聚落地处西安高陵区泾渭街道办杨官寨村泾河左岸的一级阶地上,总面积80余万平方米,发现有关中地区庙底沟文化最大的环壕聚落。环壕整体呈梯形,南北向布局,周长约1945米,壕沟最宽处可达13米,深约3米,壕内面积24.5万平方米。在东北段环壕内侧接近沟边的位置还发现有疑似墙基的遗存,很有可能已经出现了城墙。在环壕的西部发现一处门址,由门道、排水设施和"门房"等构成。居住区位于环壕内部,有许多圆形半地穴或地面式房屋,周围有陶窑、婴幼儿瓮棺葬、大量的窖穴以及丢弃垃圾的灰坑。聚落中央还发现面积约365平方米,深3.8米,容积约1000立方米的中心水池并附带95米长的引排水系统。环壕外东北部发现面积约9万平方米的成人公共墓地,墓葬分布密集而整齐,全部为单人葬,总数可能逾2000座。整个墓地经过严密的规划,发掘的数百座墓葬中,没有发现一例相互叠压的现象。所见墓葬规模都比较小,均为东西向,有土洞墓和竖穴土坑墓两种,尤以目前所知最早的洞室墓最为特殊。洞室墓以偏洞室墓最为常见,设长方形土坑墓道,并在墓道一侧掏挖洞室安葬死者,以北侧偏洞居多。个别墓葬的墓口两端还发现有柱洞,可能存在"幡"类墓上建筑遗存,这可能也是墓葬修建时没有相互重叠的原因。葬式以单人仰身直肢葬为主,有的人骨还见有"割体葬仪"现象。大多数墓葬不见随葬品,仅有少数墓葬随葬有尖底瓶、彩陶盆、彩陶壶、夹砂罐、陶钵、陶杯等陶器,以及玉钺、玉璧等玉器和石璧、石环、石珠等石器。

>> 高陵杨官寨庙底沟文化环壕西门址

>> 高陵杨官寨庙底沟文化偏洞室墓

都邑性聚落杨官寨的众多发现十分引人注目，镂空人面覆盆形器神秘的微笑，蜥蜴纹彩陶盆塑造的华夏龙图腾祖形，陶祖表达的祖先与生殖崇拜，苍璧礼天的祭祀礼仪，响鼓鸣铃的律动穿越时空萦绕回旋……不断涌现的考古发现一次又一次诠释了当时艺术的最高水平。

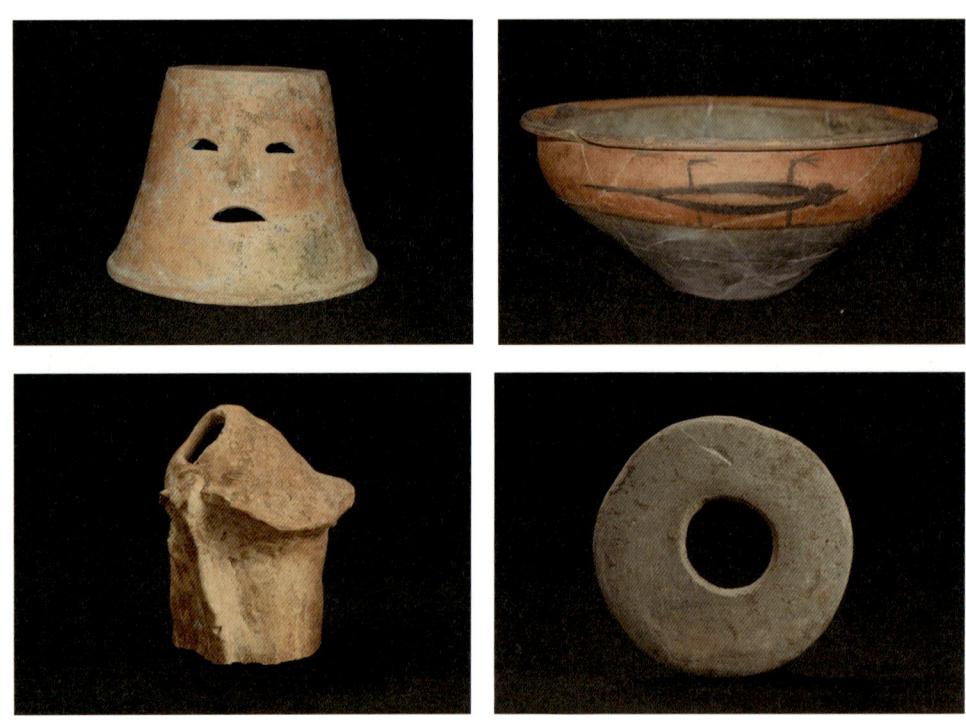

>> 高陵杨官寨庙底沟文化镂空人面覆盆形器、蜥蜴纹彩陶盆、陶祖、石璧

　　保存完好、规模巨大、功能区划明确、设施完备、特殊考古发现层出不穷的杨官寨环壕聚落在这之前从未被发现，如何处理构筑环壕产生的11万立方米土方量显然也不是杨官寨单一聚落居民所能完成的，因此有学者推测这个相当于40个标准足球场大小的聚落应是当时规模最大的都邑性聚落。

　　杨官寨的考古工作还在进行中，目前尚未发现高等级墓葬和大型房址。但在华州泉护村的太平庄发现一座长达2.7米的庙底沟文化大型墓葬，或可窥测当时大墓的真容。墓主为一中年女性，仰身直肢，头部随葬骨笄，身侧随葬骨匕、石钺，脚端有陶釜灶、鸮鼎、钵和瓶，尤以鸮鼎最为引人注目。鸮鼎器形似鸮（猫头鹰），作蹲踞状，体态丰盈，两翼微撑，两足壮实有力，鸮头极为形象，鸟喙尖而突出，双眼圆凸，整体造型匀称、古朴、逼真，极具雄壮严峻之感。显然，鸮鼎这类仿生的陶塑艺术品不是普通的日常生活用具，很有可能是从事宗教活动的器具。

另外，在白水下河、彬县（现为彬州）水北、华州泉护村、扶风案板还发现有庙底沟文化超大型房址，基本都为五边形。白水下河的房屋面积达400平方米，其复杂的建造工艺、平整坚硬而干净的地面、特殊的火塘，都表明它绝不是供一般家庭居住使用的。据河南偃师灰嘴大房子残存器物的残留物分析来看，这些特殊的房屋应是宴饮集会时举行公共礼仪活动的场所，可能是兼具宗教性质的"神庙"。

庙底沟文化时期的生活器具以陶器最为多见，制陶技术也迈上了一个新的台阶。陶窑结构更为进步，一般都筑有环形火道，火道上设箅子和火眼，使窑

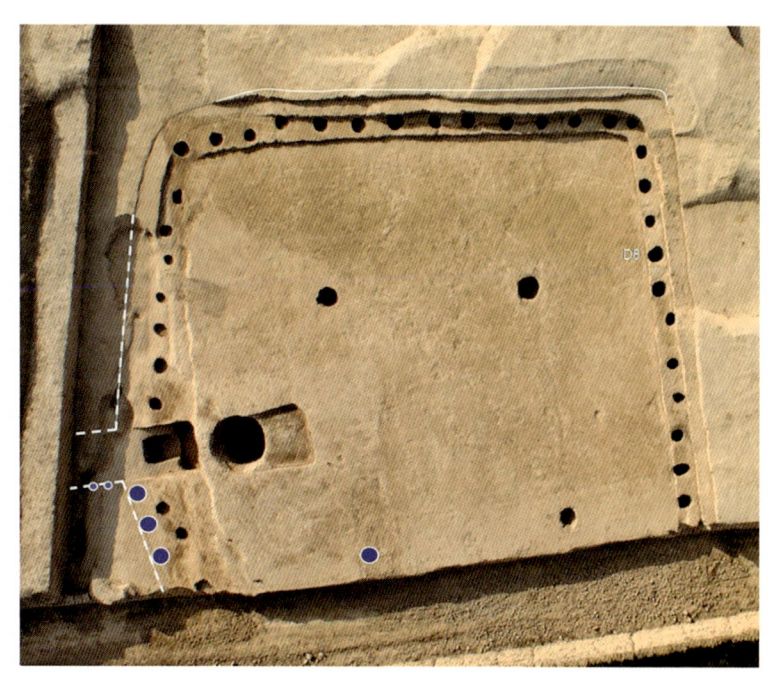

>> 白水下河庙底沟文化大型房址

火能够得到有效控制。陶器也已经开始运用快轮技术成型,在杨官寨还发现有制陶所用的陶轮盘。陶器以夹砂、细泥红陶为主,也有一些泥质灰陶。纹饰主要有线纹、绳纹和彩绘装饰,彩陶尤为盛行。炊煮、饮食、存储器用种类更为丰富,有卷沿或敛口曲腹盆、敛口钵、双环重唇小口尖底瓶、葫芦口平底瓶、敛口深腹瓮,领部明显而呈铁轨式口沿的深腹罐、甑、釜、灶等,尤以釜、灶搭配使用最具特色。部分小口尖底瓶、小口平底瓶和漏斗内残存有酿造谷芽酒所需的黍、薏苡等淀粉粒,表明曾称为酉瓶的尖底瓶等水器可能兼具酿酒的功能。这也从另一个侧面反映出当时大型宴饮活动的盛行。

>> 高陵杨官寨庙底沟文化彩陶罐

>> 华县泉护村庙底沟文化彩陶盆

>> 庙底沟文化陶器器用组合

庙底沟文化的生产工具以石器最为多见，也有一些骨、角、蚌器等，石器大部分通体磨光，普遍使用钻孔技术。用于农业种植和木作加工的斧、锛、凿、铲、锄及收割用的石刀、陶刀最为盛行，矛头、镞、弹丸、鱼叉、鱼钩及网坠等渔猎工具和纺织、缝纫用的纺轮、锥、针等也有一定比例。

庙底沟文化以彩陶为代表的原始艺术极富时代特征，繁缛复杂的风格与半坡文化迥异。这一阶段罕见器物内部施彩的陶器，大部分图案绘于陶器表面的肩、腹部。彩陶颜色以黑彩为主，兼用红彩，也有少量带白衣的彩陶。纹饰母题以圆点、钩叶、弧边三角形组成的花卉形几何图案和写实的鸟纹为主，也有少量蛙纹等其他纹饰。杨官寨一座墓葬内还随葬有掺和胶类黏合剂的纯度极高的赤铁矿颜料块，很有可能是专业的原始画师死后用生前使用的绘画材料作为随葬品。

与此同时，空前盛行的花卉纹彩陶在邻近地区的红山文化、大汶口文化、崧泽文化、大溪文化多有发现，绚丽的"华山玫瑰"也已经出现。彩陶艺术浪潮的高峰影响范围已经西至青海东部，北逾燕山，东达海岱，东南至江淮，南达湖湘，正与《史记》所载黄帝的活动范围大致相同。这种大范围的文化一统不仅加强了区域之间的交流融合与文化认同，同时也促成更大范围的"中国相互作用圈"形成，为黄帝及其文化作为共同认知核心的"早期中国"奠定了基础。

可以想象，杨官寨那些约6000年前的首领们，借助"神"的力量和自身强大的管理能力，修建起巨大的环壕、中央给排水系统、大量的房屋和墓葬，拥有数量可观的人口，还时常进行宴饮、祭祀等公共活动。他们所建立的文化影响之广泛和久远都远远超出人们的想象，当时很有可能已经具有一个相当完备的社会控制和治理体系。约6000年前的庙底沟文化"世界体系"已经开始形成，这个体系很可能就是最早"中国"的雏形，并为后来国家的起源打下了基础。

3.仰韶时代晚期

在距今5500—5000年的仰韶时代晚期，山东地区大汶口文化和长江中游屈家岭文化迅速扩张。在陕南汉水上游紫荆等诸多遗址即发现有明确的屈家岭文化遗存，而大汶口文化的影响也已深入河南腹地。在东方与南方双重势力的压迫下，中原地区仰韶文化的领地急速缩减，不同区域分化独立的趋势越来越明显，部分人群向西迁徙，文化中心也向西转移并成为甘青地区彩陶文化的祖源，仰韶文化核心区域关中地区的聚落数量和聚落规模呈显著下降趋势。

随着关中地区文化的衰落，强盛的彩陶文化迅速消退，表现为彩陶数量明显减少，纹饰种类单一平实，仅在少数器物上见有简单的几何纹。繁缛精细的陶器制作已经少见，粗糙务实的风格和大规模量产成为常态。陶窑出现多股火道，窑室容量增大，慢轮修整与快轮成型技术更加普遍。陶器仍以红陶为主，

>> 蓝田新街遗址仰韶时代晚期彩陶盆

但灰陶比例增加，多见绳纹、附加堆纹和篮纹。陶器器用和石、角、骨器等生产用具与前一阶段区别不大。陶器种类仍以盆、钵、碗、瓶、杯、盘、豆、罐、缸、釜、灶等为主，但饮食器具明显小型化，形态有明显变化，以最为典型的尖底瓶来看，其可分为以平折沿尖底瓶为代表的半坡四期和以喇叭口束颈尖底瓶为代表的泉护二期两个阶段。

务实的社会理念在丧葬习俗上也有明显的反映。埋葬方式仍以单人葬为主，儿童沿用瓮棺葬，但所有墓葬基本不见随葬品。与此同时，出现灰坑埋人现象，表明战争或非正常死亡已较为普遍，社群之间的竞争也越来越激烈。

恰与文化中心西移互为表里的是，在关中西部的扶风案板以及邻近的甘肃秦安大地湾发现有规模宏大、结构复杂的殿堂式建筑。扶风案板聚落总面积约70万平方米，大型房屋坐北朝南，由主室和前廊构成，房屋面积可达165平方米，由料礓石铺筑地面。秦安大地湾仰韶晚期聚落的面积有50万平方米，3座大型房屋位于聚落中心，最大房屋为"前堂后室"附加前廊式建筑，总面积达420平方米，房内还出土有陶抄等用于度量分配谷物的用具。扶风案板聚落也有类似陶抄和诸多人形塑像的发现。不过半坡晚期文化的普通房屋与庙底沟文化的区别不大，仍以半地穴和地面式中小型建筑为主，零星的窑洞式建筑开始出现。显然，用于集会、祭祀、议事以及举行某种重要仪式的大型房屋与普通房屋的差别昭示区域社会的等级分化在加剧。

等级分化的同时，社会分工也更为精细。杨官寨聚落南部发现的仰韶晚期文化遗存，有由成排分布的房址、陶窑以及陶器储藏窖穴等组成的制陶作坊，且在陶器储藏窖穴内发现有大量形态一致的尖底瓶。这些都表明当时社会已经出现比较明显的行业分工，聚落内部已经有了专门从事陶器制造的人员。

>> 高陵杨官寨仰韶时代晚期制陶作坊出土的尖底瓶

部分人群向西迁徙的同时，也有部分人群流向陕北及其邻近地区，粟、黍为代表的旱作农业得以向北方扩展，聚落数量也开始显著增多，但渐趋干凉、以草原为主的自然景观造成了这一区域文化发展的特殊性。这一阶段的陕北，一方面文化发展的步调可能滞后于关中地区，另一方面开始出现石城聚落，拉开了北方地区龙山时代大量石城聚落涌现的序幕。

文化向西、向北发展的同时，地缘优势下以彩陶艺术交流为代表的早期中西文化交流可能已经开始，一些遗址发现有西部驯化的牛、羊，蓝田新街遗址还发现了羊形的陶鼎和受西部建筑技术所影响的陶砖。羊形鼎整体模仿羊的造型，器身呈盆形，敛口，圆腹，下接四个偶蹄状足，极为生动形象。陶砖保存较好，整体呈方形，棱角分明，一面十分光滑，显然经过长期磨制或使用，背面为涩面，甚至能看出与其他材料黏合的痕迹。这一发现大大提前了陶砖的实物历史，为中国砖的起源提供了重要线索。

>> 蓝田新街仰韶时代晚期羊形陶鼎

尽管仰韶时代晚期以关中地区为代表的核心区域开始衰落，但文化向西、向北扩展，与周边地区的文化融合和交往不断加强，短暂的蛰伏可能是正在为激荡的龙山时代积蓄力量。

| 古国肇始——龙山时代 |

随着仰韶时代的结束，中原地区文化面貌和文化格局发生显著变化：以斝、鬲、甗等为代表的空三足器和黑灰陶普遍盛行，以青铜器为代表的生产

工具也有了新的发展，以"五谷"（粟、黍、稻、大豆、大麻）和"六畜"（马、牛、羊、猪、狗、鸡）为核心的集约农业体系渐趋形成，城邑林立的社群竞争不断加剧，社会精英之间的上层交流与奢侈品交换更趋频繁……这一切都昭示史前人类即将迈入文明的大门，一个新的时代——龙山时代已然来临。根据文化面貌的不同，尤其是鬲的有无，考古学家将龙山时代分为早、晚两个发展阶段。

1. 龙山时代早期

距今5000—4500年，全新世大暖期结束，气温回落并向较凉方向发展，陕西不同区域的文化开始分化演变为不同的龙山时代早期文化，形成关中东部及晋陕豫交界地区的庙底沟二期文化和关中西部的案板三期文化，分别以华州泉护村和武功浒西庄、扶风案板遗址为代表。在陕南汉水上游的李家村和陕北的史家湾、瓦窑渠等遗址也发现有这一阶段遗存，但文化面貌还保留有很多仰韶文化晚期的尖底瓶等特征，很可能在这些边缘区域仰韶时代的结束年代要稍晚一些。

从仰韶文化晚期转变发展而来的庙底沟二期文化和案板三期文化，一方面继承了仰韶文化晚期多见的平底瓶、筒形罐、少量彩陶等特征，另一方面灰陶显著增多，盛行篮纹、附加堆纹并新出现斝、鬶等空三足器。文化面貌的承袭与转折是这一过渡阶段的显著特点，以至于有学者仍将这一阶段归入仰韶文化。同时，可能是受东方大汶口文化和南方屈家岭—石家河文化的影响，还发现一些薄胎喇叭形杯、双腹豆等器物。不同区域间的文化交流更加频繁。

随着气温的降低，保暖效果较好的半地穴式房屋和窑洞式建筑逐渐增多。半地穴房屋既有圆形，也有方形，还有带门道的"凸"字形房屋和双间式的"吕"字形房屋。房屋中间一般有火塘，多呈圆形，有的还有壁炉。房屋地面普遍铺有一层石灰（白灰）面，在扶风案板还发现有烧制石灰的陶窑，这可能与流行使用石灰处理房屋地面的需求有关。葬俗仍与仰韶时代晚期没有太大区别，发现的墓葬均以单人墓为主，基本不见随葬器物，但儿童墓葬也盛行土坑墓，不见或少见仰韶时期的瓮棺葬，同时也有灰坑埋人现象。

2.龙山时代晚期

在距今4500—4000年的龙山时代晚期，中国史前文化格局发生了彻底的改变，新石器时代传统核心区域的长江、黄河流域文化开始衰落，北方地区—西北地区半月形地带的文化渐趋兴盛，早期全球化体系下的青铜时代即将来临。陕西不同区域因地缘关系的不同也分别发展出三个独立有别的地域性文化：关中地区的客省庄文化、陕北地区的石峁文化和陕南地区的黑皮陶文化。

>> 龙山时代晚期刻画纹灰陶罐

（1）客省庄文化

客省庄文化由龙山时代早期的案板三期文化发展而来，主要分布在以关中西部为中心的渭河及其支流的两岸台地上，文化势力范围也影响到陕南的丹江上游和洛河上游，代表性的遗址有长安客省庄、武功赵家来、岐山双庵、临潼康家等。关中西部因明显受到齐家文化的影响，文化面貌有所差异，因此还可划分为西部的双庵类型和东部的康家类型。

随着早期中西部文化交流的增多，西部驯化的小麦和马、牛、羊开始传入

>> 客省庄文化陶斝

中部,粟、黍为主的旱作农业和猪、狗、鸡为主的家畜饲养经济结构慢慢发生改变,马等役力和羊毛、羊奶等"次级产品"也开始被利用,狩猎采集经济逐渐成为生活的补充,"五谷"与"六畜"的农业结构逐渐形成。许多聚落内出现储存粮食的窖穴,赵家来遗址窖穴内还保存有成堆成层的炭化谷物,也有一些专门存放粮食的陶罐,灰坑和墓葬中还埋葬有完整的兽骨。

客省庄文化的生活器用以陶器为主,"非"字形陶窑的出现使得陶器受火面积更大,陶器轮制技术已经相当普遍,部分空三足陶器的袋足使用模制,陶器制作已经相当专业化。但有的房屋附近发现有小型陶窑,可见家庭作坊式的陶器生产依然存在。所见陶器以灰陶为主,也有部分红陶,不见彩陶,纹饰多见篮纹、绳纹。生活器用中鬲、斝、鬶、盉等三足器增多，尤以单把鬲最具特色。受齐家文化影响带耳器物增多，出现较多的双耳罐、三耳罐、双耳喇叭口高领折肩罐等。生产工具仍以石器、骨器等为主。石器制作切割、磨制、钻孔等技术大为进步，种类有斧、铲、刀、锛、镞等，其中用于收割用的石刀、石镰数量较多。骨器多见骨锥、骨铲、骨匕、骨镞、骨针等，尤以骨铲较为多见。

房屋建筑仍以半地穴和窑洞式房屋为主，新出现地面土坯式砌墙建筑。半地穴房屋与庙底沟二期文化区别不大，仍有圆形单室、方形单室和"吕"字形双室三种。窑洞式建筑一般依坡而建，在赵家来遗址发现有典型的窑洞院落，院落中由4座房址组成南北两个小院，中间以隔墙隔开，院内有土墙围筑的畜圈。这种依势挖洞造窑的智慧一直沿用至今，同现在黄土高原地区流行的窑洞院落基本一致。地面式建筑逐渐增多，在临潼康家遗址发现有成排分布的房屋，夯土或是土坯建墙，屋内除中心灶以外，还出现双连灶和壁炉，有的门前还有小院落。宝鸡石嘴头也发现有成排分布的房屋。可见，仰韶时代向心凝聚式的房屋布局到龙山时代已经有了明显的变化。

随着龙山时代社会发展，社会分化和等级差别已十分显著，尤以墓葬形制与规模表现最为突出。多数普通墓葬都为长方形竖穴土坑墓，也有少量婴幼儿瓮棺葬和许多较为特殊的灰坑葬。大部分土坑墓墓坑很小，仅能容身，且基本没有随葬品。婴幼儿除用瓮棺埋葬之外，也流行用无随葬品的土坑葬。灰坑葬内的人骨一般较为散乱，许多人骨肢骨不全，应是非正常死亡或是战争的俘虏。少数特权阶层人物墓葬则明显不同，宝鸡石嘴头即发现一座结构复杂的大墓，长约2.5米。墓底正中偏西处为墓主，侧面有一人骨不全或是被肢解后的殉人。随葬大量陶器、石器以及少见的玉锛、玉璧、玉斧、绿松石饰品等象征身份的礼器。墓底散布朱砂以及红、黑色的漆器痕迹。在山西襄汾陶寺也有很多类似的大墓，这些墓葬充分显示出墓主不同于普通墓主的显赫地位。

（2）石峁文化

自仰韶文化晚期以降，陕北地区在与周边的文化交流融合发展中逐渐走向兴盛，直至龙山时代呈现跳跃式发展，出现以石峁遗址为代表的大批石城聚落，考古学上一般称之为石峁文化。

陕西省神木县的石峁遗址早在二十世纪二三十年代即被发现，其后多有精美玉器发现，七八十年代虽经过初步调查和简单发掘，但直到近年来才确认发现400多万平方米的史前超大城址，规模远大于良渚城址和陶寺城址，是目前所知中国史前最大的城址。石峁遗址地处陕北榆林秃尾河流域梁峁交错、川原相间的黄土高原边缘地带，城址依形就势而建，自内向外由砌石台基及石墙围成的皇城台、内城和外城构成。

皇城台位于内城中央，四边包砌石墙，平面为圆角方形，面积约8万平方米。皇城台顶部发现有大型宫殿高等级夯土建筑基址以及池苑遗迹，并集中出土100多块卜骨，在周围的废弃堆积物中还出土有筒瓦，因此皇城台很可能是上层贵族居住和宗教祭祀场所。东侧发现有门址，由广场、南北墩台、内外瓮城和石板道路组成。石板道路是通向内外城的主干道，被称为皇城大道。皇城台西北角还发现有一处制骨手工业作坊，有大量骨锥、骨铲等骨制品。

内城以皇城台为中心，沿山势砌筑石墙，形成一个封闭的空间。据城内后阳湾、呼家洼、韩家圪旦等地点的发掘来看，内城为零散分布的居葬区域。韩家圪旦早期为居址，晚期变为墓地，而后阳湾早期为墓地，晚期则变为居址。从这些不同地点居葬功能的变化来看，内城不同时期不同地点应还有不同的功能区划，而且不同区域墓葬随葬品还有等级差异，如韩家圪旦即可能为高等级贵族墓葬区，而后阳湾、呼家洼的墓葬则相对普通。墓葬等级区分明显，大型墓葬规模较大，多为竖穴土坑墓，也有石棺墓，多见陶器、玉器等随葬品，有女性殉葬现象。普通墓葬规模小，基本不见随葬品，还有婴幼儿瓮棺葬。所

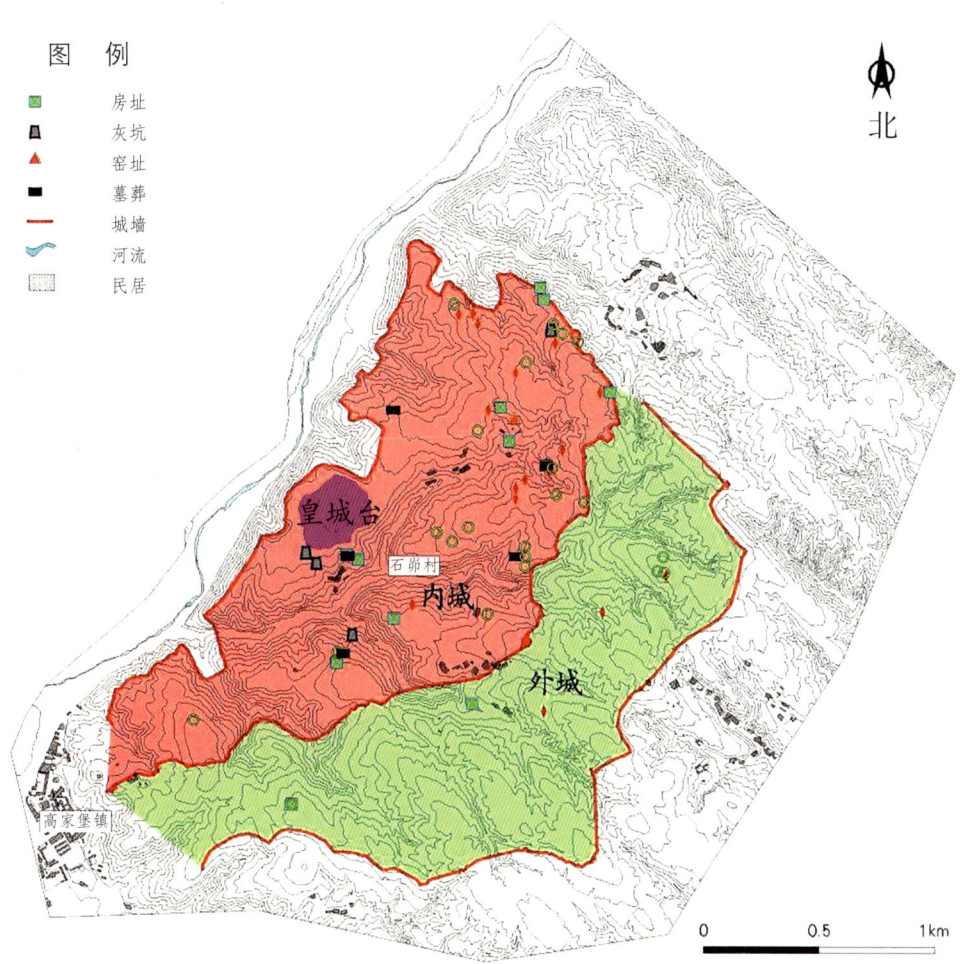

>> 石峁遗址平面分布图

见房屋有窑洞式、半地穴式和地面式，基本都为方形，地面式房屋多以石头砌墙，地面铺有白灰面。

外城城墙为石构，整体呈不规则弧形。外城东北部城门经过发掘，平面形制似瓮城。门道宽约9米，两侧各置两间门塾，形成一门四塾。

>> 石峁遗址外城东城门

>> 石峁文化三足瓮

门道进口处地下发现有祭祀坑，埋葬48具头骨，以年轻女性居多，都有明显的砍斫和灼烧痕迹，应与城墙修建时的奠基祭祀活动有关。门塾石墙上还装饰有壁画，以白灰面为底，绘有红、黄、黑、橙等色几何图案。外城城墙墙体还发现有马面、角楼等遗迹，应与防御有关。在城墙墙体里还有玉铲、玉璜、牙璋等器物，可能用于城墙奠基。在外城之外的樊家庄子有疑似哨所和祭台的遗迹。

石峁文化的生活器用与关中地区客省

庄文化有一些差别，以灰陶为主，多见篮纹、方格纹，陶器以双錾鬲、斝，三足瓮、豆，折肩罐等为代表。生产工具有磨制斧、锛、凿以及骨质针、锥等工具。最为特殊的是，石峁遗址出土大量精美玉器和铜器。玉器数量巨大，种类多样，主要有牙璋、刀、铲、钺、璧、璜、玉人头等，部分玉器还明显受到良渚文化、后石家河文化影响。这些玉器多数是与祭祀、崇拜有关的礼器，有少数具有配饰功能。玉质以蛇纹石、透闪石——阳起石为主，呈现墨绿、灰绿、白色等色泽。器物表面光滑，钻孔现象普遍，推测制作中采用了研磨、切割、钻孔、抛光等技术，是中国早期玉器的重要研究资料。铜器的发现表明石峁人已经掌握合范铸铜技术，主要为简单的刀、锥等工具，也有铜器、玉器结合的璇玑。其大致呈圆形，外缘有三节牙状突起，一面为玉，一面为铜器，是中国最早的"金镶玉"实例。据《尚书·舜典》"在璇玑玉衡，以齐七政"的记载，这很可能是天文用具。

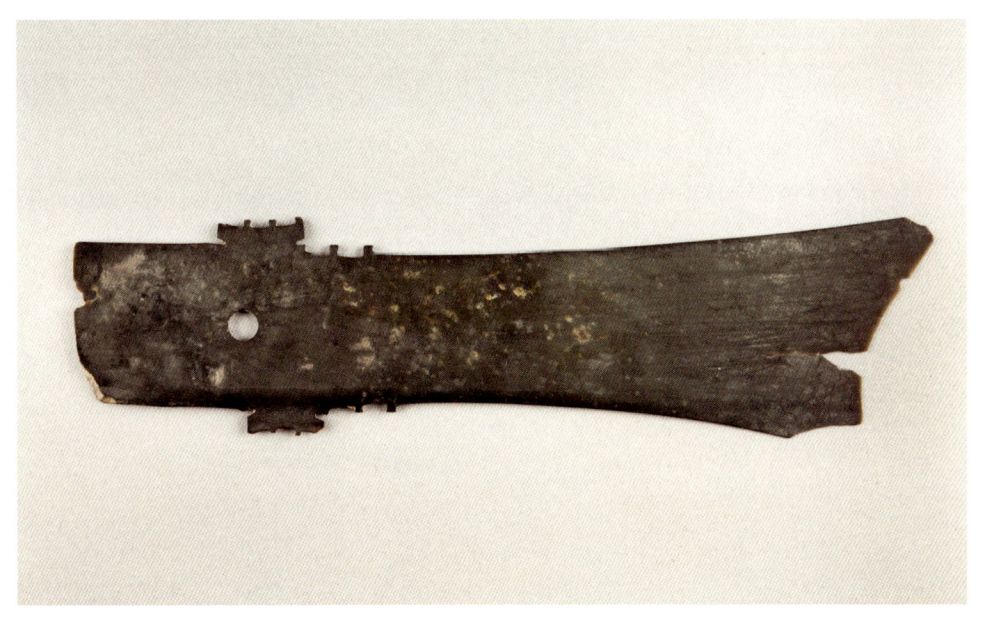

>> 玉牙璋

>> 石峁遗址玉人头

在石峁遗址周围，分布有众多中小型附属聚落，较为典型的有榆林寨峁梁、神圪垯梁、木柱柱梁，神木新华，延安芦山峁，等。这些聚落规模稍小，有的为石城聚落，有的发现有环壕。次级中心聚落如延安芦山峁也发现有高等级殿堂式建筑以及众多的玉器，神圪垯梁也有等级稍高的墓葬。但多数中小型聚落所见的房屋、墓葬都比较简单，不同聚落之间的等级分化已经非常明显。

综合来看，石峁石城庞大的体量，环套结构的多重石砌城垣，考究的城墙垒砌技术，城内宏伟的宫殿式建筑和祭祀基址，随葬玉器、殉人等高等级大型墓葬，以及众多精美的玉器、铜器、鳄鱼骨板等稀缺物品，无疑都表明石峁是一个拥有强大组织能力和严密社会分工的都邑性聚落。在石峁遗址周围，还有数量众多的中心型聚落，这些聚落也有环壕或是石砌城垣等防御设施，次级中心聚落也有高等级的房屋、墓葬和众多玉器，最底层聚落的房屋和墓葬则小而普通。不同层级的聚落结构表明，石峁文化已经是一个以神权为核心、高度复杂的社会系统，城址、宫殿式建筑、铜器的发现进一步表明石峁文化已经迈过了初级文明社会的门槛。

（3）黑皮陶文化

龙山时代的陕南地区文化发展轨道与关中、陕北地区迥然不同。其陶器以黑皮红胎陶最具特征，因此一般称之为黑皮陶文化。所见陶器以黑皮红胎为主，也有一些红陶和灰陶。典型陶器有折肩罐、折腹盆、深腹罐、钵、豆等。陶器多为素面，也有一些绳纹、锥刺纹及少量附加堆纹。目前汉水上游所见此类遗存不多，主要见于汉水上游的紫阳白马石等遗址。在紫阳白马石还发现有石棺葬，但总体来看资料还相对缺乏。这些特征与关中地区明显不同，且表现出环巴山地区的典型特征并一直持续到青铜时代，是巴蜀文化的重要源头之一。

第二单元

赫赫宗周

当华夏先民步履蹒跚地走过石器时代，在晋南豫西建立起夏王朝，进入被后世称为夏商周三代的初期时，陕西并没有处在王朝统治的中心区域。直到西周王朝建立，陕西才成了华夏文明的中心。西周的政治文化在夏商两代的基础上有了前所未有的发展，孔子就曾说："周监于二代，郁郁乎文哉！吾从周。"而对西周王朝建立最精辟的总结则来自著名国学大师王国维，其在《殷周制度论》中说："中国政治与文化之变革，莫剧于殷、周之际。……殷、周间之大变革，自其表言之，不过一姓一家之兴亡与都邑之转移；自其里言之，则旧制度废而新制度兴，旧文化废而新文化兴。"随着人们认识的深入，西周建立后的"废旧立新"的意义越来越受到广泛重视。自考古学兴起后，全国各地发现的早于西周的文化遗址可谓星罗棋布、数不胜数，然而这些文化或者全然消失，或者只有部分文化因素为后世所承继，只有在西周时期形成的礼乐文化、伦理宗教对后世产生了重大影响，成为其后几千年中华文化的核心。因此有人说，中华文化发展的总基调是在西周时期奠定的。

一　凤鸣岐山

大约在公元前21世纪，我国历史上第一个王朝——夏在中原地区建立起来。与此同时，生活在泾渭流域的姬姓周族部落，在辗转迁移并与周遭部落的纷争融合过程中，慢慢发展壮大起来，开始迈入文明的大门。

|周人起源|

关于周人的起源，史书中有一个极富传奇的记载。相传周的始祖弃，他的母亲名叫姜嫄，是一个姜氏族群的女子，是帝喾的元妃。有一天姜嫄在野外玩耍，看到了一个巨人的足迹，马上心有所动想踩它，踩过之后就心有所感，因而怀孕并生下了弃。姜嫄认为这个孩子是一个不祥的征兆，因而决计抛弃他。于是先将其抛弃在一个隘巷中，马、牛从他旁边过都不踩踏他；又把他抛弃到山林中，恰巧山林中有很多人，姜嫄把他又抱了回来改为抛弃在水渠中的冰上，天上的飞鸟怕其受冻，都用自己的翅膀遮盖他。发生这样奇异的事情，姜嫄以为这个孩子是神，就抱回来并养大了他。因为起初要抛弃他，所以就给他起名叫"弃"。

在我国古代文献中，对于圣贤君王的出生，往往都有非同凡人的神异记载，说弃是踩踏巨人足迹无父而生当然不可信，但我们从这个被司马迁写进《史记·周本纪》中的传说可知，周人自始就与姜姓部族有无法分割的血缘关系，其应该是对真实历史的一种折射。

弃在小的时候，就喜欢种植黍、麻、菽。长大后，因为擅长种植谷物，附近的人们都向他学习耕种。尧帝听说后，就推举弃做了农师，因而弃被称为后稷，也就是种植谷物的农神。按照《史记·周本纪》等文献的记载，自后稷传至周文王，先周时期的世系共历十五代（后稷—不窋—鞠—公刘—庆节—皇仆—差弗—毁隃—公非—高圉—亚圉—公叔祖类—古公亶父—季历—昌）。

然而学者们经过研究发现，在与其同时的夏、商两代，共历三十一世，四十八王，代袭至少在千年以上。因此，许多学者都认为文献中记载的这个先周世系是有缺环的，而一般认为这个缺环主要是在第一代后稷与第二代不窋之间，不窋之后的世系还是可信的。

通过对文献及考古材料的分析，目前大家对周人的早期生活情况有了较为一致的认识。后稷被尧帝封在"邰"，即现在的陕西杨凌区，经营农业。到了不窋的时候，带领部分族人"自窜于戎狄之间"。一般认为是在咸阳以北陕甘交界的区域，具体地域不明。公刘居豳，在今天陕西旬邑、彬州一带。在这里周人开垦田地、营建房屋，并确立了一套举行祭祀、宴会的礼仪。我们今天所说的"京""京师"就源自公刘时代对国都的称谓（见《诗经·公刘》）。在商王武丁时期，周成了商的封国。公亶父（后来被追尊为周太王）时，为避西北戎狄部落的滋扰，率领族人迁徙到了周原，即今陕西岐山、扶风一带。到了周原之后，周族的政治设施有了长足发展。王宫设皋门、应门，国都设宗庙、社稷都是这个时候才有的。到了周文王时，为了与商争夺天下，将国都东迁，作邑于丰，在今西安西南的沣河西岸。至武王都镐，剪灭了商朝。

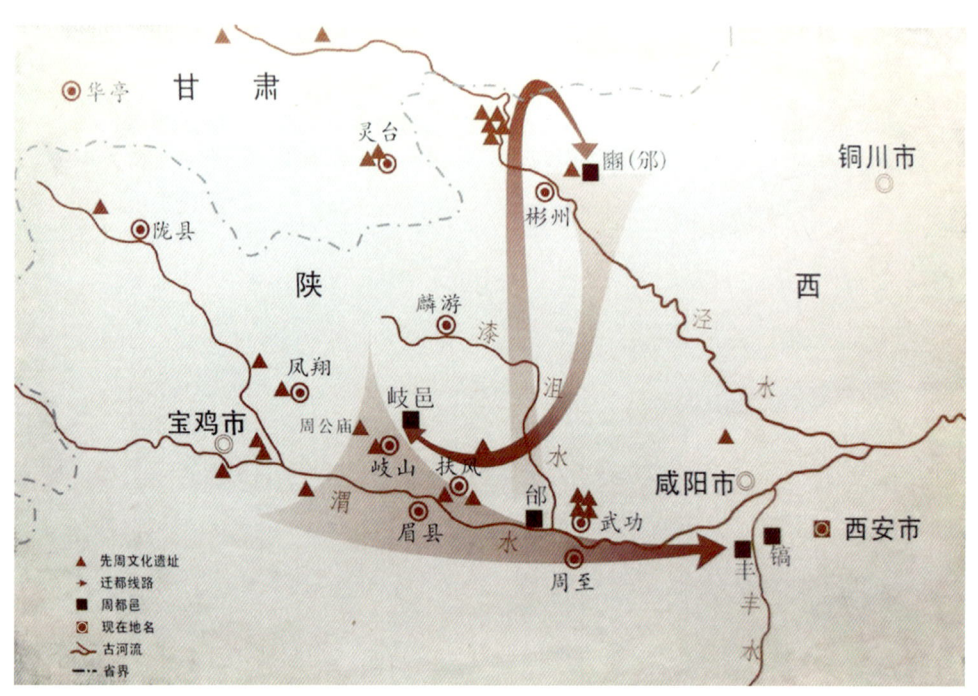

>> 文献和考古资料中周人迁徙路线图

目前，学术界一般把西周正式建立之前的时期称为先周，把武王灭商之前姬周族的文化称为先周文化。早在20世纪30年代中期，著名的考古学家苏秉琦先生就在陕西西部的宝鸡，发掘了斗鸡台沟东区墓葬，这是人们第一次接触到先周文化。中华人民共和国成立后，随着考古工作的蓬勃开展，先周考古取得了重大收获。其中重要的有：宝鸡斗鸡台瓦鬲墓类型遗存、长武碾子坡文化遗存、刘家姜戎墓文化遗存、郑家坡文化遗存、客省庄二期文化遗存等。这些遗址大都存在于早期周人生活的区域，时间上也大致与周人生活历史相当，然而究竟哪一种是周人创造的，在考古学家中间还存在很大的争议。目前，大家关注最多的是碾子坡和郑家坡两类文化遗存。

碾子坡类遗存分布在泾水上游，东界泾河，西到甘肃平凉，南近岐山。主

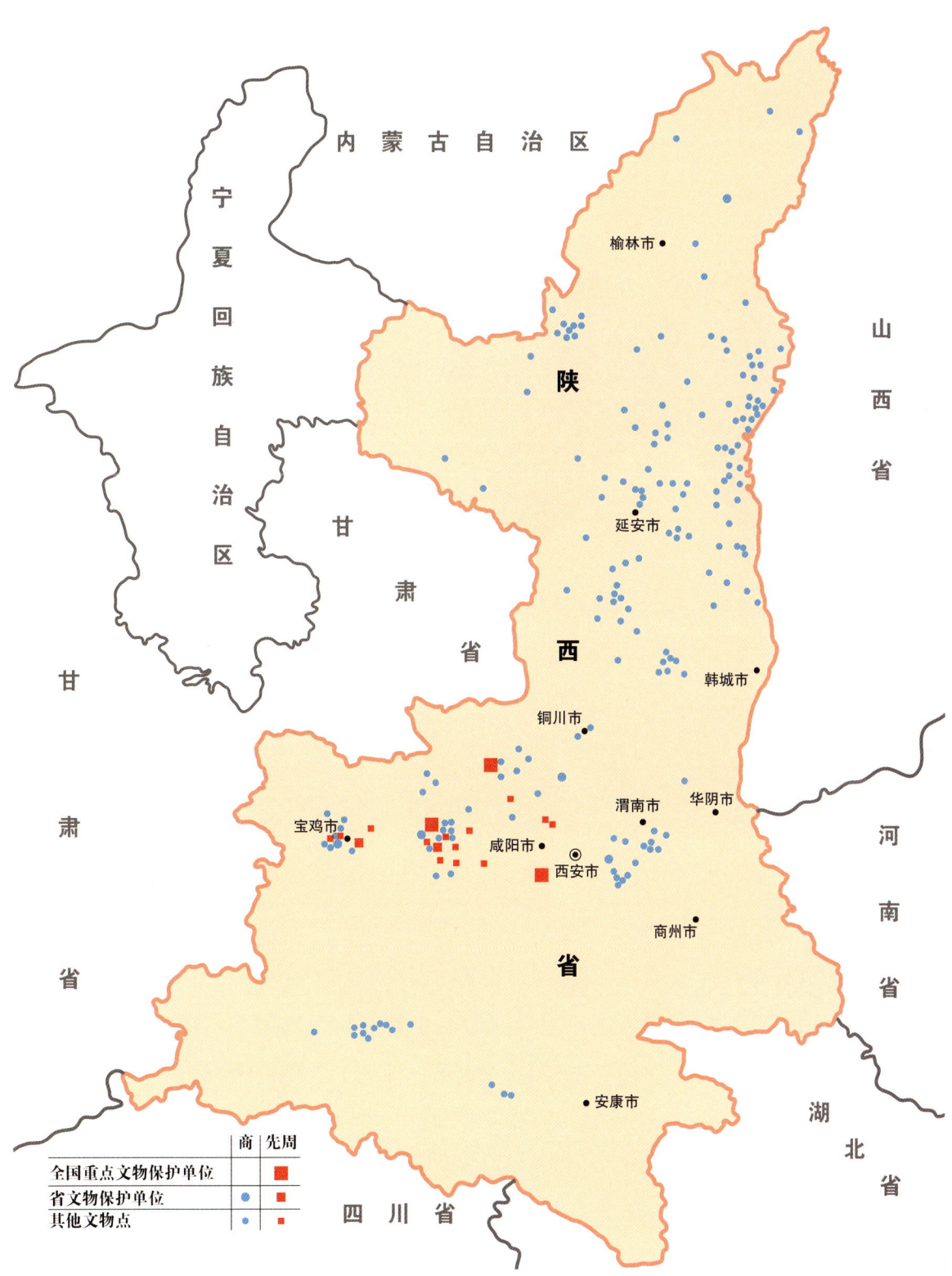

>> 先周文化分布图

>> 碾子坡高领袋足鬲

鬲是我国史前到商周时期重要的炊煮用器。其基本造型为圆形体，有三个空足。高领袋足鬲的特点是三个乳状的足，主要分布在商周时期的关中西部，是碾子坡文化最为典型的器物。

要遗址除了碾子坡外，还有陕西彬州断泾、麟游蔡家河和园子坪，甘肃平凉庙庄，等。碾子坡遗址位于陕西长武县冉店乡碾子坡村。1980—1986年，考古工作者在此开展了11次钻探和发掘，发掘面积7023平方米，发现了许多居住遗址、陶窑和墓葬，以及数量众多的陶器等遗物。

在碾子坡遗址中的多处房屋基址和灰坑的壁龛中都发现了已经炭化了的粮食，经过专家鉴定，是没有去皮的炭化高粱。高粱又名蜀黍、秫秫、芦粟、茭子、木稷，一般认为在我国的种植历史至少已经有5000年了，是我国最早栽培的禾谷类作物之一。

郑家坡类遗存主要分布在关中西部，以漆水河下游最为密集。主要遗址除了郑家坡外，还有陕西岐山贺家村、彬州下孟村、耀州丁家沟、凤翔西村、扶

>> 尚家坡铜杯

风壹家堡和北吕、武功岸底，甘肃崇信于家湾，等。

郑家坡遗址位于武功县武功镇的漆水河东岸。1981—1983年，考古工作者在这里发掘出很多房址、陶窑、窖穴等遗迹；1986年又发现了墓葬区并进行了发掘，出土了大量的陶器、石器和骨器等遗物，并在遗址分布范围内的尚家坡村采集到铜鼎、铜甗、铜杯三件重要的青铜器。这三件青铜器虽然造型与同时期中原地区的商人使用的青铜器基本一致，但铸造较为粗糙。很多人将它们与周人联系起来，成为研究早期周人青铜文化的重要资料。

以往大家多认为在古公亶父迁岐之前，周是非常落后的民族。然而通过对先周文化遗存的研究，很多人都改变了看法，相信在先周时期姬周族就已经迈入了文明时代。

周原立国

后稷以后，周人经过多次迁徙，在古公亶父时期迁居到了岐山之阳的周原，即今陕西关中平原的西部。因为地处周原，姬部族的人从此就被称为周人，他们后来所建立的国家就叫周。周人在周原经过近百年的励精图治、休养生息之后，国力日强，成为"三分天下有其二"的强大诸侯国，为日后克商并建立西周王朝奠定了雄厚的基础。周人定居于周原，出现了"凤鸣岐山"的美好传说。相传在周文王的时候，由于文王的德才名扬天下，吸引了凤凰飞临岐山。因为凤凰是一种吉祥的鸟，只有在天下出现了有德才的圣君时才会出现，所以凤凰的出现是周将兴盛的吉兆。

关于古公亶父迁居周原的原因，在《庄子·杂篇·让王第二十八》中是这样描写的："大王亶父居邠，狄人攻之。事之以皮帛而不受，事之以犬马而不受，事之以珠玉而不受，狄人之所求者土地也。大王亶父曰：'与人之兄居而杀其弟，与人之父居而杀其子，吾不忍也。子皆勉居矣！为吾臣与为狄人臣，奚以异？且吾闻之，不以所用养害所养。'因杖筴而去之。民相连而从之，遂成国于岐山之下。"意思是说，古公亶父时，周人遭到了狄人的进攻，给对方皮革、犬马、珠宝玉器，对方都不接受。为躲避狄人，公亶父无奈率领族人迁到了周原。

《诗经·大雅·绵》也说："古公亶父，来朝走马。率西水浒，至于岐下。……周原膴膴，堇荼如饴。"

周原是一片肥沃的膏腴之地，在这里古公亶父率领族人筑城郭，建宫室，设置统治机构，建立起了初具规模的周国。自此，周人逐渐强大，到公亶父四世孙周武王时，就剪灭了商朝。

周原是周人最重要的发祥地，在周人的心目中始终具有特殊的崇高地位。

>> 召陈建筑基址航拍图

在西周，岐邑是先周的都城，周原一直是京畿之地，宫室、宗庙始终未废，一些重大国事活动都在此举行。西周灭亡以后，几经战乱，岐邑毁于兵火，但周人在周原留下了极为丰富的文化遗存。

1976—1978年发掘的召陈大型建筑基址，是目前发掘的西周时期最大的一组建筑群落。遗址周围都有宽50—70厘米的散水，又有分明水沟和陶水管道的排水设施，其建筑材料上使用各种大小不同的板瓦、筒瓦。建筑装饰除了蚌饰、蚌泡外，还发现了四侧磨光、饰有雷纹的菱形汉白玉。召陈建筑基址的发掘表明，我国传统的廊院制建筑在西周时期就已经成型，部分建筑的开间面积之大，相当于明清时期的中型殿宇。在3000多年前，出现如此巨大规模的建筑，实在令人惊叹。近年来，又先后发现了云塘大型建筑基址、李家冶铜作坊基址、齐家四车道的道路基址、云塘骨器作坊遗址、齐家石器作坊遗址和冶铜遗址等，为我们了解周原遗址区域内皇室贵族分布、册命分封、居住状况、生产水平、生活习俗等诸多问题提供了宝贵的第一手资料。

在周原建筑基址的考古发掘中还有一个重大收获,就是找到了21000多片西周早期的甲骨、卜骨。从中清理出带字甲骨293片,共计900多个字。所谓甲骨文,是先用龟甲或兽骨进行占卜以判断吉凶,然后将占卜的结果用文字或刻或写在龟甲或兽骨上。它是目前为止中国最早的文字。这批甲骨文与殷墟甲骨文时代大体相当,其字迹大小有如绿豆,需要放大镜才能看清楚。这些甲骨文记录了占卜的结果与当时发生的大事,包括战争、祭祀、封赏、天文观察的记录,是周人社会生活以及思想意识的真切而宝贵的记录。在这批甲骨中,还有刻画易卦的,卦象由奇偶数排列组成卦画,以此来解释自然或人的行为的吉凶。我国后来盛行的阴阳八卦,就是由此发展而来的。

此外,2004年开始的对岐山县周公庙遗址的发掘,也取得了举世瞩目的收获:考古专家已正式确认它是目前所知最高等级的大型西周墓地且极有可能就是周公的家族墓地。这处大型墓葬群位于岐山南麓的一条土梁上,面积约8万平方米。先后发现了10座带四条墓道的大墓和1000余座中小型墓葬,出土了2200多字的西周刻辞,内容涉及王季、周公、召公、毕公等历史人物,以及祭祀、战争、数字卦、纪日、月相、占梦、卜辞常用语及甲骨修治现象等九个方面,是目前全国发现西周甲骨文字最多的遗址。在墓地外围还发现了长达1500余米的西周城墙,这在西周史、中国建筑史等方面均具有极其重要的意义。

2014年,考古工作者在岐山县凤雏基址南100米左右的地方发现了一个车马坑,坑内埋有一车四马。为了保证发掘质量,考古人员将车马整体搬迁至室内,采用先进的室内清理发掘技术继续工作。经过细致的清理,一辆年代属于西周中期或中晚期之交的豪华马车露出了真容。这辆马车是迄今所见商周时代最为"豪华"的车辆。该车的发现,对西周车制、车马使用、中国车的演变以及周原遗址聚落构成等方面的研究具有重要意义。

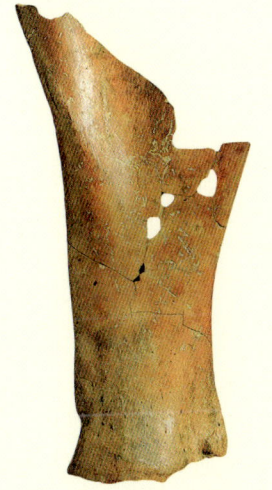

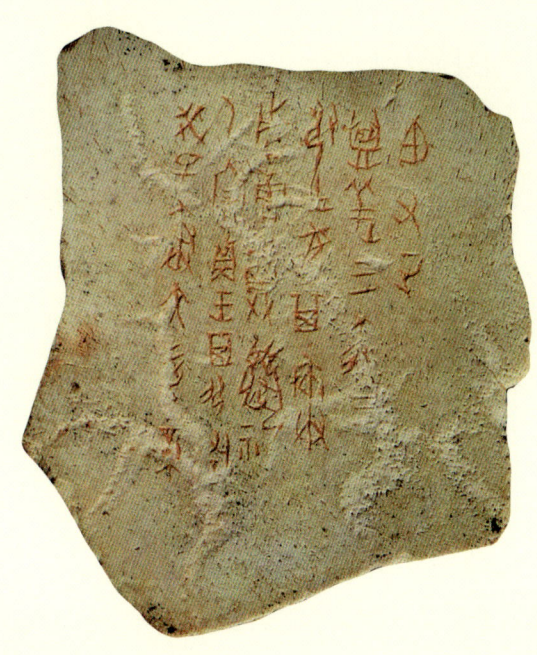

>> 西周甲骨及甲骨文

>> 毛公鼎

自汉代至今，周原一带已发现上百座西周青铜器窖藏，在清代被誉为"四大国宝"的大盂鼎、毛公鼎就出土于此。著名的大克鼎、小克鼎、克钟、卫鼎、卫盉、朕匜、胡簋、兴钟、史墙盘、折觥等众多的青铜重器都是从这里出土的。现在人们称陕西宝鸡是"青铜器之乡"，实际上主要指的就是周原。

作为周人的发祥地，周原地下埋藏着极为丰富的历史文物，多年的考古发掘已经取得了很大收获，让我们加深了对周人历史以及中国古代文明的认识，但从整个情况看，还仅仅是一个开端。周人的许多历史谜团，期待着周原考古的进一步推进。相信周原的考古发掘会给我们一个又一个的惊喜。

|周国四邻|

公元前16世纪，商汤做商族首领的时候，发动了灭夏的战争。经过鸣条之战，商汤打败了夏桀的军队，灭亡了夏朝，在中原地区建立起了商王朝。考古发现表明，商王朝的势力范围曾一度到达陕西关中西部的周原地区。古公亶父在周原立国，周人的力量强大起来之后，商人势力才逐渐被排挤出了关中西部，退守关中东部地区。而这个时候的周国，在灭商之前一直臣属于商王朝，被称为周方伯。而除了商人之外，在周的四邻，还有羌方、井方、鬼方、巴方等方国部族。这些国族与周国既有纷争，也有交流，共同开拓着陕西这片丰饶的土地。

1.关中商文化

商王朝建立后，其文化也逐渐影响到了陕西的关中地区。考古工作中，在渭北的大荔赵庄、白村，耀州北村，渭河以南的华州南沙村，礼泉朱马嘴，西安老牛坡等遗址，都发现了比较典型的早商文化遗存。到了商代中期，商文化又向西推进到渭河中游的周原地区，形成了京当型商文化遗存，直到商代晚期，周崛起后，商人才退出该地区。

在这些商文化遗址中，老牛坡的发掘成果最为丰富。老牛坡类型遗存主要分布在渭河下游，是一种夏商时期的文化遗存。除了老牛坡遗址外，其文化特征在华阴横阵遗址和蓝田泄湖遗址中也有发现。

老牛坡遗址位于西安市灞桥区。遗址西起袁家崖村，东至沙河沟，南及灞河二级阶地，北达安家庄村南，面积约100万平方米。20世纪80年代，西北大学曾组织考古专业学生在此处发掘。2010年为了配合高速公路建设，考古工作者又对该遗址进行了大规模发掘，在遗址内发现了许多灰坑、陶窑、墓葬、房址、灶坑等遗迹，以及陶、石、玉、骨、蚌、铜等各类文物600多件，取得了丰硕的成果。

在关中地区的商文化遗存中，还发现了很多具有典型商文化风格的青铜器。这些制作精良、风格独特的器物都是中原之外商代青铜文化的重要组成部分。

>> 三里洞饕餮纹鼎

通高19厘米，1965年于铜川三里洞出土。此器造型极其规整，做工也很细致，属于商代早期青铜鼎中的佼佼者。鼎是商周礼制文化中的核心器物，主要用作烹煮肉食，有圆鼎和方鼎两大类。饕餮是传说中一种十分贪吃的怪兽，其形象在青铜器上出现很多，典型形象是一种狰狞的兽面，被称为饕餮纹或兽面纹。

>> 朱马嘴饕餮纹鼎

通高61厘米，口径44.5厘米，腹深28.3厘米，重17.4千克，1972年于礼泉朱马嘴商代遗址出土。鼎的腹、足及底部范线明显，显然是铸造完成后未予打磨就开始使用的。这件铜鼎体量较大，属于陕西关中地区出土的商代青铜鼎中比较大的一件。

>> 饕餮纹分裆鼎

　　通高35.5厘米，口径22.5厘米，腹深18.2厘米，重6.5千克，1972年于华县桃下村出土。分裆鼎是商周时期青铜鼎中一个重要的类型，出现于商代早期，主要流行于商代晚期，以后渐行减少。分裆鼎的形制与鬲有很多相似之处，因而又被称为鬲鼎。此鼎分裆很高，器腹直如鬲之袋足，在鬲鼎中很少见到。腹部装饰的三组大饕餮面，勾画细致，尤其是"臣"字眼中的大圆目及目上部兽角状眼眉的刻画，极具震撼效果。由于这件分裆鼎的分裆较一般的分裆鼎高出很多，曾有学者认为应将其定名为鬲。

>> 凤柱斝

　　通高41厘米，口径19.5厘米，腹深5.7厘米，重2.86千克，1973年于陕西岐山贺家村一号墓出土。青铜器上的凤鸟纹饰大多是线雕，似这件凤柱斝双柱上的圆雕凤鸟，较为罕见。在器柱上装饰凤鸟，为神秘威严的青铜礼器注入了生命的活力，增加了器物的灵动感。斝是酒器，主要用于温酒，也是商周青铜礼制文化中重要的器物，主要流行于商代到西周早期，西周中期后就消失了。

2.陕北商文化

早在20世纪60年代,在陕北的清涧、绥德等地就有商代青铜器的发现。器类主要有鼎、甗、簋、爵、觚、斝、罍、瓿、壶、盘、勺、斗、匕、刀、剑、戈、钺、戚、斧、镞、锛、泡等。陕北发现的礼器和兵器与安阳商文化同类器物相似,工具、武器中的蛇首匕、马头刀、三銎刀等与晋西北、冀北等地发现的北方草原文化面貌基本一致。结合文献中的零星记载,学者们多认为其与土方、鬼方等北方文化有关。

1983年考古工作者在清涧李家崖发掘出一座商代城址,发掘了一些窖穴、房址、瓮棺葬等遗迹,以及陶器、石器、骨器、卜骨和少量青铜兵器,并发现了一件石刻骷髅形人像。有学者认为其文化属性为鬼方文化。

\>> 三羊瓿

高23.6厘米,1965年于绥德墕头村青铜器窖藏出土。此器造型古朴,为典型的中原商文化器物,而高浮雕之盘角羊首,又具备北方草原文化的特征,是文化交流的产物。瓿是商代流行的一种盛酒器。由于先秦典籍中未见"瓿"字,也有学者称其为"瓮"或"甗"。基本形制为圆形、圈足,似尊而较尊粗矮。

>> 乡钺

长16.1厘米,1965年于绥德墕头村青铜器窖藏出土。钺身正反两面皆饰卷体龙纹。在内的上部铸刻有铭文"乡"字。此字形似二人相向跽坐,有食器置于二人中间,二人作就食状,左边之人还做出伸手取食的姿势。此钺上的铭文与其说是字,倒更像是一幅图画,极富装饰性。关于此字,通常认为是"乡",即"宴飨"之"飨"的初字。商周时期的钺既是一种兵器,也是一种具有权杖性质的礼器。史载周武王伐商在牧野誓师时,"左杖黄钺,右秉白旄"。纣王兵败自焚后,武王又以黄钺斩纣头,以玄钺斩纣二嬖妾之颅。因此钺是具有征伐权力象征的器物。这件乡钺刃部与肩部等宽,刃角不外侈,在中原地区很少见,应是北方民族使用的器物。

>> 马头刀

通长32厘米,刃长13.5厘米,柄长18.5厘米,宽6.1厘米,重0.174千克,1965年于绥德墕头村青铜器窖藏出土。马头刀属于典型的北方草原文化器物,设计巧妙,制作精细,反映出北方草原民族在青铜兵器制作方面的高超技艺。

>> 蛇首匕

通长36厘米,刃长24厘米,柄长12厘米,宽3.5厘米,重0.215千克,1965年于绥德墕头村青铜器窖藏出土。此物既可用作兵器,也可切割肉食,具有非常浓厚的北方青铜文化特色。

>> 石雕骷髅人像

高42厘米，1983年于清涧李家崖遗址出土。

3.陕南商文化

自20世纪50年代以来，在陕西汉中的城固、洋县及附近地区陆续发现了600多件青铜器，包括鼎、甗、鬲、簋、尊、罍、瓿、斝、戈、矛、钺、镞、面具、铜泡、镰形器等器类。其中容器多与中原商代青铜器相同或接近,而四足鬲、镰形器、三角援戈等有浓厚的地方特色。对于这类青铜器所属文化的性质,一般都认为与巴蜀文化有关。有的学者还认为,城固出土的青铜面具应是巴人在战争中佩戴的面具。

>> 饕餮纹四足鬲

高22.8厘米,1981年于城固龙头镇出土。鬲是新石器时代晚期出现的一种炊煮器。一般三足,但这件鬲有四足,是鬲中的特例,在古代青铜器中仅此一件,为存世孤品,十分珍贵。器物出土地城固是商文化与西南巴蜀文化的交汇处,所出青铜器往往具有很强的地域特点。这件四足鬲应是地域文化交流融合的产物。

>> 蛙纹钺

通长22.2厘米,1979年于洋县谢村镇范坝村出土。长形扁体,钺身正中有一镂空蛙纹。蛙圆目、粗眉,背饰涡纹。内为长方形,中部有一圆形穿孔。此钺造型、纹饰较为独特,尤其是中部镂雕的蛙纹,形象极为生动,是商代晚期一件难得的艺术品。

二　礼乐之邦

经过百年发展，文王姬昌时，周已是商统治下"三分天下有其二"的霸主。公元前1046年，武王灭商，建立西周王朝，定都镐京。在殷商王朝政治制度的基础上，西周王朝建立了更加强大的王权体系。周公制礼作乐，礼制高度发达，对其后数千年的古代社会产生了深远影响，中华民族也由此成为礼仪之邦。

|武王灭商|

太王（古公亶父）在岐邑立国后，姬周族迅速强大起来。太王有三个儿子，长子太伯、次子仲雍和幼子季历。相传季历的儿子姬昌出生后"有圣瑞"，所以太王有意将王位传给季历，再传就能传给姬昌。太伯、仲雍知道了父亲的想法，为了让位给季历而避奔"荆蛮"，断发文身，自号勾吴，这一支就是后来吴国的祖先了。

太王死后，季历继位。由于与太伯所建吴国保持友好，加之商朝国力衰微，周的力量不断壮大。大约从商王武乙时期开始，周开始以武力开拓领土，首先花3年时间征服了鬼方。之后，季历继续进攻山西地区的戎狄，在攻打燕京戎时受挫，但接着还是攻克了余无戎。打败余无戎后，季历被商王文丁任命为牧师（一种相当于方伯的职位）。季历将周国的领土大大向西北扩展，受到了文丁的猜忌，最终被文丁害死。季历死后，其长子姬昌继位，即周文王，被商纣王封为西伯。

据传商纣王曾任命西伯、九侯、鄂侯为三公。但他实在是个暴虐的君主，九侯的女儿被纣王纳入后宫，因为不喜淫乐，纣王就把她杀掉，并把九侯也剁成了肉酱。鄂侯争辩了几句，就被做成了肉干。西伯听到这件事，也只能私下感叹，表达对纣王的不满。纣王有个臣子叫崇侯虎，在知道这件事情后，向纣王报告了西伯对处死九侯、鄂侯的不满，西伯因此被囚禁于羑里，直到他的属下向纣王进贡了美女和财物才被赦免。羑里在现在的河南省汤阴县，因为文王曾被囚禁于此，现在已经是著名的旅游景点了。

周文王一面殷勤侍奉商纣王，一面借口征讨叛国而四处开拓领土，周的势力得以大幅度扩张。文王团结诸侯，解决了虞、芮两国的争端，先后征服了犬戎、密（密须），之后又灭掉了山西地区的黎，并攻克盂（又作于、邘）。崇侯虎所在的崇是当时的东方强国，在激烈的攻城战之后被周攻占。文王在克崇后迁都到了丰邑，仁政爱民，并建立了一套以卿士为首的官制，健全了政治机构，积聚了一大批有才能的贵族，远近国族纷纷往来归之，正如《史记·齐太公世家》所说"天下三分，其二归周"。周国为剪灭商朝做好了准备。凤鸣岐山的故事，就出现在这个时候。

武王即立后，继承父祖的事业，经过盟津之会，组成了灭商联盟，发动了剪灭商朝的战争。司马迁在《史记·周本纪》中对这场战争的情况是这样描写的："（武王）乃遵文王，遂率戎车三百乘，虎贲三千人，甲士四万五千人，以东伐纣。十一年十二月戊午，师毕渡盟津，诸侯咸会。……二月甲子昧爽，武王朝至于商郊牧野。……"

看到武王的大军来伐，纣王也集合起了十几万人与武王相抗衡。可是，纣王的军队毫无战心，反而倒戈帮助武王。这样没费太大的力气，武王就攻进了都城朝歌。纣王看到大势已去，就登上花费巨资为自己建造的鹿台自焚身亡了。随着这位历史上著名的暴君的死亡，殷商王朝也就此灭亡了。

武王灭商后，西周历成、康、昭、穆、共、懿、孝、夷、厉、共和、宣，传至周幽王。周幽王为了博取美人褒姒一笑，不惜"烽火戏诸侯"，建国

>> 利簋

  1976年出土于陕西临潼零口。器底铭文32字,记载了武王伐商的重大历史事件,而所记载的灭商时间与《史记·周本纪》相契合。此器是目前所知年代最早的西周青铜器,也是武王伐商最重要的实物凭证。关于武王灭商的具体时间,自汉代以来就是史学家研究的重要课题。1996年国家启动了夏商周断代工程,组织了历史学、考古学等相关领域的专家学者,对夏商周的确切年代展开了研究。最终初步确定武王灭商的年代为公元前1046年。

年的西周王朝终于在犬戎的进攻下灭亡了。公元前771年,周平王东迁洛邑,历史进入了东周时期。而随着政治中心的东移,陕西作为周王朝中心的地位不复存在,不久,一个更为强大的国家——秦国——在这片土地上崛起,经历春秋战国征战、融合,最终建立起了华夏大地上第一个大一统的国家。

建都丰镐

《诗经·大雅·文王有声》有云："文王受命，有此武功。既伐于崇，作邑于丰。文王烝哉！筑城伊淢，作丰伊匹。……丰水东注，维禹之绩。四方攸同，皇王维辟。皇王烝哉！镐京辟雍，自西自东，自南自北，无思不服。皇王烝哉！考卜维王，宅是镐京。维龟正之，武王成之。"记载了文王建丰和武王都镐的重大历史事件。

周文王的时候，为了向中原拓展，在今天西安市西南的沣河西岸新建了一座城邑，起名为丰京，并在他去世的前一年，将国都从岐邑迁到了这里。武王即位后，又在沣河的东岸建了镐京。丰京和镐京合称丰镐。作为西周王朝的国都，丰京是王室宗庙和苑囿的所在地，镐京是周天子居住和理政的地方。根据《考工记》的记载，当时丰镐城方九里，每边辟三门，城内纵横各九条街，王宫居中，左为祖庙，右为社坛，前为朝堂，后为街市。丰镐是中国历史上第一座规模宏大、布局整齐的城市，开创了中国城市平面布局方整、宽畅、宏伟的先河，成为后来城市总体布局的典范。终西周之世的275年间，丰镐一直是周王朝的都城。与在洛阳建的成周相对应，丰镐又被称为宗周。

从1933年开始，考古工作者就对丰镐遗址开展了一系列的考古调查，基本确定了丰京、镐京的大体位置，并将遗址范围逐步缩小到长安区沣河两岸的马王镇、斗门镇一带，面积超过1700万平方米。目前已经发现大型宫殿、宗庙、作坊遗址近30处。这些建筑绵延成群，规模宏大，排水设施也较完善。同时，还发掘了大量墓葬、车马坑、窖藏青铜器，为我们多方面还原了丰镐城的规模及丰富的社会生活。丰镐遗址车马坑陈列馆内的沣西车马坑是其中一处较为著名的遗存。考古学家在原址先后发现多达18处西周殉葬车马坑群。现在，发掘后保存最完好的一处已经修整复原，供游人参观。沣西车马坑内有并列的二车六马和一个殉葬的奴隶，其中有驾四马作战用的戎车和驾二马乘坐用的轺车。戎车驾马全部以青铜为饰，轺车驾马大都缀用海贝为马饰。两车与殉葬者的骸骨现仍按原样保护。车系木质，有木辕一根，马驾两旁，称为独辕马车。这些在地下沉睡了3000年的真车真马，对研究当时的礼制、交通、战争、冶金和社会生活，有着极其重要的价值。

>> 丰镐遗址图

>> 沣西车马坑

　　丰镐附近还建有灵台，其遗址位于今西安长安区的灵台村，这是中国最早的天文台。在这座灵台观测的不仅是天文，也包括气象、地震、物候等，所以灵台实际上是一座综合性的观测台。

　　1961年10月在丰镐遗址内的张家坡村发现了一座青铜器窖藏，出土了53件青铜器。这些青铜器大多有铭文，将同样铭文的归为一类，共有不同的铭文11篇。郭沫若先生对这些青铜器铭文进行过详尽考释。孟簋、双耳铜杯都是其中重要的发现。

>> 孟簋

共出土3件，形制、花纹、铭文、大小皆同，通高 25.5厘米。通体锈色灰绿。器内底铸铭40字，记述作器者孟的父亲和毛公、遣仲征无需，因有军功而受赐的内容。孟称其父为文考，表明其父在受赏赐时已亡，由其子孟领受奖赏，代父对扬休命，铸器以为纪念。簋是盛谷物的容器，商代晚期开始出现，盛行于西周。簋的造型多样，孟簋的造型和花纹都是西周中期流行的式样。就形制而言，西周早期的簋一般侈口圆腹，圈足较高或带方座，中期为侈口垂腹，晚期一般为敛口扁腹并在圈足下附三足。从鸟纹的演变来看，商末周初的大凤鸟纹一般无前垂至地的大垂冠，不饰鳞片状的花羽纹。西周中期流行垂冠大凤鸟纹，这个时期的垂冠回首大凤鸟纹，都呈对称回顾形排列，有长而华丽的冠或分冠，喙大部分作卷曲形。此类大凤鸟纹至懿、孝时期已不易见到。

>> 双耳铜杯

出土5件铜杯,共4个式样,其中2件形制相同,两侧有镂空双柄,通高14.7厘米。这种双镂空把手的铜杯很有特点,在西周时期的青铜器中很少见到。

封国采邑

武王克商以后,为了加强对国家的统治,采用"封建亲戚以藩屏周"的政策,把他的很多同姓宗亲和功臣谋士都分封到了全国各地,建立起了很多诸侯国。被分封之人要对周天子尽纳贡朝觐、出兵和救助王畿等义务。这种由上而下、兼顾血缘关系和政治关系的分封制,不但明确了上下、尊卑的臣属关系,强化了天子的绝对权威,而且能使各级统治者较稳妥安定地限定在一定的地域范围内。这一创新性的制度无疑对加强周王朝的统治有着重要的作用。

武王封的主要为王室子弟。而大规模分封诸侯,主要是在周公、成王时期,康昭之后渐少。西周分封的诸侯,主要为姬周族王室子弟、姻亲、功臣、商后裔等,其中以姬周族子弟分封最为重要。至于分封诸侯的数量,现在已经不可考了,一般认为有100多个。

除了分封诸侯外,周天子和公卿对臣下也会赏赐土地。当时天子赏赐土地,范围大的称为土或采,其次称为邑,再其次称为里或田。在都城附近的王畿和岐周之地分封着许多公卿大夫的采邑。已知的有周、召、毛、毕、成、郑、西虢、散、弭、芮、徽等。另外,陕西境内还有一些异姓诸侯国,已知有矢、彊、杜、褒等。

通过分封制,全国形成了一个以王室为中心,向四周辐射,由四周拱卫的统一的等级分明的宗法分封政治结构。

为了进一步巩固分封制,周人在上层建筑领域内也制定了一系列的制度,以使这种分封制度世世代代传下去。如实行畿服制度,规定:"邦内甸服,邦外侯服,侯卫宾服,蛮夷要服,戎狄荒服。"这种规定把尊卑、亲疏、内外、远近的等级差别和政治地位,用地理划分加以明确,把与周王室血缘亲密的家族封在都城镐京和洛邑附近,如周、召、郑、虢、毕、芮、毛、散等都是在陕西的周王室的家族，成为周天子的主要依靠力量。卫、鲁、晋、燕等都在洛邑周围，也都是周王室的亲属。这一点在考古发掘中已得到明确的证明。如在陕西出土的毛公鼎、散氏盘、虢季子白盘等西周青铜重器，就是分封在陕西的毛、散、虢等家族制造的青铜器。而在这方面最重要的发现当属近年来发掘的韩城梁带村两周墓。占地33万平方米的梁带村两周墓地，共钻探发现西周、东周墓葬895座，车马坑64座，为陕西省近30年来继宝鸡虢国墓地之后发现的未经盗掘的商周时期高等级贵族墓地，曾入围2005年全国十大考古新发现。该墓的发掘成果，不但对芮国的始封年代进行了修正，而且对深入认识周代芮国的墓葬制度和历史文化，以及周代礼制、封国制度和我国早期雕塑艺术史的研究等，都提供了极为重要的资料。

在西周，各封国被册命受封时，还赐给相应的爵位，如公、侯、伯、子、男等。其地位高低有别，并根据级别规定每年给王室纳贡的数量。而各诸侯国的重要官吏也一般由天子任命。周天子定期巡视各诸侯国。若某诸侯国受到外来势力的侵扰，周王室则出兵保护。各封国对周王室要承担规定的义务，不得违背，以此维护周天子共主的权威和利益。

西周王朝实行的分封制，尽管被分封的诸侯国在政治、经济、军事上有相对的独立性，但从宏观上考察，毕竟形成了统一的王朝，比夏、商两代的体制要进步得多。这当是周人在总结前代和武庚叛乱的经验教训之后的重大革新，是社会进步的标志。除此之外，分封制以及与之紧密相连的宗法制还在形成中国人认祖归宗的思想、中华民族强大的凝聚力以及孝顺长辈、恪守孝道等传统观念方面，发挥了积极的作用。

古时"田里不鬻"（《礼记·王制》），田地是不能买卖，也不能随意交换的。所谓"溥天之下，莫非王土"（《诗经·小雅·北山》），臣子们的田地都是天子授予的。但在西周中期这种情况发生了重大变化，1975年在陕西岐山董家村发现了一座窖藏，出土了37件青铜器。其中周穆王时期的二十七年卫簋，共王时期的五祀卫鼎、九年卫鼎及三年卫盉，都是一个叫裘卫的人做的器物。四器铭文都非常重要，被称为裘卫四器。

>> 五祀卫鼎

通高36.5厘米，口径34.3厘米，腹深19.5厘米，重11.5千克。圆形，立耳，柱足，腹部下垂而外侈，器腹较浅，口沿下装饰一周雷纹填底的窃曲纹。从器型上看，应是西周共王时期最为典型的垂腹鼎。腹内壁铸铭文19行207字，记录了裘卫和邦君厉之间的土地交易事件，表明西周中期土地占有形态已经发生了显著变化，对研究西周中期社会经济状况以及社会内部孕育的历史变革具有重要意义。同时，铭文中有准确的年号和执政官姓名，因而也成为判断西周共王时期青铜器的标准器。

礼制刑罚

西周有严格的礼制。相传周礼的制定与周公有密切的关系，一般认为，西周的礼乐制度就是周公制定的。周公，名旦，是周文王姬昌的第四子，武王的弟弟，曾辅佐武王灭商，并率领西周军队进行了剿灭武庚叛乱的东征，而其最大的功绩在于"制礼作乐"。《尚书·大传》概括周公的主要功绩为："一年救乱，二年克殷，三年践奄，四年建侯卫，五年营成周，六年制礼作乐，七年致政成王。"周公是西周杰出的政治家、军事家、思想家，被后世尊为元圣和儒学先驱。对于周公，古人从来都不惜赞誉之词，孔子就曾说："甚矣吾衰也！久矣吾不复梦见周公！"汉初贾谊曾这样评价周公："文王有大德而功未就，武王有大功而治未成……布文陈纪，经制度，设牺牲，使四海之内懿然葆德，各遵其道，故曰'有成'。"周公集大德大功大治于一身，夏曾佑言："孔子之前，黄帝之后，于中国有大关系者，周公一人而已。"这些评价，尽管有溢美之嫌，却代表着人们对周公的一般看法。

周礼是个庞大的系统，涵盖了典章制度、礼节仪式、道德规范等各个方面。其以宗法制为基础，制定了用以调节统治阶级内部关系，严格的、不可僭越的等级制度。《礼记·曲礼上》中说："夫礼者，所以定亲疏、决嫌疑、别同异、明是非也。"

在西周的礼制中，不同等级的贵族使用的舆服、礼器和棺椁、葬品等都有严格的规定，也就是《左传》庄公十八年中说的"名位不同，礼亦异数"。作为礼制的重要承载物，青铜器的作用尤为重要。"钟鸣鼎食"，就是对西周贵族生活的一个真实写照。

鼎簋制度是西周青铜礼制中一项重要的制度。周代对鼎的使用，是有严格规定的。东汉著名的经学家何休曾说："礼祭天子九鼎，诸侯七，卿大夫五，元士三也。"(《公羊传》桓公二年注)说明身份不同,使用的鼎的数量也是有差别的。对用鼎制度的问题,许多学者都开展过研究,有一种看法认为九鼎配八簋,七鼎配六簋,五鼎配四簋,三鼎配二簋,一鼎无簋。

西周时期,贵族们在祭祀和宴飨的时候,不仅使用礼器,也使用乐器。在《礼记·礼运》中有言:"陈其牺牲,备其鼎俎,列其琴、瑟、管、磬、钟、鼓,修其祝嘏,以降上神与其先祖。以正君臣……"后世儒家所言修礼乐可兴

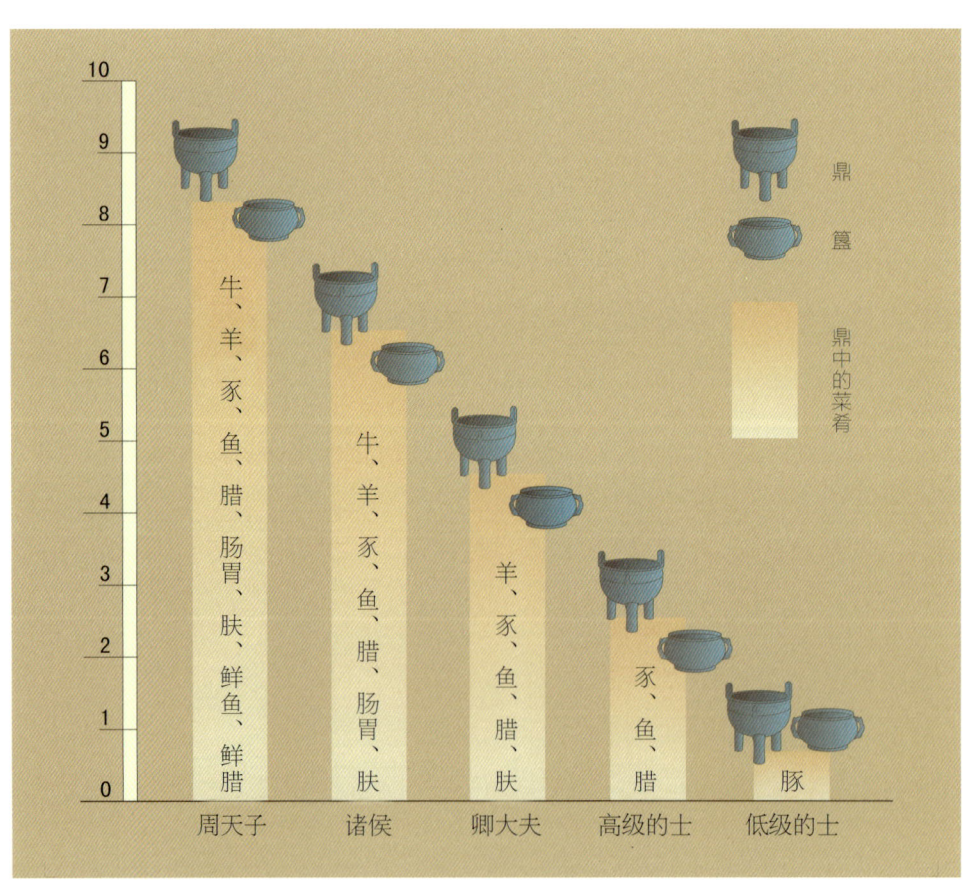

>>西周的用鼎制度图表

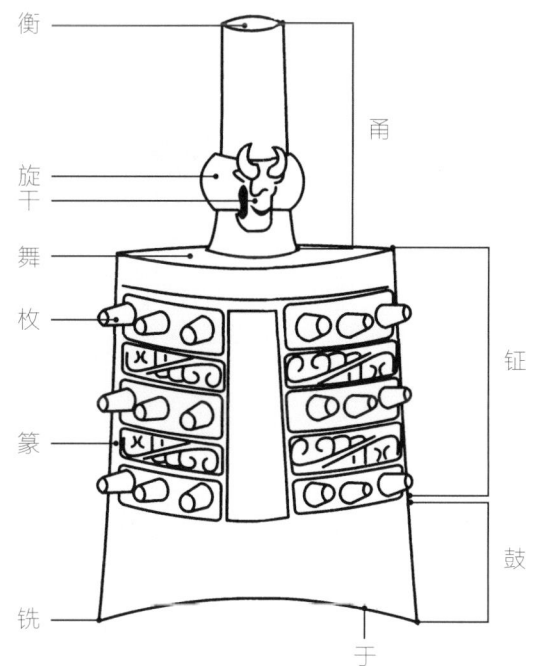

>> 柞钟

　　1960年于陕西扶风齐家村出土。最大的一件通高52厘米，最小的一件通高21厘米。一组8枚，形制、纹饰基本相同，大小递减。前4件各铸一篇铭文，后4件分铸一篇铭文。鼓部饰一对卷唇回首夔龙，篆间饰∽形双头兽纹，舞饰粗浅云纹，干饰目云纹。是西周祭祀、朝觐、宴飨时使用的打击乐器。这种成组的钟，又被称为编钟。

邦国，这种思想就是根源于西周的礼乐制度。

与礼一样，刑罚也是统治者维持统治的重要手段。早在夏代，我国就已建立起一套较完整的刑罚体系，后经历代发展完善，形成了中华法系，是世界公认的五大法系之一。西周建立后，在继承夏商刑罚制度的基础上，尤其是在总结商代"重刑辟"招致亡国的历史教训后，把"德""罚"相结合，提出了"明德慎罚"的立法指导思想。这一思想和在其指导下制定的一系列司法原则，如划定刑事责任年龄、区分过失与故意、罪疑从轻、正当防卫不为罪等，对完善西周法律制度，促进西周社会经济的发展、繁荣，发挥了重要作用。其在世界立法史上留下了巨大的印迹，也对我国后世的立法活动产生了深远的影响。西周的法律，以刑法为主，另有一些单行的土地法规。西周在《禹刑》和《汤刑》的基础上，制定了《九刑》。《九刑》是西周制定的第一部成文刑书，该刑书早已亡佚。《吕刑》是继《九刑》之后的又一部比较成熟的成文刑书，其对周代的刑罚制度做了不少有益的改革，如对五刑的名称、次序和条目做了较大的改动，并大大减少了死刑、宫刑等重罚条目。此外，《吕刑》中制定了不少周初法律不曾具备的有利于法律制度进一步完善的司法原则和审判制度，这些原则和制度在后世法典中大都被沿用并有所发展。从这种意义上讲，《吕刑》是早期中华法系的典型，它很似今日刑法和刑事诉讼法之雏形，在我国法律发展史上占有重要地位。

据《尚书·吕刑》所记，周代的五刑，有墨（脸上刺字涂青）、劓（割鼻）、刖（断足）、宫（男去势，女禁锢）、大辟（斩首）。此外，还有鞭刑、流放和罚金等。

>> 它盘

　　西周晚期水器，通耳高16.6厘米，口径40.6厘米，重8.24千克，1963年于陕西扶风齐家村西周窖藏出土。铜盘圈足下的四足为受过刖刑的裸体男子形象。男子皆跪坐式，腿屈于臀下，双手扶膝，肩负重盘。器内底铸一"它"字，为作器者的名字。刖刑是古代五刑之一，夏代称膑，商代称剕，周代称刖，即用锯割断人的一条小腿。施刑之后的"刖者"多被用于守门或看守园囿，也有用于挽车，或如此盘的刖人背负重物。类似以受过刖刑的裸体男子作为器足的器物，在西周晚期的青铜器中并不鲜见。重要的如扶风庄白村西周窖藏出土的刖人守门鬲，山西闻喜出土的刖人守囿挽车，等。

|战争交往|

西周时期，以华夏族为主体的周王朝与周边邻邦的关系，文献和青铜器的铭文中多有记载和反映。有据可依的至少有：武王伐东夷；周公灭东夷的盖（奄）、蒲姑等国，成王伐录，康王平定东夷大反和北征、伐鬼方，昭王伐会（桧）、伐虎方、南征荆楚，穆王伐淮夷和东国狷戎、伐扬越、征犬夷、反击南夷，夷王伐太原的犬夷，厉王伐西戎、击退淮夷入侵、击退猃狁入侵，宣王伐淮夷、伐徐方、伐楚、伐猃狁、伐条戎及奔戎、败于姜氏之戎、伐申戎，幽王伐六济之戎，等等。诚然，战争是大规模的社会暴力行为，具有极大的副作用。但按照马克思、恩格斯的观点，战争同时也是"一种经常的交往方式"，比如，战争中的人员调动、物资调配无疑对经济文化的交流有着不可低估的作用。

在西周，统一和平始终是主导性的，各兄弟民族在长期的和平与战争中共同缔造了中华民族文化，互相进行文化、经济诸方面的交流。在彼此的交往中，先进的华夏文化与各邻邦的互相影响作用无疑是巨大的，特别是在西周初年武王联合西南等地邦族，八百诸侯共同举兵灭商。这种友好交往对双方发展进步都发挥了重要作用。

1980年在陕西长安斗门镇出土的多友鼎上，就详细记载了厉王时期西周对猃狁的一次战争。这件鼎通高51.5厘米，口径50厘米，腹深31厘米，重35千克。半球形，器腹较深，蹄足，是西周晚期最常见的器型。装饰花纹简单，仅在器腹上部装饰两道弦纹。内壁有铭文270余字，铭文大意是：猃狁入侵西周，已经危及京畿腹地。因此厉王命令武公派遣多友率兵迎击，激战了半个月，先后在郗、龚、世、杨冢等地战斗，共打了四次大仗，都取得了胜利。杀掉敌军300余人，俘获20多人，缴获战车127辆，夺回了被掳去的人民，并将猃狁逐出了周境。武公将多友的战绩报告给了厉王，厉王给予多友重赏，赐给多友铜一百多钧。

>> 多友鼎

>> 盠方尊

还有一件1955年陕西眉县李村出土的盠方尊,其铭文也间接地反映了当时的战争。盠方尊高17.2厘米,口径17厘米,重2.725千克。器内底有铭文108字,属于一篇册命文字。大意是:某年八月初吉,穆公陪同盠在周庙接受册命。周王命盠掌管王室禁卫军西六师三有司,兼司六师及八师艺,并赐给盠赤𧝑、幽亢等命服。盠作此器,以纪荣耀。

以往学者或定此器为宣王时器,或定为孝王时器,或定为懿王时器,只有徐中舒先生将其定为穆王时器。2003年陕西眉县杨家村青铜器窖藏的发现,为解决这一问题提供了新的资料。有学者研究认为,盠就是逨盘铭文中记载的惠仲盠父,为单氏家族的第四代,是昭穆时期的重臣,并参与了昭王南征楚荆的战争,据此将此器定为昭穆时期。

除铭文内容十分重要之外,盠方尊的造型和装饰也无不透着青铜器之形式美。口圆体方的造型、象鼻形器耳,增加了器物的活力和灵动感。花纹装饰繁而不乱,构图设计非常合理,融重要的铭文、优美的造型与装饰于一体。这件盠方尊堪称西周青铜器中的精品。

在发动战争的同时,西周王朝与周边邻邦的关系更多的还是友好往来和经济文化方面的交流。在存世的许多西周兵器上,我们都能找到外族风格。这些异彩纷呈的青铜兵器都是文化交流的见证。

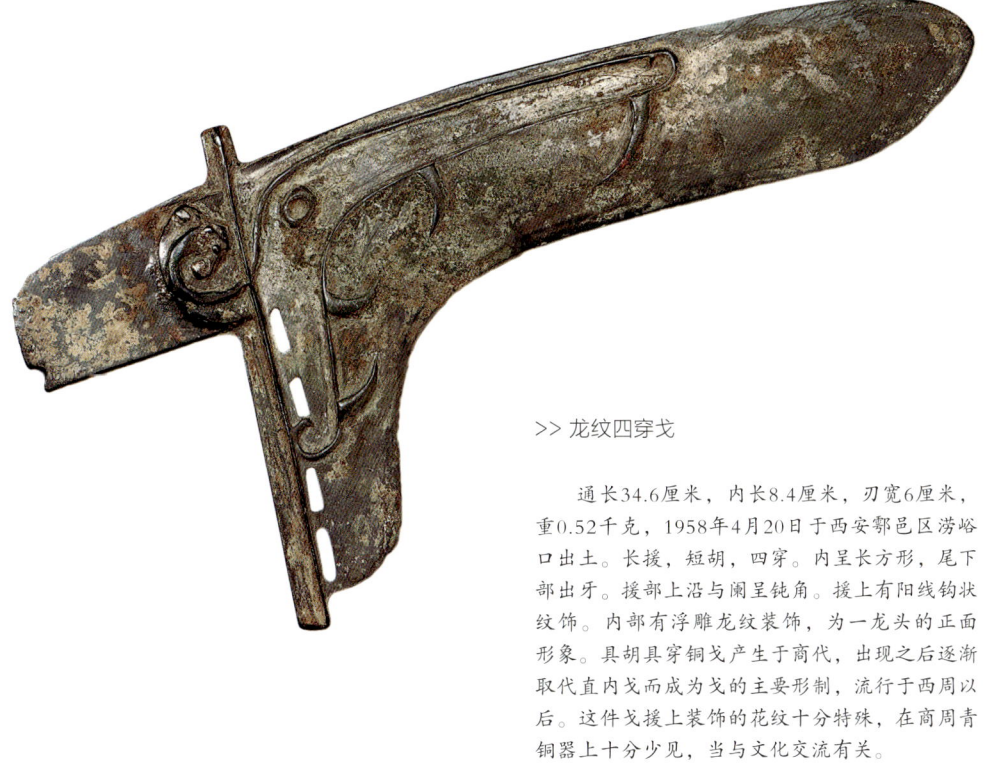

>> 龙纹四穿戈

通长34.6厘米,内长8.4厘米,刃宽6厘米,重0.52千克,1958年4月20日于西安鄠邑区涝峪口出土。长援,短胡,四穿。内呈长方形,尾下部出牙。援部上沿与阑呈钝角。援上有阳线钩状纹饰。内部有浮雕龙纹装饰,为一龙头的正面形象。具胡具穿铜戈产生于商代,出现之后逐渐取代直内戈而成为戈的主要形制,流行于西周以后。这件戈援上装饰的花纹十分特殊,在商周青铜器上十分少见,当与文化交流有关。

三 经济文化

中国是一个农业大国,古代经济的发展在很大程度上取决于农业的发展。而周人是传统的农业部族,从一代祖后稷开始,周先民率先摒弃了原始农业粗放的自然生产状态,最早将农艺措施运用于生产实践,进而带动了整个关中乃至黄河流域的农业发展,并奠定了我国古代"以农立国"的基本国策。在发达农业的基础上,西周的工商业也获得了长足的进步,尤其是手工业,在生产部门、经营方式及管理体系等方面均奠定了后世手工业发展的基础。

|百工技艺|

周人一向以善于农耕著称于世,发达的农业生产为发展手工业奠定了基础。同时,周武王灭商后,对商人手工业者特别优惠,把他们全部吸收过来,也为发展西周的手工业充实了技术力量,西周的手工业在商代手工业的基础上有了明显的进步。"百工"称谓以及我国第一部关于工艺技术的专门著作——《考工记》的出现,都反映了西周手工业的发达。当时的手工业直接统属和服务于官府,即"工商食官"。在官营手工业之外,对后世影响深远的男耕女织的民间家庭手工业体系也已初步形成。

原始瓷器。原始瓷器是商代出现的,是以瓷土为制胎原料制作的具有较低吸水性的带釉陶瓷产品。原始瓷器与白陶器、印纹硬陶器相比,有坚硬耐用、器表有釉不易污染及美观等优点。西周时期,原始瓷器有了进一步发展,南方和北方都有许多发现,所见基本属于生活用器,常见的器类有豆、簋、瓿、碗、盖、罐、壶、罍、尊、瓮等。北方地区主要出土于丰镐、成周等西周都邑遗址及各诸侯国的都邑所在。相比北方，南方的长江中下游地区发现更多原始瓷器。从原始瓷器的器类及器型看，大部分都与长江中下游文化的日用陶器相同，而且当地也有丰富的原料，因此目前学术界大多认为原始瓷器多为长江中下游地区生产的。有一些器物，如容器中的罍，与中原的陶器式样基本相同，也可能是中原地区烧制的。

在陕西的宝鸡纸坊头、岐山凤雏村、长安张家坡等地的西周墓葬中，都曾发现原始瓷器或瓷片。张家坡出土的少量瓷片，经测定烧成温度已经达到1200℃，硬度为莫氏硬标7，吸水性很弱，已十分接近瓷器了。

>> 原始瓷罐

1981年出土于宝鸡纸坊头一号西周墓。高38.6厘米，颜色黄中泛绿。高岭土胎，胎质细密，渗水性极弱，烧制温度在1200℃左右。与后世瓷器相比，施釉厚薄不均，容易剥落，这也说明了其原始性。

丝织业。随着社会经济的发展，西周时期贵族阶层对纺织品的需求日益增加。西周专门设立了纺织品管理官员，掌管纺织品的生产和征收事宜。在这一时期，纺织技术得到了进一步提高，丝织品除了平纹、绢帛和暗花绸之外，还出现了多彩织锦和刺绣技术。

>> 丝绸印痕

残长9.6厘米，1975年于宝鸡茹家庄西周墓葬出土。为附着在黄土泥块上的墓主人衣物印痕。

制玉业。西周玉器出土很多，尤其在高规格的贵族墓葬中出土的玉器数量最多，质量也最好。如丰镐遗址内的陕西长安张家坡墓地、宝鸡茹家庄㳀国墓地，山西曲沃晋侯墓地，河南三门峡上村岭虢国墓地，北京房山琉璃河燕国墓地等西周遗址中出土的玉器，代表着西周制玉业的最高水平。西周玉器种类主要有琮、璧、圭、璜、环、珩、珠、管、钺、锛、戈、刀、柄形器等，还有人像及大量的动物形饰品。制作工艺广泛采用线刻、浮雕和圆雕技法，造型逼真。

1974—1981年，考古工作者对位于宝鸡市郊的纸坊头、竹园沟、茹家庄的西周㳀国墓地进行了发掘，在27座墓葬中，出土了大量精美的器物，其中包括数量可观的

>> 玉牛

长3.1厘米，宝鸡茹家庄一号墓出土。青玉质，圆雕，刀法简洁，形神兼备。

>> 玉蝉

长4.4厘米，宝鸡竹园沟四号墓出土。白玉质，片状，阴线雕刻花纹，雕琢写实，技法娴熟。

玉器。在这些玉器中，除了部分礼器外，多数属于装饰品，代表着西周玉器工艺的较高水平。

|货殖交通|

尽管在远古部落时期就已出现了以物易物的原始交换活动，但中国古代真正的商业活动却是从商代开始并逐步发展起来的。当时已出现专门的商人、商业活动的专门场所——市，以及商品交换的媒介物——货币。殷墟出土的来自外地的龟、贝、玉、珠宝等物品表明，商代各地间已经有了商品交换关系。从《诗经》"贾用不售""抱布贸丝"等诗句看，西周时期商业与人们的日常生活有比较密切的关系。"如贾三倍，君子是识"，则说明经商具有很高的利润。西周实行"工商食官"制度，商人与百工一样，均隶属于奴隶主贵族，为奴隶主贵族的需要服务，主要经营奴隶、牛马、兵器及珍宝。当时，民间贸易也有一定程度的发展，但数量少，且大都属于"抱布贸丝"型的以物易物。西周末年，随着商业的进一步发展，"工商食官"制度逐渐遭到破坏，出现了一些不属于官府的独立商人，而且还具有相当的社会力量。

周王朝是依靠在各地分封诸侯、设置政治军事据点以为藩屏来维护中央政权的统治的。这种政治体制要求各地与周王室保持密切的联系，同时以车兵为军队主力的特点也要求各地有平阔的大道相通。从文献和青铜器铭文看，当时通往各地的大道由周王室修建，称为周行或周道，其路面平直开阔，两侧植有树木，每隔一定路段还设置供应食宿的设施。此外，《诗经》中有关周人熟练应用水上航具以及在渭河上架设浮

>> 各种贝币（宝鸡竹园沟）

桥的记述，则显示出周人的航运事业已经具备了充裕的航运工具和丰富的航运经验。当时除渭河航道为周人所利用外，泾河、洛河的航运也得到了开发。

周人善于造车，西周的造车水平是很高超的。考古工作中，发现了很多商周时期的车马坑，仅丰镐遗址中发现的西周大型车马坑就有十几座。在宝鸡茹家庄弪国墓地，也发现了车马器。

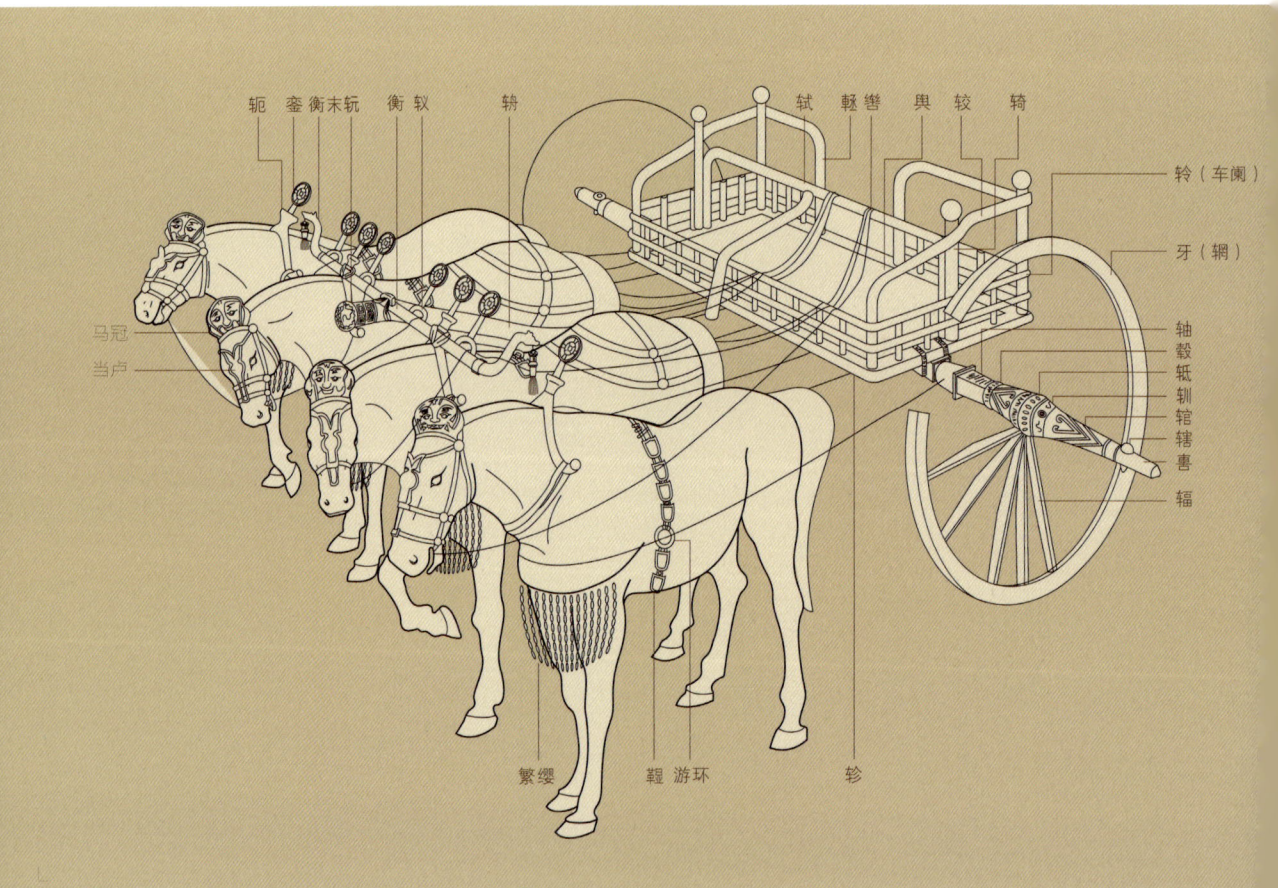

>> 车马器示意图

>> 辕首饰

通高11厘米。圆形，上粗下细。正面为一大兽头，兽头束冠，冠上饰云气纹，圆目凸起，高鼻梁，裂口，两腮下垂。兽头背后蹲伏一小人，小人面庞宽短，平顶，大耳阔鼻，身着短裤，束宽腰带，文身，长发披后，两臂与两腿上各有两道雷纹。小人背后有两只相背回首的小鹿，形象生动。器身有对称圆孔，用以施键以固定于辕头。

>> 车轴饰

一组两件，形制、纹饰、大小均同。通长20.5厘米，体呈半环形筒瓦状，中起脊，脊两侧饰对称的变形虎纹，阴线勾勒。宽端连一个梯形挡板，挡板周边折沿，板面饰大兽面。兽面卷角，圆目，鼻头下垂，裂口露齿。

青铜艺术

在人类文明的进程中，青铜时代是一个重要的发展阶段。一般认为，中国的青铜时代是与夏商周三代文明相始终的，大体经历了一千七八百年的时间。青铜是铜和其他化学元素的合金，我国古代使用的主要为锡青铜、铅青铜以及铅锡青铜。较之红铜而言，青铜具有熔点低、硬度高、适宜铸造等特点。青铜器根据用途的不同可分为食器、酒器、水器、乐器、兵器、生产工具等几大类，以食器、酒器、水器和乐器四类最为重要，它们大都用在祭天祀祖、朝会宴飨等礼仪场合，故也称礼器。

考古学的发现表明，被认为是夏文化的二里头遗址中已经有了比较发达的青铜器冶铸业。在二里头文化遗址中，不仅发现了大量的青铜器，还发现了大规模的青铜冶铸作坊和很多与青铜冶铸有关的遗物。商代是青铜器走向成熟的时期，商王朝为了维护其神权统治，需要进行繁杂的祭祀活动。青铜礼器作为祭祀活动中的重要道具，在商代进入鼎盛时期，达到了艺术的高峰。西周建立后，青铜器进入新的发展阶段。西周的青铜器以其雄浑的造型，古朴的纹饰，丰富的铭文而大放异彩。

作为西周王朝都城所在地以及西周统治中心的陕西，自古以来就是出土西周青铜器的重要地方，被誉为"青铜器之乡"，其出土数量之多，精品之多，居全国首位，向来为世人所瞩目。中国青铜器史上有名的重器如大丰簋、大小盂鼎、毛公鼎以及那些具有重要史料价值的长铭文青铜器大都出自陕西。可以说，陕西出土的西周青铜器数量巨大，造型雄伟，纹饰古朴，铭文丰富，制作精湛，代表了中国古代青铜工艺的最高水平。

早在西汉时期，陕西就有西周青铜器出土，以后历代均有不少发现。中华人民共和国成立后，由于有计划的考古发掘，西周青铜器得以大量出土。据不

>> 牛尊

　　通高24厘米，1967年于陕西岐山何家村出土。尊是商周时期重要的酒器，主要有两种类型：一类是体呈筒状，或圆或方，这是尊的主要形式；另一类是体内中空的动物造型，被称为鸟兽尊，主要有鸟尊、羊尊、牛尊、虎尊、象尊、龙尊、凤尊等等。这件牛尊就是典型的鸟兽尊。该尊为牛形，立姿，比例匀称。牛躯体浑圆，四蹄粗壮有力，舌伸出为流，尾上卷成鋬。体中空，背开方口，口上置方盖，盖钮为立虎形象。虎形小巧，大头竖耳，身体后缩，作准备扑攫之态。器身满饰云纹和夔龙纹，构图疏朗，给人以恢宏豪放的感觉。盖与器用套环相连。牛形器型表现手法夸张，憨态十足，形象极为生动。

　　完全统计，陕西目前已出土西周青铜容器3000多件。它们大部分出自关中地区，集中于西周的统治中心——周原、丰镐以及邻近地区，而又以窖藏所出为多。窖藏是古人专门埋藏青铜容器的坑穴。一窖少则几件、十几件，多则几十上百件。窖藏内的青铜器，大小套合，层层叠压，

>> 日己觥

　　通高32厘米，1963年于扶风齐家村西周窖藏出土。觥是一种酒器，出现于商代中期，流行至西周中期。有个成语叫"觥筹交错"，是形容很多人聚集在一起饮酒的热闹场景的，其中的"觥"说的就是商周时期的这种酒器。商周时期的觥主要有两种形式：一种是四足，整体呈兽形；另一种为圈足，腹足截面呈椭圆形或方形。这件日己觥是一种整体为长方体的觥，造型、纹饰极为华美，整体外观庄重、大方，设计、制作精巧奇异。全身满布的浮雕纹样多种多样，兽面纹、夔龙纹、鸟纹、虎纹等同处一器，繁而不乱，构图合理，主次分明，为西周青铜器的典范之作。

一般放置较乱，往往并非作于一时。器主为一个贵族或家族，窖藏的地点多在大型建筑基址附近。这些现象与西周末年的重大政治变化有关。当时，犬戎入侵，周平王被迫东迁洛阳，贵族随之仓皇逃亡，因青铜器不便携带而就地深藏窖内。

青铜器作为一种极为珍贵的文物，其价值主要体现在铭文、纹饰等方面。由于中国古代青铜器大都使用陶范铸造，一般一范只铸一件，没有两件完全相同的青铜器，所以每件青铜器或以构思巧妙的造型，或以精美富丽的纹饰以及风格多样的铭文书体而成为独特的艺术品。

青铜器上的铭文，少则一二字，多则几十字，最长的近500字。铭文一般记载作器者的姓名和作器缘由，内容包括祭祀训诰、赏赐册命、宴飨田猎、土地转让、盟誓契约、奴隶买卖、贵族家史、刑事诉讼等等。由于青铜时代人类尚未发明纸张，而当时记载在竹简木牍、丝帛上的文字资料大都已腐烂无存，且那个时代遗留下来的文献也极少，只有《尚书》《诗经》和"春秋三传"等。就是这些仅有的书籍，经过历代传抄，已不是原来的面貌。要根据这些资料对当时的历史做比较真切的认识是很困难的。而青铜器铭文，特别是篇幅比较长的铭文，是当时现实生活的反映，没有经过后世的修改，保留了真实面貌，因而具有极高的研究价值，被誉为"青铜史书"。此外，汉字的书法艺术是我国传统文化的一大瑰宝，它的定型也应追溯到西周的金文。

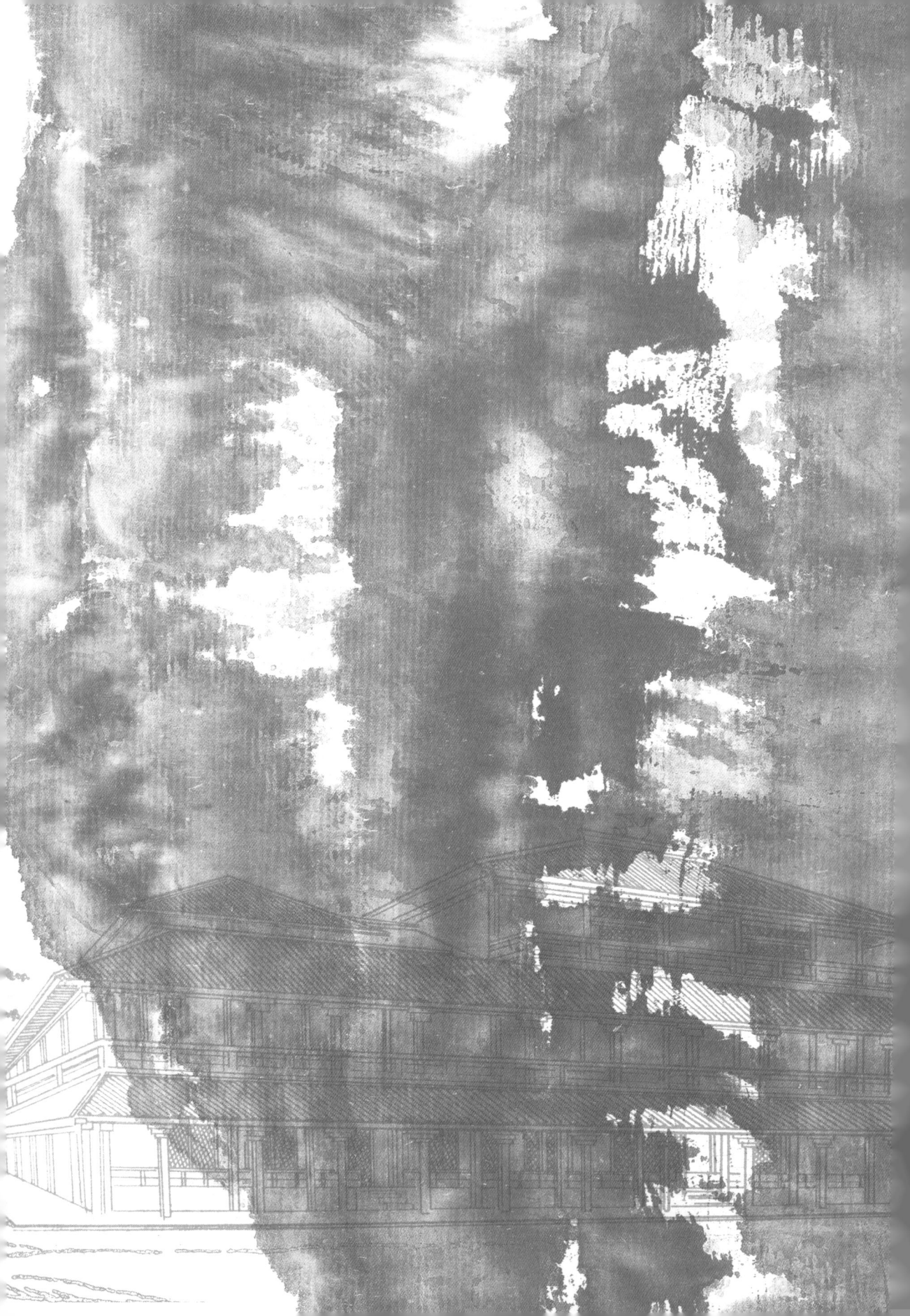

>> 秦王朝疆域图

第三单元 东方帝国——秦

当春秋战国的历史帷幕刚刚拉开的时候，出现在政治舞台上的秦，还是一个经济、文化十分落后的边陲小国。但是，经过三十余代国君500余年的苦心经营、开疆拓土、不懈努力，到战国后期，秦国已成为当时中国境内最强大的诸侯国，并于公元前221年，消灭了其他诸侯国，建立了中国历史上第一个统一的中央集权国家——秦王朝。其创立的各种制度更是影响至今，以至有人感慨"二千年之政，秦政也"。遍翻历史，这样伟大的成功，在中国没有第二个。正因为有了秦人、秦国，陕西便简称"秦"；也正因为有了秦人、秦国和秦王朝，"秦"也成了外国人心目中中国的代名词。

一 崛起西部

秦人原为周人的附庸。从最初的一无所有到岐丰建国,从西部边陲的戎狄之邦到跻身春秋五霸、战国七雄,再到统一全国,建立东方帝国,开创历史新纪元,前后经历500多年的艰难历程。如此伟大的成功,在中国历史上绝无仅有。

岐丰建国

秦人是华夏族的一支。由于远古时代秦人留下的历史记录过于简略,其活动足迹又飘忽不定,因而关于秦人的起源一直存在"东来说"与"西来说"两种明显对立的观点。"东来说"认为,秦人起源于东临大海的山东半岛南部,是长期活动于山东境内的古代东夷族的一支。"西来说"则认为,秦人发源于甘肃天水地区,属于生活在西北广阔区域的少数民族西戎的一支。不论"东来说"还是"西来

>> 石刻之祖——石鼓（复制品）

公元627年，发现于今陕西宝鸡石鼓山。以形状似鼓而得名，因其文字内容记狩猎事，又被称为猎碣。现藏于北京故宫博物院。10件石鼓各刻四言诗一篇，与《诗经》大小雅相似，格调也接近《大雅·车攻》等篇。原文700字以上，现存272字。字体近于籀文，是秦国特有的风格，在文学史、书法史上均有重要地位。

说"，均认为殷商时，秦人先祖曾为商朝镇守西戎，封疆西陲。西周初年因参与商余民的叛乱，遭到周公旦的惩罚而沦为庶民。秦人善于养马、驭车。周孝王时，首领非子因为周王室养马有功而被封为附庸，在甘肃天水清水县秦亭建立秦邑，秦成了他们的正式族称。公元前770年，周平王东迁洛邑，秦人首领襄公因派兵护送有功，被平王由大夫提升为诸侯，得到了"岐丰之地"的赏赐，并获准与其他诸侯国"通聘享之礼"。这样，在春秋战国社会大动荡历史帷幕刚刚拉开的时候，秦人便以崭新的政治面貌登上了历史舞台，正式建立了国家政权，跻身于诸侯国之列。

但当时的"岐丰之地"（即西周过去的岐邑和丰京，也就是今天的整个关中平原）为戎狄所占，秦建国的受封之地实际上是一"纸"空文，即周平王所谓"戎无道，侵夺我岐、丰之地，秦能攻逐戎，即有其地"。从秦襄公开始，秦人为了取得名义上属于自己的土地，操戈执矜，同仇敌忾，一步一步地从陇西向关中推进，与戎狄展开了长期的鏖战。这是一个充满血腥和悲壮的年代，不知有多少秦人战死在疆场上。《诗经·秦风》对这一时期的历史风云有着生动而感人的描述，其中既有胜利的乐章，也有失败的悲歌。经过四代国君、80余年的不懈努力，秦人终于赶走了关中的戎狄，建立起一个以周原为中心，西起今甘肃天水，东至今陕西华州的千里之国。又经过上百年的苦心经营，秦穆公时甚至名列春秋五霸之一，同东方强国齐、楚、晋等一起进入当时的最强者俱乐部。

在挺进关中的途中，秦人一方面保留本族建国前固有的文化，一方面全面吸收周文化，并创造性地加以融会贯通，使秦文化取得了长足的进步，形成了强大的冲击波，向关东诸国文化提出了有力的挑战。

实际上，秦人吸收接受周文化，早在建国前就开始了。但那时受地域的局限，秦人吸收文化并不专一，受西戎文化的影响还较大。在进入关中之后，特别是自秦文公"收周余民"始，秦人接受周文化便进入了一个新的历史时期。"周余民"，指平王东迁后，留在关中旧地的周人，他们保留了周人善于稼穑的农业传统，经济生活和文化水平都明显高于关中境内的其他部族。"收周余民"一方面获得了大量劳动力，另一方面又拥有了他们掌握的生产技术和文化知识，为秦文化注入了新鲜血液，丰富提升了秦文化的内涵，极大地影响了秦国的社会结构和精神风貌，以至于到了秦穆公时代，一向被山东诸国视为"戎狄之邦"的秦国，竟然以霸主之名而声威显赫，并以"诗书礼乐法度为政"而扬扬自得，雄心勃勃地公开"称霸"了。如秦穆公兴建的宫殿取名"霸城宫"，又将关中的雍水改名为灞水，"以章霸名"，这就是现在灞河之名的来历。可以说，不断向东扩张领土以及称霸的野心是秦国历代国君最执着的追求。

>> 秦公镈

这是记载秦人先祖世系、反映秦国礼乐文化及青铜制造技术的重要实物。

圣都雍城

秦建国后，奋勇征战，国力逐渐强大，不断向东扩展势力，并经过九次具有重大战略意义的迁都，从西戎迁到西周王室的故地，最终定都在最适宜秦国发展的咸阳。

在秦人的众多国都中，雍城是先秦时期秦国定都时间最长的地方。从德公元年（前677）至献公二年（前383），秦国在此建都接近300年。正是在这里，秦国"益国十二，开地千里，遂霸西戎"。经过秦国十余代国君的不断修建，雍城也成了当时中国西部最大的城市。其建设规模与气派，超过了当时东周天子所居的洛阳。秦穆公时戎狄的使者由余来到雍城，看到宫殿壮丽非凡，不由得感慨道："使鬼为之，则劳神矣；使人为之，亦苦民矣！"他的话固然是在批评，但批评中又包含着由衷的赞叹。秦灵公迁都泾阳之后，雍城虽然失去了国都的地位，但依旧是一座重镇，重大的祭祀、典礼活动，秦君往往都要来此举行。据文献记载，春秋战国时期，秦国在其都城——雍城郊外建立了包括鄜畤、密畤、吴阳上畤、吴阳下畤的雍四畤祭祀系统，这让雍城不但成为当时的政治、经济、军事中心，而且成为国家最高等级的祭祀圣地。可以说，雍城就是秦人的"圣

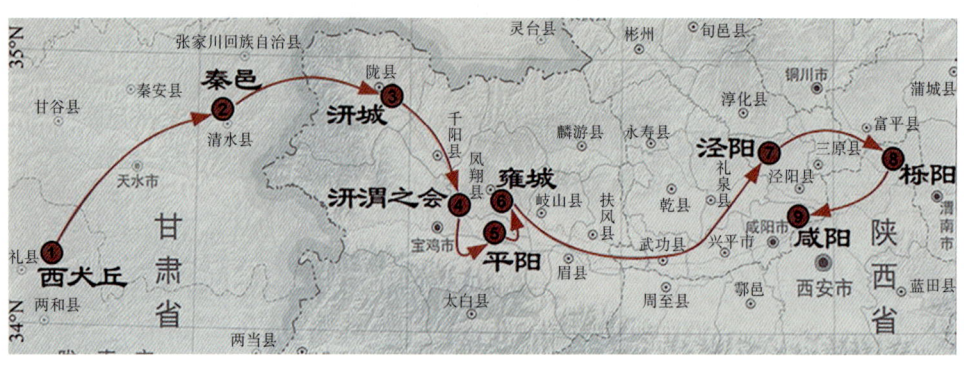

>> 秦人迁都路线示意图

都"，其在秦人心目中的地位，就像周原在周人心目中的地位一样。2016年凤翔县雍山血池祭祀遗址的发现不但证实了上述文献记载，同时也证实了在雍城进行的祭天活动一直延续到了汉武帝时期。专家根据遗址出土器物类型学年代初步研究判断，血池遗址可能为西汉初期汉高祖刘邦在雍城郊外原隶属秦畤基础上设立的，国家最高等级、专门用于祭祀天地及黑帝的固定场所——北畤。

雍城遗址位于今凤翔县城南、雍水以北，由城址、秦公陵园、国人墓地和郊外宫区构成，总面积达5100万平方米。城垣呈不规则的长方形，东西长约3300米，南北宽约3200米，周长约13000米，总面积近1100万平方米。城市布局体现了"顺河而建，沿河而居"的设计理念。雍城选址优先考虑防御功能，包含"城堑河濒"的城防理念。雍城城址体现了由小到大、由东向西、由结构单一到复杂的发展过程：从最初布局于城区东南部，逐渐发展至整个城区的中部，最后形成以城墙环绕的完整秦雍城。目前遗留下来的部分夯土城墙高1—7米，厚达3—8米。人工城壕长约1000米，宽12.6—25米，深5.2米。城内除大型宫殿建筑群及一般平民居住区外，还有东西向和南北向各四条大街，每条长约3000米，宽15—20米，相互交错形成"井"字形。现已发现三处大型的宫殿区。一号宗庙建筑群遗

>> 血池祭祀遗址

2016年度全国十大考古新发现——凤翔雍山血池秦汉祭祀遗址。秦国国君和西汉多位皇帝亲临主祭的国家大型祭天固定场所。由坛、墠、场、道路、建筑、祭祀坑等各类遗迹组合而成。这是首次在雍城郊外发现与古文献记载吻合、性质明确、时代最早、规模最大、持续时间最长且功能结构趋于完整的雍畤遗存。这一发现对深化秦汉礼制、国家政治、中国古代礼制文化等方面的研究具有重要价值。

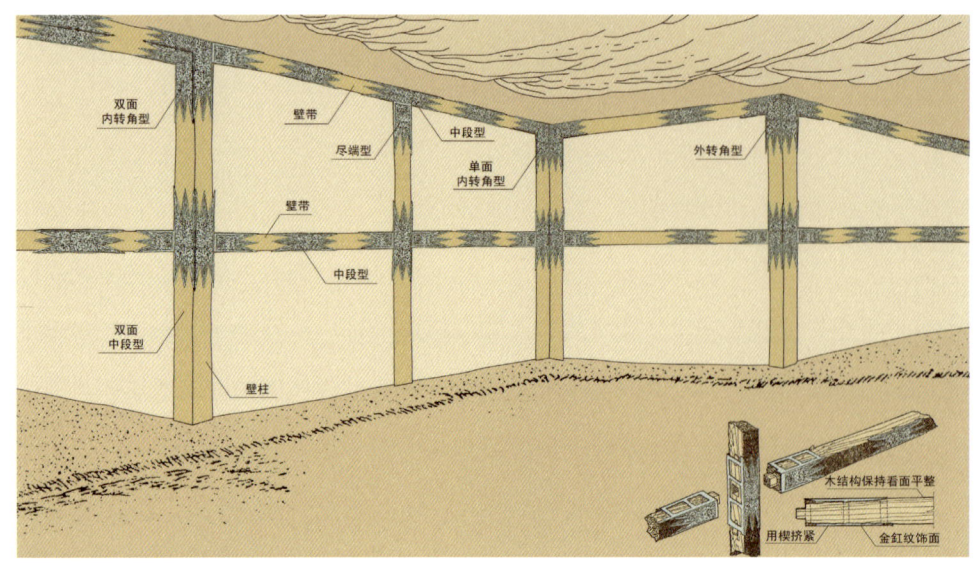

>> 金釭安装位置示意图

>> 铜质建筑构件金釭

址总面积近7000平方米，由大门、中庭、祖庙、昭庙、穆庙、围墙等组成；殿堂均为土木结构，大屋顶，四面坡，屋顶由双楹柱支承。这是迄今所见规模最大、保存最好的先秦建筑群遗址。三号建筑群遗址总面积达21800平方米，自南向北有5座宫院，是迄今发现的先秦时代最完整的朝寝区。

在雍城遗址中出土了大量珍贵文物，其中以67件显示宫殿豪华气派的大型铜质建筑构件金釭最为重要。这些铜铸构建安装在宫殿枋木转角处、壁柱或门窗上，有曲尺形、单齿或双齿方筒形、双齿小拐头形等，其大型者高达1米，实为世界罕见。

秦雍城遗址的宏伟规模，不仅反映了秦国早期国力的逐渐强大，而且显示出"包举宇内，囊括四海"的浩大气魄。

| 变法图强 |

战国末期,秦王嬴政灭六国,平天下,最终统一中国,但秦王嬴政统一中国,不仅是他个人努力的结果,还和秦国一代代国君的努力分不开。在秦王嬴政统一中国的100多年前,秦王嬴政的一位先祖——秦孝公任用商鞅进行变法,这对秦后来统一中国有着重大的影响。

秦孝公继位的时候,秦国虽然名列战国七雄之一,但由于此前秦国经历了几代君位的动荡,国力大为削弱,被东方六国视作夷狄,不让参加中原各国诸侯的盟会。面对"诸侯卑秦,丑莫大焉"的严峻形势,秦孝公于公元前361年继位伊始就下令"求贤",并且表示:"宾客群臣有能出奇计强秦者,吾且尊官,与之分土。"其变法决心之强烈和真诚,在中国古代历史上再也找不出第二个。在这种背景下,秦国迎来了中国历史上的著名改革家商鞅。

商鞅本名卫鞅、公孙鞅,系卫国公室后代,后因受封于商,故又称商鞅。商鞅少时便好刑名之学,即好法家学说。通过秦孝公宠臣景监,商鞅三见秦孝公,提出了帝道、王道、霸道三种君主之策。其霸道之策引起了秦孝公极大的兴趣,两人以霸道为题交谈三天三夜。

>> 鸟盖瓠壶

盛酒器皿。造型和纹饰已完全摆脱西周青铜器的影响,表现了秦人强烈的创新精神和追求清新自然的艺术风格。

公元前359年秦孝公任商鞅为左庶长，正式开始变法活动。

为了表示推行新法的决心，并取信于民，新法公布前，商鞅派人把一根三丈长的木头放在都城栎阳的南门，下令说："谁能把木头搬到北门去，就奖赏十金。"老百姓纷纷来看，但都抱怀疑的态度，无人去搬；商鞅把赏金加到五十金后，有一个人把木头搬到了北门，商鞅如数兑现了奖金，大家这才相信：商鞅出令必行！通过"徙木"，商鞅树立了千金难买的诚信，中国历史上也增加了"徙木立信"之典故。2016年栎阳城遗址内首次发现清晰的"栎阳"陶文，使秦都栎阳在考古资料上得到了印证。栎阳城遗址位于西安阎良武屯镇关庄村一带。城址平面为长方形，面积420万平方米，城墙为夯筑。史载，秦献公二年（前383），秦国迁都栎阳，至秦孝公十二年（前350）迁都咸阳，秦国定都栎阳共二世34年。

商鞅变法的主要内容为：

一是改法为律，扩充法律内容。把法律的普遍性和必行性提到更高的位置上。

二是为实现"富国强兵"的终极目标，运用法律手段推行了一系列"富国强兵"的政策。在奖励耕织方面，规定凡悉心耕织、多打粮食、多织布者，免除其劳役或奴隶身份；对于那些追求末利、投机经商以及怠于农事而致穷困的人，则将其妻子儿女一起没收为官奴婢。为了鼓励发展小农经济，扩大户赋的来源，还颁布了《分户令》。在奖励军功方面，颁布《军爵律》，规定有军功者按其功劳大小赐爵，设置了从公士到彻侯等二十级爵位，凡斩敌首者按级晋爵，投降敌人及叛国者处以重刑。

三是用法律手段剥夺旧贵族的特权。如废除世卿世禄制度，实行按军功授爵，规定除国君的嫡系以外的宗室贵族，没有军功即取消其爵禄和贵族身份。同时取消分封制，实行郡县制，剥夺旧贵族对地方政权的垄断，强化中央对地方的全面控制。

四是全面贯彻法家"以法治国"和"明法重刑"主张。其一,强调"以法治国"。要求全体臣民特别是国家官吏学法、"明法",百姓学习法律者,"以吏为师"。其二,"轻罪重刑"。贯彻重刑原则,加重量刑幅度,对轻罪也施以重刑。其三,"不赦不宥"。强调国家法律的严肃性,反对赦宥,主张凡有罪者皆应受罚。其四,鼓励告奸。规定"告奸者与斩敌首同赏"。其五,实行连坐。如邻伍连坐,以十家为什,五家为伍,什伍之间相互有告奸、举盗的责任,若什伍之中有作奸犯法者,相互负连带责任。

战国时期,迫于战争导致的生存压力以及稳定政权的需要,各国先后掀起变法运动,采取系列改革措施,促进社会生产发展,释放出前所未有的经济活力。商鞅变法既非战国时期最早的变法,也非秦国国内的首次变法,但因其改革的全面性、彻底性以及深入性而成为成效最大、影响最大的变法运动。

商鞅变法以"显耕战"为基本国策,奖励农耕,极大地调动了农民从事农业生产和改进耕作技术的积极性,耕地面积不

>> 铁铲

>> 铁锤

战国时期先后出现的生铁冶铸、生铁柔化处理和世界上最早的炼钢与淬火技术,引起全社会整个技术基础的巨大变化。铁器的应用特别是铸铁农具开始使用并逐渐代替青铜农具,成为生产力发展的重要标志。

>> 郑国渠灌区示意图

郑国渠，战国末年秦国在关中修建的大型水利工程。因主持修建者郑国而得名。西起泾阳的泾水河谷，向东经过三原、富平、蒲城等地，最终流入洛河，全长达150千米。由拦河堰坝、引水渠、退水渠、灌溉干支渠、截断小河的横绝工程等各个部分组成，互相配套成龙，构成一个完整的大型灌溉工程系统。它与秦国的另一项伟大水利工程都江堰一样，都是2000多年前中国水利技术所达到的最高水平的标志和中国水利史上的光辉典范。

断扩大，粮食产量不断增加。特别是随着一些大型水利工程的修建，秦国的腹地关中很多荒野和盐卤地都变成了良田，使关中成了天下最大的粮仓和最早的"天府之国"。新法奖励军功，"民勇于公战，怯于私斗"，使秦军的战斗力大大增强，其军队被东方六国视作"虎狼之师"。法令观念的普及，使得"秦民大悦""乡邑大治""道不拾遗，民不妄取"，统治秩序得到有力的强化。

经过商鞅变法，秦国从落后国家，一跃而为"兵革大强，诸侯畏惧"的强国。同时，随着商鞅变法的成功，秦国正式把统一天下作为自己帝王之业的目标。用商鞅自己的话说就是"据河山之固，东向以制诸侯，此帝王之业也"。用贾谊在《过秦论》中的话则是："秦孝公据崤函之固，拥雍州之地，君臣固守以窥周室，有席卷天下，包举宇内，囊括四海之意，并吞八荒之心。" 可以说，商鞅变法奠定了秦国统一全国的基础，是一次影响中国历史发展进程的重大改革。

葬仪恢宏

同世界上其他民族一样，古代的中国人也相信灵魂不灭，认为人死后只是到另外一个世界去继续生活，而陵墓则是死者在另外一个世界的永久居所。同时，陵墓也是生者对死者表达纪念与思念之情的地方。《周礼·墓大夫》载："墓，冢茔之地，孝子所思慕之处。"《释名·释丧制》载："墓，慕也，孝子思慕之处也。"正因为如此，古代的中国人，无论是死者还是生者，无论是帝王将相还是平民百姓，对修建陵墓之事均极为重视。同时还认为，对待死者要和他活着的时候一样，凡是死者生前拥有或使用过的东西都要埋藏到坟墓中供他享用，即"事死如事生"。

从商朝开始，中国古代帝王死后一般都葬在都城的附近，因而在规划都城时，都要事先考虑规划陵区所在。由于秦的都城不断由西向东迁移，按照"秦公陵园建筑，随国都而转移"的规律，秦国的帝王陵区也自西向东延伸，先后有四大陵区，即西垂陵区、雍城陵区、栎阳陵区和咸阳陵区，除西垂陵区在今甘肃礼县外，其余的三大陵区均在陕西关中地区。秦文公及其以前的诸公均葬

\>\> 青铜龙

长240厘米，宽100厘米，高40厘米。器物底座。与东方各国一样，秦人对龙也有着特别的崇拜，但体量如此巨大、造型如此奇特的青铜龙，在东方各国却从来没有发现过。

在西垂陵区，目前在礼县永兴大堡子山发现3座墓，其中有两座墓的墓主分别是襄公和文公。雍城陵区位于今陕西凤翔境内，先后有23位秦公葬于此，已发现14个陵园，49座大墓，其中1座"丰"字形墓、21座"中"字形大墓、5座"甲"字形大墓。栎阳为都34年，陵区仅有献公和孝公两位秦公。咸阳陵区分布在都城咸阳的西北方和东南方，有惠文王陵、武王陵、昭襄王陵、孝文王陵、庄襄王陵、秦始皇陵。离都城最近的是惠文王陵和武王陵，较远的是秦始皇陵。

春秋以前，墓葬既无封土和坟丘，也无树木和标志。到战国时期，开始出现坟丘式墓葬，并以坟墓的大小、高低来显示墓主的身份等级，特别是帝王的墓葬高大犹如山陵。战国中期以后，帝王的坟墓开始称为陵。秦国国君从秦献公陵墓开始，地面上出现封土。随着秦国国力的日益强大及厚葬思想的影响，封土越筑越大，陵园的规模越来越大，陵园设施越来越多。到了惠文王、武王时，正式称为陵。如在凤翔雍城发现的秦国陵园共32个大墓，其中仅南指挥村的一号陵园占地就达2万多平方米。1986年发掘清理出的秦公一号大墓，全长300米，墓室东西长59.4米，南北宽38.45米，东墓道长156.1米，西墓道长84.5米，总面积达5334平方米，不仅比同时期其他诸侯国的大得多，而且比商代帝王陵的规模还要大3倍，是目前所知的我国先秦时代最大的墓葬。此外，秦公一号大墓还采用了当时天子墓才能使用的"黄肠题凑"，秦东陵中有3座墓也采用了仅有周天子才能使用的"亚"字形墓，应是明显的僭越礼制行为。

秦公陵园不但规模大，而且盛行厚葬。礼县大堡子山秦公墓经大规模盗掘，仍有不少贵重物品出土，如大量的金箔片、青铜器、乐器等。雍城的秦公一号大墓不愧是目前已发掘的先秦时期规模最大的墓葬，在有200多个盗洞的情况下，仍出土了质地高贵、造型精美的金器、玉器等3500余件。秦始皇陵的陪葬品则更为丰富。目前已在陵园内勘探出600多处陪葬坑、陪葬墓。既有生

>> 秦公一号大墓

前军队的缩影——兵马俑、帝王的乘御——铜车马、宫廷娱乐——百戏俑,又有宫廷苑囿——马厩坑和珍禽异兽坑,还有供祭祀用的寝殿、便殿遗址等等,现实生活中的方方面面在这里都可以找到。至于其地下宫殿中埋藏的金银财宝,则是应有尽有。

可以说,无论是墓葬的规模级别,还是丰富的随葬品,都体现了秦国、秦人"好大喜功"的价值观和审美观。

中国历代帝王陵墓多是坐北朝南,以示生前面南而王,但是秦人从先祖到秦始皇的陵墓以及咸阳城的宫殿、关中内外的离宫别馆都是坐西朝东。有人认为,这是象征秦国不断向东迁都的建国历程,反映秦人由西向东发展的信念;有人说是代表秦国横扫东方六国,统一天下的千秋功业;也有人认为与秦人的原始信仰尤其是秦始皇追求长生不老有关。

>> 金啄木鸟

1986年于陕西凤翔秦公一号大墓出土。器物饰件。据文献记载,秦人以鸟为图腾,以金啄木鸟作为器物的装饰也从一个侧面反映了秦人对鸟的崇拜。

二 天下一统

公元前221年，秦王嬴政统一全国，建立了中国历史上第一个中央集权制的国家，实现了春秋战国以来许多政治家、思想家极力追求的政治理想。秦王朝的建立，开创了大一统国家的新局面，至此而后的2000多年里，尽管中国曾多次出现分裂割据的局面，但大一统始终是中国历史发展的主流。其创立的各种制度更是影响至今，以至有人感慨"二千年之政，秦政也"。

|皇皇帝都|

如果说雍城是秦人的"圣都"，那么荟萃六国建筑艺术精华，凝聚天地渭河神韵，"表南山之巅以为阙"，气势磅礴，规模宏大，并为中国历代帝都建设树立样板的咸阳城就毫无疑问是"天下第一都"。

咸阳城作为秦国和统一后秦王朝的首都，经历了两个发展时期，长达143年。秦孝公十二年（前350），商鞅第二次变法，开始在咸阳建造宫殿，第二年，秦孝公正式迁居咸阳新宫。从此，原来仅是西周时一个小小乡邑——程邑的咸阳，一跃成为秦的政治、经济、文化中心和水陆交通枢纽。秦始皇统一全国前后，又对咸阳进行了大规模的扩建和改建。据司马迁的《史记》记载，秦始皇每消灭一个国家，就派人将该国家的宫殿图样描绘下来，动用大批劳力在咸阳北阪照样修建，由此形成了一个仿照的六国宫殿的专门区域。

根据文献记载和考古发掘，秦咸阳城地跨渭河两岸，城市布局采用了不对称的建筑群体组合形式，因地制宜，依山势地形而修建城郭。咸阳全城的范围，以今咸阳柏家嘴和塔尔坡为东西区间，北起咸阳北阪的二道原腹部，向南跨过渭河，延伸至今西安西郊的阿房宫村和北郊的阎新村一带，大致包括了今天咸阳到西安之间的渭河区域。由于秦王朝仅存在了15年，咸阳城的扩建和重建工程实际上并没有完成，否则，咸阳城的规模当更加巨大。

>> 龙纹空心砖

秦都咸阳不但规模巨大，而且规划合理，既有供皇帝和各级官吏使用的宫城，又有供市民活动的大城，有广场，有街市，有作坊，还有美化环境和丰富生活的苑、囿等。就建筑分布而言，渭河以北集中了政治性的宫殿群——咸阳宫城以及"六国宫殿"群。咸阳宫是秦孝公至秦始皇时期处理政务和宴请百官的主要场所。历史上著名的"荆轲刺秦王"的事件也发生在咸阳宫，并由此产生了"图穷匕见"这个成语。

渭河南岸分布着仿照天上双子星座的章台宫和兴乐宫，用于祭天的极庙（原名信宫），专供皇太后居住的甘泉宫（南宫），以及准备做新皇宫的阿房宫，等。许多各具特色的离宫别馆，风景优美的苑囿池湖，星罗棋布，散置于渭河两岸。其中较为著名的有上林苑、兰池与兰池宫、宜春苑与宜春宫等。帝都的各大宫殿群之间都由甬道、复道、阁道相互连接，交通非常便利、安全。由于渭河横穿过整个咸阳城，为了方便南北岸的往来，当时在渭河上建有一座长三百八十步（合526.68米）、宽六丈（合13.8米）的大桥（横桥）将南北两岸连为一体。这些不但充分显示了秦始皇的惊人气魄，以及设计师的建筑想象力，同时也证明了整个咸阳城是按照"渭水贯都以象天汉，横桥南渡以法牵牛"的天体结构来设计建造的。

在秦代的宫殿建筑中，以阿房宫最负盛名。公元前212年，秦始皇感到咸阳人口众多，以前修建的宫殿太小，下令在渭河南岸修建朝宫。所谓朝宫，就是举行朝会、庆典及商议朝政大事之宫，也是帝王常居之宫。为了和秦王朝的万世帝业相称，朝宫的总体设计极尽宏伟之能事。作为朝宫前殿的阿房宫，东西长750米，南北宽116.5米，殿内举行宴飨活动时可以容纳万人就座，大殿四周是可容纳10万人的广场，广场四周竖有12米高的大旗。大殿之前排立着收缴全国兵器所铸成的12个各重24万斤、高达7.2米的巨大铜人，宫门口还设有一个防止不轨之徒的独特装置——磁石门。阿房宫工程仅进行了不到3年，便因秦始皇去世而停工，后秦二世胡亥又开工营建，但不到一年便因陈胜、吴广

>> 阿房宫遗址

农民起义而不了了之。阿房宫遗址在今西安市西郊三桥镇一带。遗址面积达65万平方米,其中仅一座前殿的台基遗址便高达10米。正是这巨大遗址所具有的磅礴大气和饱经岁月的苍茫、浑厚、深沉,才引发唐代长安才子杜牧的无尽感慨与联想,促使他写出中国文坛有关建筑物的第一名篇——《阿房宫赋》:"蜀山兀,阿房出。""覆压三百余里,隔离天日,骊山北构而西折,直走咸阳。二川溶溶,流入宫墙,五步一楼,十步一阁,廊腰缦回,檐牙高啄,各抱地势,钩心斗角。""长桥卧波,未云何龙?复道行空,不霁何虹!"这虽有文学夸张,但阿房宫的雄伟壮丽、磅礴气势,显然是任何帝王宫殿都望尘莫及的。公元前206年,项羽攻入关中后,放火焚烧秦宫室,大火三月不熄,据说阿房宫在这场劫难中被焚烧殆尽。于是,后世又有了"楚人一炬,可怜焦土"的感叹唏嘘。但考古发掘表明,阿房宫遗址内未发现火烧痕迹,或许当年那场熊熊烈焰并没有波及阿房宫。

自20世纪50年代以来,考古工作者陆续对秦咸阳城做了勘探与发掘,曾在牛羊沟一代发现3座秦宫殿遗址。其中一号宫殿遗址东西长60米,南北宽45米,高出地面6米。宫殿共分三层,复原后高达17米,其内部由诸多不同用途的屋室组成。室内墙壁绘有车马云游、台榭楼阁、宴饮百戏以及植物纹和几何纹等题材的壁画,线条挺劲匀称,圆润流畅,形象刻画简洁生动,设色平涂晕染兼施,风格瑰丽豪放。宫室内的通风、采光、通道都设计得很科学,各房间内还设有取暖炭炉,室内外有竖井式储物窖穴,并有完整的给排水系统。门窗装饰有青铜铺首,使用铰链、合页等铜构件。整个建筑结构紧凑,设计巧妙,布局合理,错落有致,主次分明,外观雄伟庄严,内部华贵富丽,充分体现了秦建筑工艺的高超水平和秦建筑文化的风格。根据对发掘情况的综合研究发现,中国古代土木建筑的基本技法及风格在秦朝都有了成熟的应用,如梁柱式构架、高台基、翼展式屋顶以及对称格局等。另据推测,以后影响巨大的斗拱技术很可能也已使用。

>> 咸阳宫一号宫殿遗址

>> 咸阳宫一号宫殿复原图

>> 秦灭六国图

|横扫六合|

自周平王东迁始，周王朝有序的政治秩序被打破，王室衰弱，诸侯坐大，开始轮番上演"礼乐征伐自诸侯出"。春秋五霸、战国七雄，诸侯国之间攻伐不断、战乱频繁。据不完全统计，春秋200余年间列国战争达400多次；战国200余年间发生战争200多次；诸侯国的数量从春秋初期的140多家，减少到战国初期的20余家，到战国中期仅剩下7个诸侯国称雄当世。

尽管春秋战国时期"争霸""称雄"的战争史不绝书，争夺城池、扩张领土的诸侯国无计其数，然而，他们的目标始终无法与秦人同日而语，没有一个诸侯国的统治者对"帝业"的追求像秦国那样强烈而持久。大量事实表明，不断扩张领土以及图谋称霸天下是秦国历代国君最执着的追求。而经过商鞅变法，秦国跃居"战国七雄"之首，到秦王政执政时，关东六国先后衰败下去，唯独秦国越战越强。由秦统一全国已成不可逆转之势。公元前230—前221年，秦国继承历代远交近攻政策，采用先弱后强、先近后远的具体战略步骤，先后消灭了韩、赵、魏、楚、燕、齐六国，完成了统一大业。

韩本来就是三晋中最弱的一方。到韩桓惠王时，韩就已臣服于秦国。秦王政初年，韩国的疆域更加缩小，只剩下都城阳翟与其周围10多个中小城邑，基本上已是名存实亡之国了。秦王政十七年（前230），韩国降将内史腾率秦军进攻韩国，俘韩王安，韩亡，所得韩地置颍川郡。

赵地处中原之北方，方圆两千里，也是北方之强国。在赵武灵王时，倡导胡服骑射，革新政治，富国强兵，国势为之一振。赵国北拒匈奴，南抗强秦，成为唯一可与秦相抗衡之国。但赵武灵王死后，赵屡被秦兵攻伐，对本国良将廉颇、李牧等不予任用，竟听信谗言妄加诛黜。赵王的昏庸无能，使赵终于为秦所破。秦王政十九年（前228），秦国大将军王翦攻入赵国国都邯郸，赵亡，以其地置邯郸郡、钜鹿郡、太原郡。

燕战国初期尚属极弱小之国，到燕昭王时，励精图治，疆域扩大，国力日强，曾北至辽东，西至上谷，南与齐、赵接壤。到燕王喜当政时期，非但不与近邻赵、齐修好，且常常发动混战，劳民伤财，国力损耗巨大，成为六国之中略强于韩的弱小之国。秦王政二十年（前227），燕太子丹派荆轲、秦舞阳刺杀秦王未遂，秦王立即派王翦领兵攻燕。秦王政二十五年（前222），俘燕王喜，燕亡，以其地置雁门郡。

魏虽然也经历过战国初期最强盛的时期，据有河东、河西、河内、河外广大地区，疆域之内山河纵横，形势险要。但由于它阻扼秦东出函谷之咽喉，多年均为秦之首要对手，特别是自魏惠王以来，不断被秦战败，疆域日渐缩小。秦王政初年，正当魏安釐王晚期，国势更加衰弱。但信陵君窃符救赵，尤其是联合各诸侯国合纵抗秦，取得河外大捷，大大提高了魏的威望。本应乘胜恢复魏之疆域，然而安厘王昏聩无能，不但不借机复国，反而听信秦国的离间挑拨，罢黜信陵君，失去了东山再起的可贵时机。秦王政二十二年（前225），秦军王翦之子王贲率领10万大军攻打魏国，引黄河鸿沟水灌大梁。3个月后大梁城破，魏王假投降，魏亡。

楚自春秋至战国始终未失其南方大国之地位，领有疆域五千里，带甲百万，地大物博，为诸侯国中具有相当实力的大国。但自秦将白起攻陷楚都后，楚国势力大大减弱，国都被迫迁于陈地，以后又再迁于巨阳与寿春。都城多次被迫迁移，大大挫伤了楚国的民心士气。楚考烈王当政的前后，楚国实际上已徒具强楚之名，远远无法与秦相匹敌。秦王政二十三年（前224），王翦率领60万大军渡过淮水，围攻楚国都城寿春。秦王政二十四年（前223），楚军斗志涣散、粮草不足，遂从前线撤军。王翦乘机追击，消灭楚军主力，占领楚都寿春，俘虏楚王负刍。楚人复立昌平君为王。王翦又率军渡过长江，平定了江南，楚亡，置会稽郡。

齐向为东方之强国，但到秦王政初年，齐政权传至齐王建时，齐威王时期建立起来的霸业早已成为历史，齐国徒具东方强国之名。它政治落后，经济发展缓慢，国无贤臣良将，军无奋进战斗之志，面对强秦即将发动的并灭六国的战争，竟毫无准备，坐以待毙。秦王政二十六年（前221），王贲率军攻打齐国，齐王建不战而降，齐亡。

秦国前后用了10年时间就完成了全国的统一，从此结束了春秋战国以来诸侯割据混战的局面，建立了中国历史上第一个统一的多民族的中央集权国家。

秦始皇统一六国，是秦始皇统治的秦国发展壮大的结果，也是当时秦国文化以及国民精神风貌的一种表现。由于商鞅变法以及在其前后秦国所采取的一系列强国政策，造就了秦国人锐意进取的风气。当时，秦国的农业并不是十分

>> 现存最早的调兵凭证——秦国杜虎符

符,是古代朝廷用于传达命令、调动军队的一种特殊凭证。通常作虎形,分为左右两半,右半符留在京师,左半符颁发给屯驻在外的军队。需调兵时,由朝廷使者持右半符前往。军队长官将右半符与左半符验合后,军队即按使者传达的命令行动。杜虎符有错金铭文9行共40字:"兵甲之符,右才(在)君,左才杜。凡兴士被甲,用兵五十人以上,必会君符,乃敢行之。燔燧之事,虽母(毋)会符,行殹(也)。"

发达,许多方面也未比其他六国有明显优势,但长期以来,秦人创造了一种服从法制约束、步调一致、积极进取、不怕牺牲的精神。而其他诸侯国却养成了一种不思进取的风气,在这些国家里,儒家思想占统治地位,他们认为,下等人靠人情练达,上等人靠道德自律,这种生存智慧并不适合弱肉强食的战国时代。强烈的进取精神和具有宏伟气度的霸气应该是秦人留给我们的一笔重要精神财富。

>> 石铠甲

模仿皮铠甲和铁铠甲而制成的陪葬品。

皇权一统

自春秋战国以来，许多政治家、思想家，特别是从事思想理论研究的"士"，所热衷追求的一个政治理想，就是实现全中国的统一。这一政治理想终于在公元前221年，由秦国国君嬴政实现了。秦王朝的建立，开创了大一统国家的新局面。至此而后的2000多年里，尽管曾多次出现分裂割据的局面，但大一统始终是历史发展的主流。由于大一统国家的实现，也造就了大一统的意识观念。从秦汉以来，大一统一直被视为"天地之常经，古今之通谊"。有多少仁人志士，为大一统而奋斗而献身，直到今天，它仍是我们坚持的基本原则之一。追溯起来，这种大一统的心理定式，就来源于秦。而秦统一后所建立的一套高度完善的政治制度，奠定了中央集权政治制度的基础，影响极为深远，是秦代对中国历史文化贡献的最大成就。

中国政治制度的发展，秦是一个分水岭。其前，夏、商处在神权政治时期，西周则为贵族政治。无论夏商的神权政治，还是西周的贵族政治，均比较简略，也比较松散，且事神重于治人。秦完全改变了这样的政制格局，代之以一整套全新的中央集权的政治制度。这套政治制度具体由三部分构成，即皇帝制度、三公九卿制和郡县制。

商周时期和春秋战国时期，最高统治者一般都称王。秦国统一之后，秦王嬴政觉得"王"已与他的功业和身份不符，于是他把"皇"和"帝"这两个在古代被认为是最神圣的字眼连在一起作为自己的称号，表示自己的尊贵和至高无上要高于"三皇五帝"。同时废除"谥法"，自称为始皇帝，以后子、孙继位，"二世、三世，至于万世，传之无穷"。为了表示皇帝的与众不同，从秦代开始规定了一套皇帝专用制度：皇帝的命令称为制或诏，文字中不准提及皇帝的名字，开始了对最高统治者的避讳制度。

皇帝自称为朕，皇帝之印称玺。而在此以前，"朕"表示"我"的意思，人人都可以用，一般人的印也可称为玺。此外，秦王朝还制定了一套服饰制度、陵墓制度和后宫制度。在此制度下，"天下之事无大小皆决于上"，皇帝拥有至高无上的权力，从中央到地方的主要官员，都由皇帝任免，按照皇帝的意志办事。军权也集中到皇帝手中，凡要调动士兵50人以上，必须执有皇帝的虎符为凭，否则就是违法。

三公九卿制是与皇帝制度相配套的一种官僚体制，是秦国原来中央政权的延续与扩大。三公具体指丞相、太尉、御史大夫，是皇帝手下分管政务、军事、监察的最高长官。其中丞相地位最高，为百官之长。九卿为奉常、郎中令、卫尉、太仆、廷尉、典客、宗正、治粟内史、少府，是秦中央政府的主要军政官员。他们各有自己的一套机构，但均听命于皇帝。

郡县制是一种地方政区制度和官吏制度。秦统一全国后，在地方上彻底废除了分封制，把在原秦国实行的郡县制推广到全国。初为36郡，后来随着边境的开发而设置新郡，郡的总数最多时曾达到46个。郡以下为县。郡的主要长官为郡守，掌管政事；另有郡尉，辅佐郡守，掌管军事；还有监御史，为中央派遣的监察官吏。县的主要长官，万户以上的设县令，不满万户的设县长。县令（长）掌政事，县丞掌管文书、刑法等，县尉掌管军事。郡县的长官均直接由中央任命。

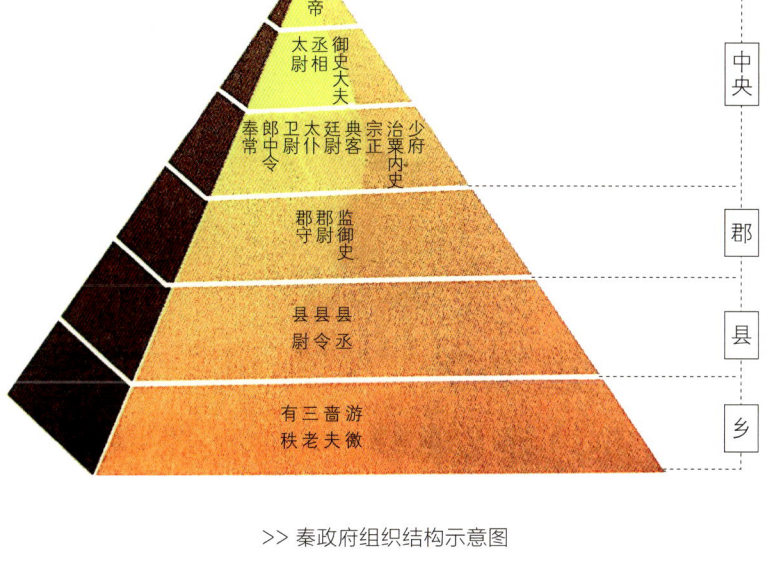

>> 秦政府组织结构示意图

秦王朝建立的"皇帝—公卿—郡县"的官僚科层结构及其制度，从秦至清，除了官职名称有所变化外，基本模式并无更改。故谭嗣同叹喟："二千年之政，秦政也"；毛泽东也曾挥笔写下"千载犹行秦制度"的著名诗句。

除中央集权的政治制度外，秦王朝在文字、货币、度量衡及法律方面所实行的一系列统一措施，也对后世产生了深远的影响。

中国文字，起源很早，至战国时期已经发展得相当成熟，但由于长期处于分裂状态，文字异形的现象相当严重，同一个字不但在不同的诸侯国有不同的写法，即使在同一个诸侯国之内也没有统一。这势必给政令的推行和文化的交流造成严重障碍。有鉴于此，秦统一的当年，秦始皇即下令，规定以秦的小篆为统一书体，罢六国文字"不与秦文合者"。这便是历史上著名的"书同文"，从此，秦小篆成为秦王朝官方文书的标准字体。为了有效推行统一的字体，秦始皇令李斯、赵高、胡毋敬分别用小篆编写了《仓颉篇》《爰历篇》

统一文字

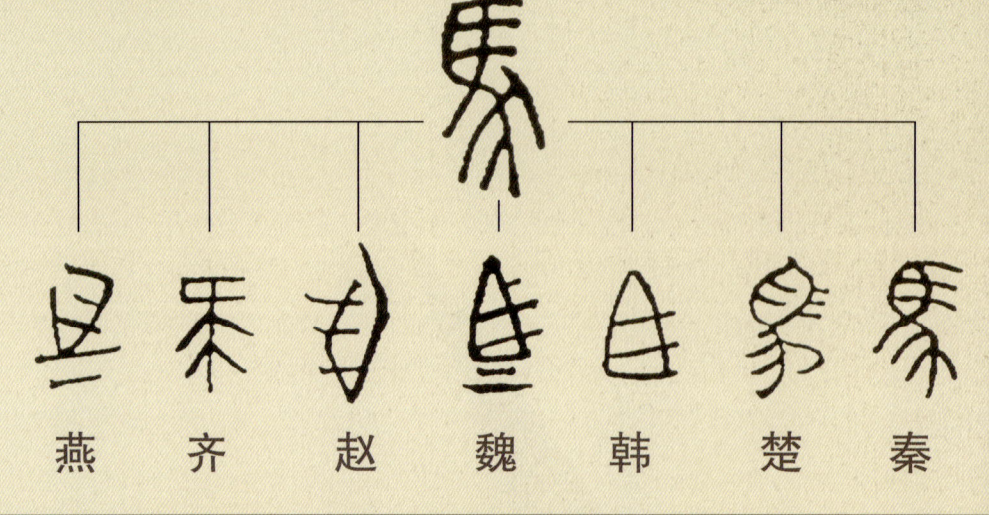

>> 秦统一文字示意图

《博学篇》，作为标准的文字范本。从此以后，中国有了统一、标准化的文字字体，这为政治、经济、文化的发展提供了极有利的条件。

战国时期各国货币形状、大小、轻重皆不相同，计算单位也不一致，特别是价值不等，换算困难。秦灭六国后，废除了其他各国的货币，将货币分为两等：黄金为上币，以镒为单位，一镒为二十两；以铜钱为下币，重半两，形制为圆形方孔，暗含中国传统的"天圆地方"观念，而且自秦以后，圆形方孔一直是中国古代流通最广的铜钱的基本形制，2000多年不曾改变。货币的统一，克服了过去货币使用及换算的困难，便利了各地商品交换和经济交往，有力地促进了社会的进步和发展。

度量衡又称权量，具体指测量长度、体积、轻重的器物。秦统一前，各地区的度量衡标准大小各异、轻重不一、长短不等，既不利于经济、文化的交流，也不利于统一事业的发展。统一全国后不久，秦始皇就颁布诏书统一度量衡，命令将秦国地区的度量衡标准颁行全国。如规定长度单位为步和尺，一步合六尺；重量单位为铢、斤、钧、石；容积单位为升、斗；等。

统一货币

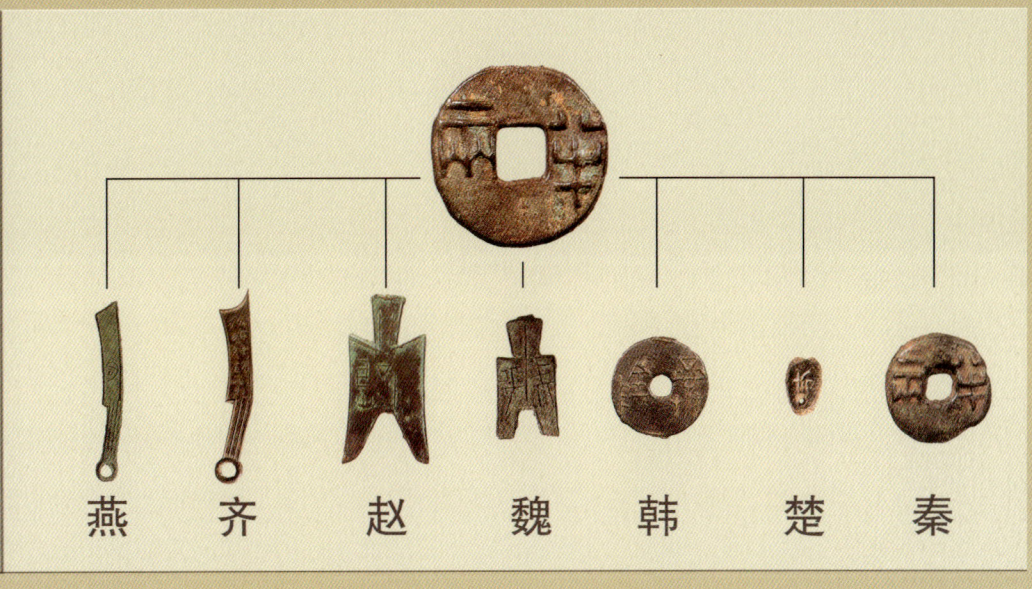

>> 秦统一货币示意图

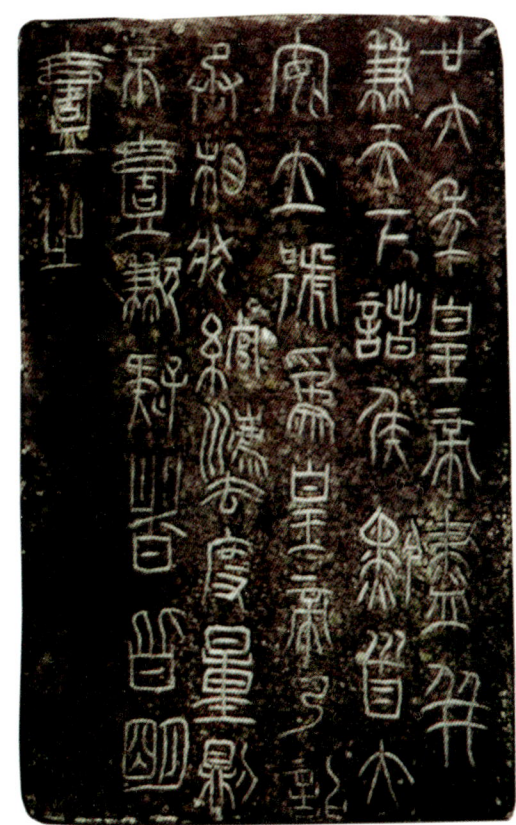

>> 秦诏版

1961年于咸阳长陵火车站附近出土。其上刻有秦始皇为立皇帝称号以及统一度量衡而发布的诏令。诏文为:"廿六年皇帝尽并兼天下诸侯,黔首大安,立号为皇帝。乃诏丞相状、绾,法度量则不壹,歉疑者,皆明壹之"。

实际上，秦早在商鞅变法时就曾做过统一度量衡的工作，传世的商鞅方升，就是当时的标准器。值得注意的是，秦始皇统一度量衡的诏书多加刻于秦统一前所使用的标准器上，商鞅方升底部即加刻有诏令。1972年在陕西礼泉出土的两诏铜椭量的外壁刻有秦始皇和秦二世发布统一度量衡的两次诏书。在一件器物上，同时刻有两个皇帝的诏书，既显示了秦王朝对统一度量衡的重视，同时也极大增加了这件器物的价值。在西安高窑村出土的高奴禾石铜权，也是一件非常重要的重量器。"高奴"是秦代上郡的治所，在今陕西延安附近；石是秦汉时期的重量单位，一石合120斤；权相当于砝码。铜权上的诏文表明，秦代政府将标准器发给地方，以统一度量单位，同时还要定期收回，加以校准，刻上政府标记后再发回去。这件铜权已两度收回，最后一次尚未来得及发还，秦王朝就灭亡了。

>> 两诏铜椭量

>> 高奴禾石铜权

为了加强中央与各地的联系，秦始皇还利用原六国的道路，修建了以国都咸阳为中心的驰道网络。驰道是供车马行驶的道路，类似于现在的高等级公路，路中央专设"御道"供皇帝通行。据汉代人的记载，驰道的规格为："道广五十步，三丈而树，厚筑其外，隐以金椎，树以青松。""五十步"为道路的宽度，约合今69.3米；"三丈而树"指道旁每隔三丈（10米左右）栽种一棵青松；"厚筑其外"是指用夯筑手段使路面坚实，并使路面高于地表；"隐以金椎"是指用金属工具夯击使路基稳固。据史书记载，驰道主要有两大干线：一是出函谷关通往今山东、河北的东方道，二是出今陕南通往长江中下游地区的武关道。其他如出今高陵通往陕北的上郡道，渡黄河通往今山西的临晋道，出秦岭通往四川的栈道，出陇县通往今宁夏、甘肃的西方道也很重要。

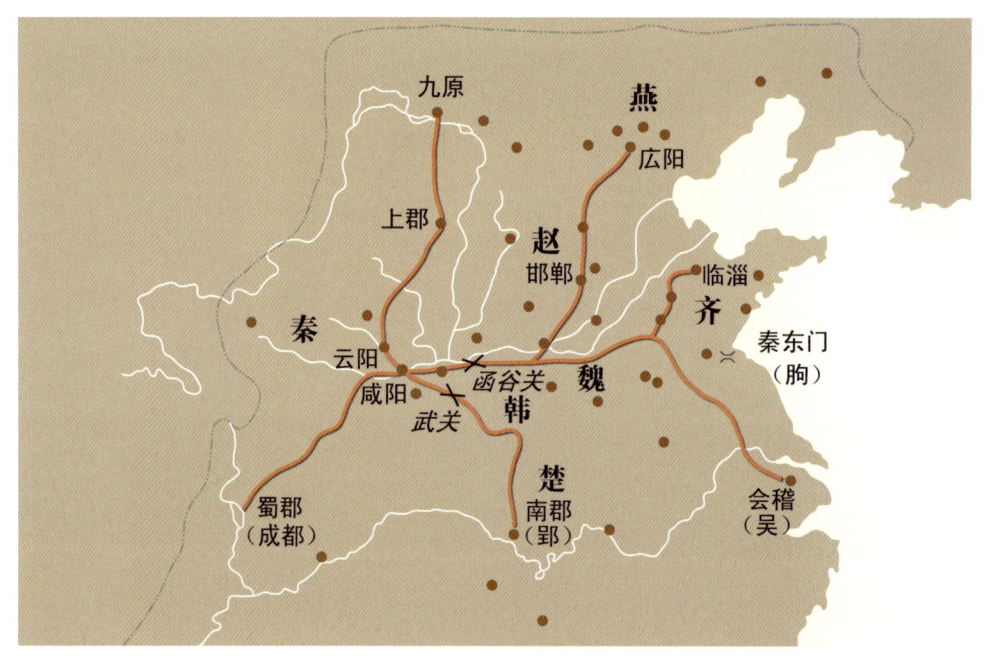

>> 秦代驰道图

除驰道外,秦还修建了直道。直道类似于我们现在的"高速公路",始建于秦始皇三十五年(前212),到秦始皇三十七年(前210)基本完工。监修这条道路的是镇守长城沿线的将军蒙恬。直道从咸阳以北不远的云阳开始,经甘泉山子午岭北上,过旬邑、黄陵、富县、甘泉、志丹、安塞、靖边,穿过毛乌素沙漠,经榆林西(高奴宫)、内蒙古东胜西,到昭君墓过黄河,直抵今包头西麻池(九原宫),全长700余千米,贯通中原和北方地区。秦直道的修建,加强了南北贸易和文化交流,推动了经济发展。据勘察情况看,直道在修建时充分利用了各种有利地形,以尽可能取直。考古学家已测出当年直道最宽处约为50米,转弯处宽至60米,路基全部是夯打结实的坚硬层面。当年秦始皇出巡时曾出动大小华贵车80余辆,官员兵卒1000余人,在这条车马大道上浩浩荡荡行进,足见路面的宽阔平坦。

考古调查表明，秦直道的遗迹、遗址至今还有很多保存下来的，有些路段看得非常清楚。路面残宽达22米，路基高1—1.5米。尤其是甘泉境内的方家河秦直道遗迹，跨河引桥桥墩依然存在，夯土层十分清晰。凭借如此宽阔平直的道路，秦王朝的军队只需三天三夜，就能从咸阳疾驰到河套地区的前线。所以很长一段时间，匈奴"人不敢南下牧马，士不敢张弓抱怨"。建直道是秦为加强防御能力的又一大措施，它与万里长城相互配合，使以步兵为主的秦军得以抵抗强悍的匈奴铁骑。所以，秦直道的重要性不亚于同样为军事工程的长城。

>> 秦直道鬼谷口

鬼谷口是从甘泉宫向北走直道的第一个关口，海拔1796米，两边为山，直道从中间通过，地处险要。出入甘泉宫必经此关口。

从秦至今2000多年来，中国的交通道路不断拓展密织，虽然其间一些道路时有毁弃和断废，但若从道路的布局、走向及其基本形制看，秦代道路的形式已经大致为以后2000多年的交通道路的发展奠定了基本格局。以土质道路结成的交通网作为主要交通道路的情形，直到近代方有转变。

　　说到秦始皇与秦直道，当然就得提到长城。秦朝建立后，北方游牧民族匈奴日益强大，对秦帝国的安全造成严重威胁。为此，秦始皇在派兵30万攻打匈奴的同时，还征调全国近百万劳动力，将战国时期燕、赵、秦等国的长城连接起来，从而出现了一个"起临洮至辽东万余里"的重要军事防御工

>> 秦长城烽火台遗址

　　位于陕西府谷境内。烽火台古称烽燧，为古代边防报警设施，白天放烟叫燧，夜里点火曰烽。秦长城上的烽燧多与城墙连为一体，可由城墙直达烽燧。

程——长城。但长城并不只是一道单独的城墙，而是由城墙、敌楼、关城、墩堡、营城、卫所、烽火台等多种防御工事所组成的一个完整的防御工程体系。不论是巨龙似的城垣，还是扼居咽喉的关隘，都显示了当时建筑技术的高度成就。尤其是当时没有任何机械，全部劳动都由人力完成，工作环境又是崇山峻岭、峭壁深壑，十分艰难，因此它被誉为中国古代最伟大的建筑工程之一。现在，在陕北地区还有不少秦长城遗址，它们历经了2000多年的风雨剥蚀，早已失却了往日的雄伟，但添了一种特别能震撼人心的历史沧桑感和阳刚、悲壮的审美感。

秦王朝开创的大一统新局面以及为加强统一而采取的各项措施，不但在中国历史上产生了极其深远的影响，而且也使中国的声威远播世界。在外国人的心目中，"秦"就是中国的代名词。英语的"China"（中国），经学者考证，即"秦"的音译。国外古文献中对中国的一些称呼，如"赛尼""希尼"，也均为"秦"的音译。可以说，中国以一个文明国家著称于世是从秦王朝开始的。

骊山夕照

秦王朝自公元前221年统一全国，到公元前207年灭亡，只存在了15年，是中国历史上最短命的王朝。秦虽享祚短暂，但影响巨大。秦王朝不仅在政治、经济、思想、文化等方面为后世留下众多影响巨大的无形遗产，同时也为我们留下了一座埋藏丰富、神秘莫测、令人遐想的有形宝库——秦始皇陵。

在古代，皇帝至高无上的地位，决定了皇帝可以随心所欲地动用国家财力来为自己服务。秦始皇不仅建造咸阳城和阿房宫为自己活着时享用，同时也大

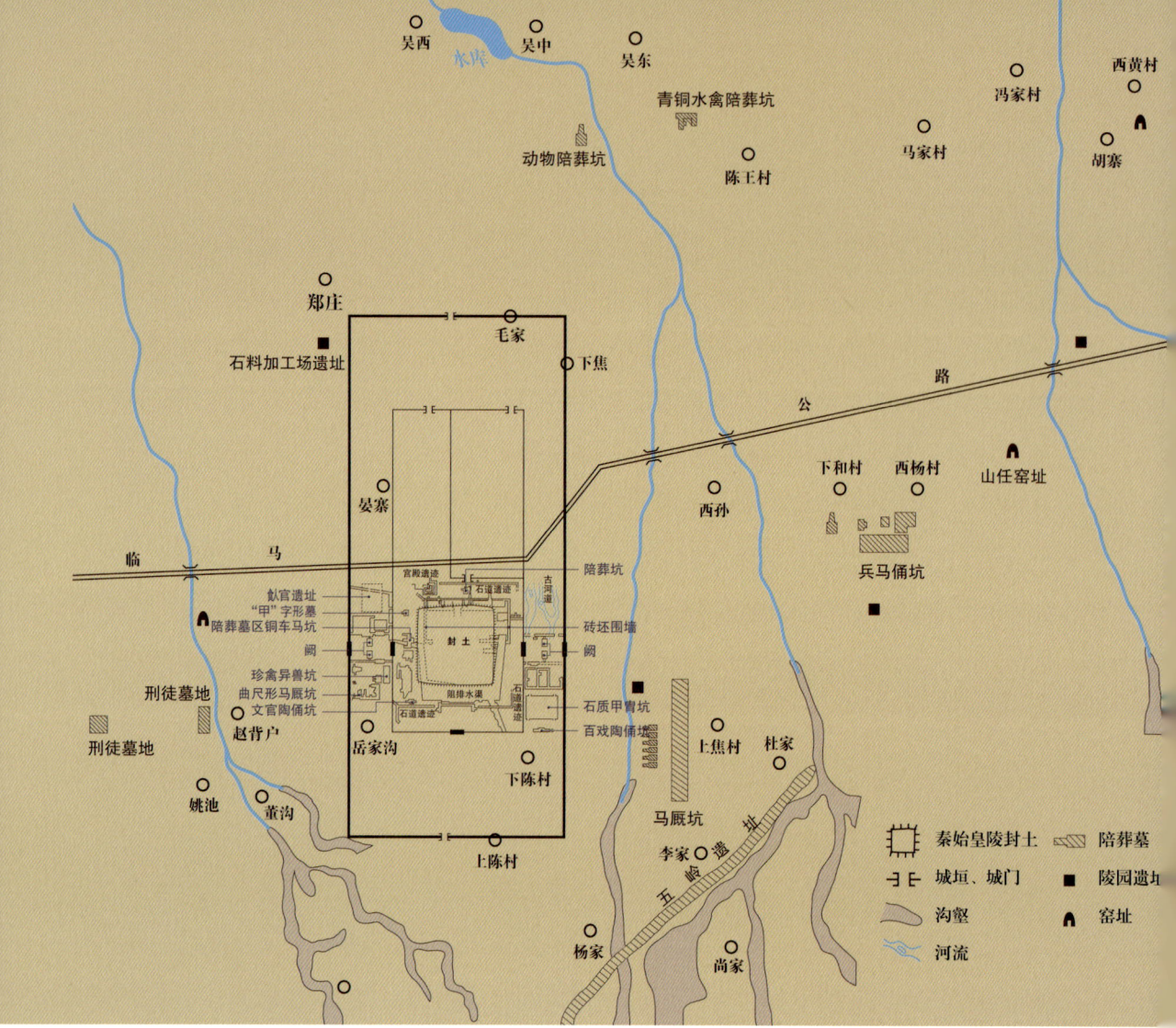

>> 秦始皇陵园平面图

修陵墓，使自己身后仍享有宽敞豪华的阴宅。为修建自己的陵墓，秦始皇从全国各地征调数十万人，修筑时间长达38年。

秦始皇陵位于临潼骊山脚下，大体呈"回"字形，陵墓周围筑有内外两重城垣，陵园内城垣周长3870米，外城垣周长6210米。整座陵区总面积为5625万平方米。虽经过2000多年的风雨侵蚀，陵墓封土高度仍达76米。其工程之浩大、气魄之宏伟以及埋藏之丰富，开历代封建统治者奢侈厚葬之先例。司马迁在《史记》中记载，秦始皇的陵墓挖得很深，一直见到地下水层，并用熔化的铜液进行浇灌，上面再放置棺椁。陵墓的地下宫殿，排有文武百官的位次，并埋有大量的奇器珍宝。墓道安放着弩机暗器，防止盗墓。墓室内穹庐顶部绘有天文星宿图像，地面模拟有山岳九州地形，又灌注大量的水银做成江河湖海的模型，以机械动力使之流动不息。还将一种"人鱼"炼成膏做成蜡烛，这种蜡烛长期燃烧而不熄灭。近年来的考古发掘证明司马迁的记载基本是可信的。如科学家们在勘探秦始皇陵时发现，陵冢地下的水银含量，竟然比它旁边的土地高出200多倍！可见陵中有水银江河的记载是真实可信的。今天，仅仅是作为陪葬的兵马俑坑，就已被世人誉为"世界第八大奇迹"。秦始皇陵的整体陵寝建筑原来是多么豪华气派，实在令人难以想象。它于1987年12月被联合国教科文组织列入"世界遗产目录"是当之无愧的。

>> 秦始皇陵

秦兵马俑坑是1974年在西安以东的临潼,由几位农民在打井时无意中发现的。经过文物工作者的进一步发掘与媒体的广泛报道,这才由当地而国内、由中国而世界,引起了越来越强的反响。人们逐渐认识到它的巨大价值,终于产生了无比轰动的效应,在世界范围内掀起了参观秦俑的热潮,并且历数十年而不衰。现在,秦始皇兵马俑已经成了中国—陕西—西安的一张国际名片——"没看过秦俑就等于没到过西安,没到过西安就等于没到过中国!"

>> 秦俑一号坑军阵

秦兵马俑坑共有3个坑，分布在近4万平方米的大地上，3个坑的实际面积也有2万平方米。这样巨大而又围绕一个主题展现的艺术群雕，在世界范围内是绝无仅有的。另外，俑坑中置放的陶俑陶马都是模拟真人真马的高度而塑造的，体高分别达1.8米和1.5米左右。从现有考古资料看，无论是秦以前还是秦以后的陶俑都没有这样高大的，因此，秦俑可以说是中国古代陶塑史上的空前绝后之作。就数量而言，秦俑共有七八千件之多，世界雕塑史上还从没有发现数量如此巨大的群体组雕。

就造型艺术而言，秦俑雕塑开创了中国古代雕塑艺术写实主义的先河。秦俑坑中出土的陶马陶俑，不但与真人真马相等，形貌服饰皆仿原物，举凡花样繁多的发髻、连缀甲片的皮筋、扣接革带的带钩、绑扎腿部的裹腿、系在鞋背上的鞋带、穿纳鞋底的针眼、马匹身上披挂的鞍鞯，无一不是以一丝不苟的态度来刻画表现的。同时，秦俑也极为注重对个体神态、气质的刻画，把外部形体与内在精神、气质融为一体，体现了"形具而神生"的中国传统审美要求。秦俑比较突出的成就是，它塑造了不同身份、不同年龄、不同个性的多种人物典型，如表情冷峻、披甲按剑的将军，神色严峻、发须直立的军吏，双目竖立、目光深沉的兵卒，皱纹满布、微微驼背的老兵，浓眉大眼、充满稚气的新兵。由于秦俑面部刻画比较细致，以至我们还能从军阵中发现羌人、戎狄等少数民族的成员。形体高人、数量众多、栩栩如生、气势磅礴的兵马俑群，让我们直接领略到了以追求宏大为特点的秦代艺术的魅力。当然，秦俑体现的不仅是高超的雕塑技术，它还是秦王朝国势的强盛、军队所向披靡的气势以及当时人们的气质与时代精神的整体展示。

此外，秦始皇陵陵园内出土的以青铜兵器为代表的各种遗物也全面展示了秦朝在各种技术方面所达到的最高水平。在秦俑坑出土的大批铜箭镞均为三棱锥形，它的三个面和三条棱都是按照流线型加工的。特别是箭镞分五种规格，

>> 铠甲武士俑

>> 跪射俑

>> 御手俑

>> 立射俑

每种规格的箭镞形状大小完全一样，用肉眼根本分辨不出它们的区别，在放大20倍后，才发现同种规格之间的误差不超过0.15毫米，这不能不让人惊叹！秦代的青铜表面防锈处理技术更是令人瞠目结舌。如秦俑坑出土的一把青铜铍虽然在泥土中埋藏了2000多年，但出土时依然锃亮如新、锋利如初、寒气逼人。经现代科技手段化验，其表面镀有一层厚约1/100毫米的铬盐氧化物，其中含有2%的铬。把铬盐氧化物用于防锈，在国际上美国1937年、德国1954年才获得发明专利，而中国在2000多年前就已经采用了这项技术，实在是世界科技史上的一大奇迹。

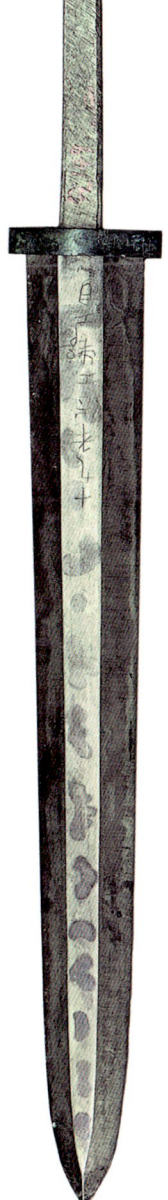

\>> 青铜铍

\>> 青铜鸿雁

秦始皇陵园七号陪葬坑共出土青铜水禽46件，其中青铜天鹅20件、青铜鸿雁20件、青铜仙鹤6件。如此众多的青铜水禽的出土，说明这个陪葬坑试图刻意营造出某种"水环境"，这对丰富和研究秦始皇陵具有重大学术价值。

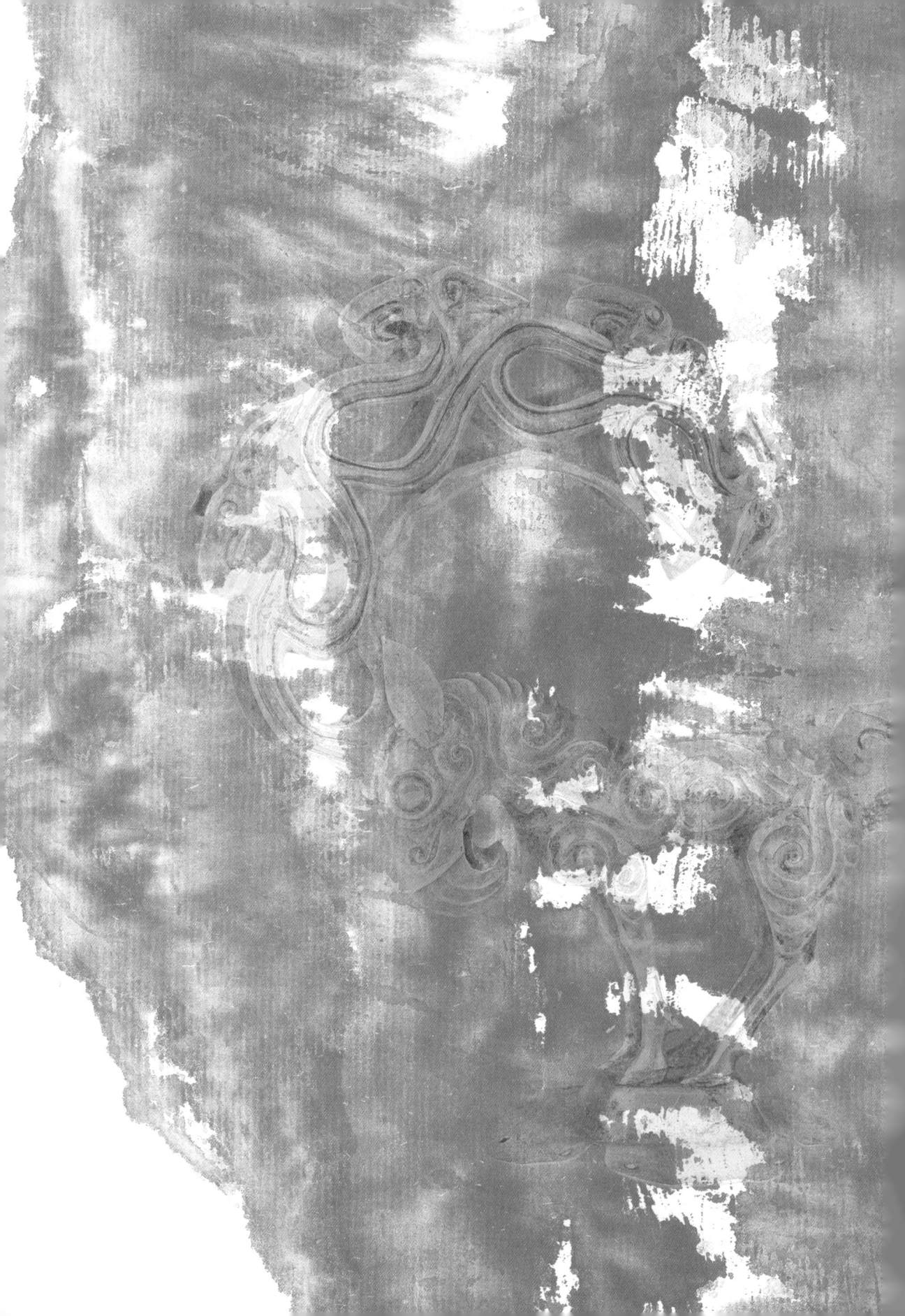

第四单元 大汉雄风

秦亡之后,一个更伟大的时代降临在陕西,这就是以长安为都城的西汉王朝。随着西汉王朝的建立,陕西又重新走向了中国历史舞台的中心。在这个舞台上,西汉王朝不但完成了秦始皇的未竟事业,在中国建立了真正的大一统国家,而且还开创了中国封建社会的第一个盛世。中国也第一次以一个强盛国家的姿态从这里走向世界。同时,因为有了汉王朝,汉语中才出现了"汉人""汉族""汉语""汉字""汉学"等具有鲜明时代特征和深刻文化含义的词语。

一 汉都长安

在秦末汉初，长安只是秦都咸阳的一个乡聚，因是秦始皇嬴政的兄弟长安君成蟜的封地，因此被称为长安，意为"长治久安"。公元前202年，刘邦打败项羽后，在今山东定陶即皇帝位，在短暂定都洛阳后，旋即西迁关中，并在原秦长乐宫的基础上开始兴建长安城。长安的历史由此进入了崭新的阶段。规模宏大、布局合理、宫室林立、设施齐全、繁荣开放的汉长安城，不但反映了汉王朝在城市营建以及建筑领域取得的巨大成就，也全面展示了汉代中华文明所达到的最高水平。它与同时期的罗马遥相呼应，分别是东西方灿烂文明和伟大时代的代表。

龙墀凤阁

作为都城的长安，其修建从公元前202年开始，一直到汉武帝时才完全建成，前后历时近百年。其城墙周长达25000米，面积3600万平方米，有160个里、巷，9个商业区。城内共有8条大街，均宽45米以上，其中安门大街长达5500米，是名副其实的十里长街。长安城四周围绕着高大的城墙，残墙至今仍高出地面4—6米，最高达8米之多，如一条巨龙般延伸在今西安市的西北方。

长安城不仅是中国有史以来最大的都会，而且是当时世界上最大的城市。它的面积是号称"世界之都"的罗马城的3倍多！人口达50万左右，鼎盛时期可能还大大超出这个数字。它除了是汉王朝200余年间的政治、经济、文化中心外，还做过新莽、东汉献帝、西晋愍帝、前赵、前秦、后秦、西魏、北周、隋以及唐的首都，总计有近800年的时间，是中国古代建都朝代最多的城市和使用年限最久的都城。

长安城是以宫殿为中心而营建的，体现帝王崇高地位和为帝王服务的大型

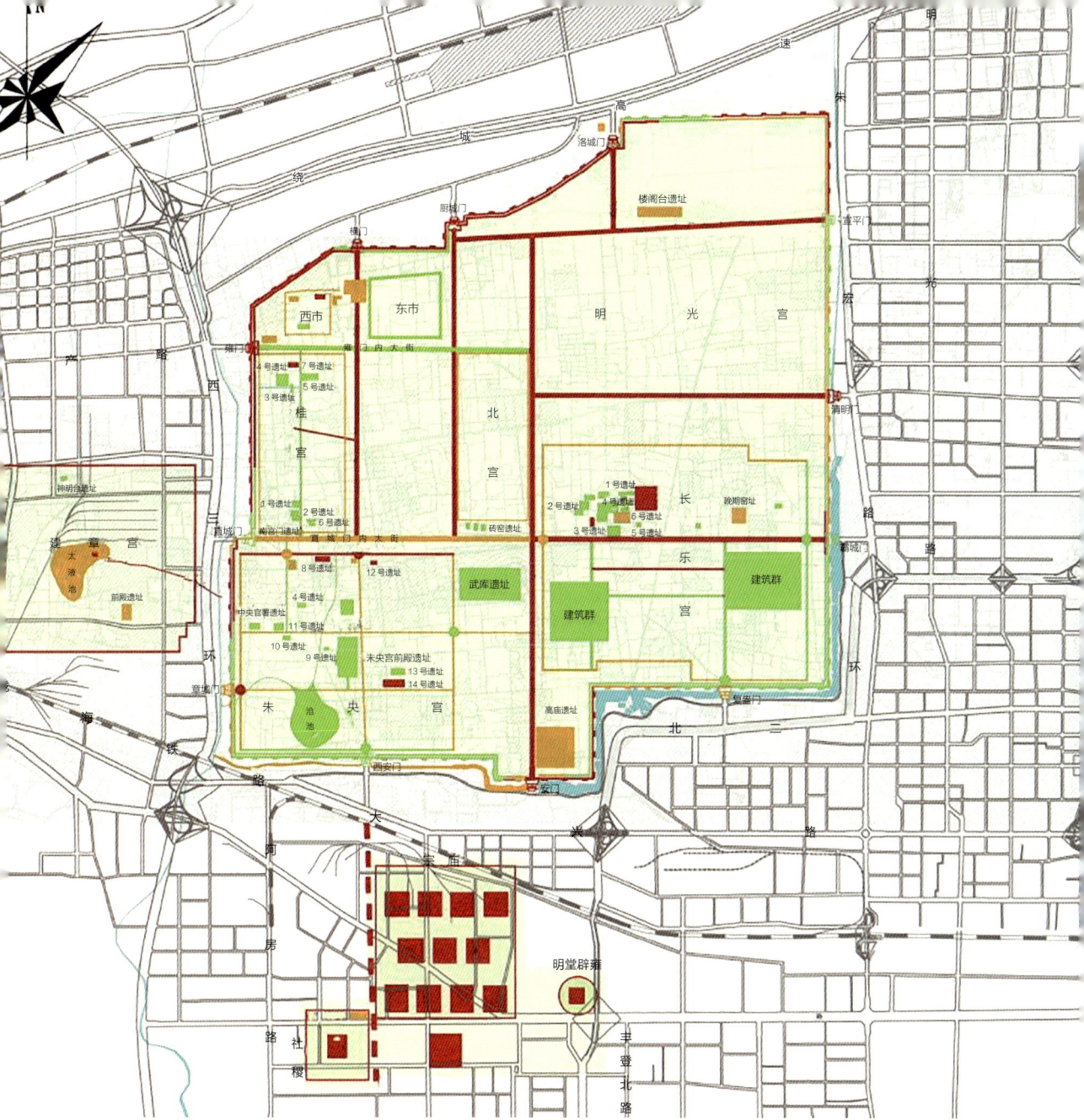

>> 汉长安城遗址平面图

宫殿群约占全城面积的三分之二以上,这与西方古代罗马城为炫耀其国力而建造各种大型公共建筑形成强烈的对比。长乐宫、未央宫和桂宫、明光宫等是长安城最著名的宫殿,它们之间由飞架在空中的飞阁复道相连,不仅便利交通,

>> 未央宫前殿遗址

　　遗址台基高20余米，左右宽200米，长350米。未央宫是长安城各宫室中最主要且最著名的宫殿，其前殿是举行大朝会的地方。

　　而且壮观无比。建于汉武帝时的建章宫，因城内已没有地方容纳，所以建在城西。其宫阙上还装有能随风转动的大型铜铸凤凰，名相风铜鸟，"下有转枢，向风若翔"。国内外的学者们研究后认为，它们就是世界上最早的风力计与风向标，除具有装饰作用外，还兼有气象研究的功用。在以后的中国历史上，长乐宫、未央宫与秦的阿房宫一起，成了大宫殿的代名词。

　　随着汉王朝声势的日渐扩大，长安成为国际性大都会，尤其是陕西城固人张骞通西域后，西域各国纷纷派使节前来长安，汉王朝的使节和商人也络绎不绝地奔赴各国。此外，汉王朝还与周边的日本、朝鲜、越南、柬埔寨、印度、伊朗、阿富汗、土库曼斯坦、吉尔吉斯斯坦等国家建立了友好的交往关系。近年来在西安、咸阳等地出土了不少胡人形象的陶俑和外来物品，既充分说明了汉代对外交往的发达，又有力证明了长安在当时国际上的重要地位。

　　汉长安城的建设，继承了秦人因地制宜、法天象地的规划思想，其城市布

>> 汉代胡人俑

局对汉以后的城市建设起到了重要的借鉴作用。近年发现的以汉长安城为中心的南北超长建筑基线——南起秦岭子午谷、北至三原天齐祠遗址——总长度达74千米，表明当时已初步具备建立大面积地理坐标的能力，并体现出"法天"——法自然的人文规划思想。

在城市建设方面，长安城的下水系统也继承了秦代的城市建设方法，采用陶质地下水管道与明渠相结合的方式。地下水管道分主管道和支管道两种，主管道为五边形，支管道为圆形，如网络般埋于地下，会合于北城厨门附近，将污水导入渭河。这种下水管道网技术，在当时的世界上是非常先进的。

离宫别苑

为了满足帝王的享乐需求,汉长安城郊外还兴建了众多离宫别苑。其间广布山川林泽,蓄养大量珍禽异兽,栽种各种名花异木。位于长安城南面的上林苑,原为秦代苑囿,位于渭河南岸,西汉初沿用,武帝时再扩展。据记载,此苑"方三百四十里",地跨长安、咸阳、周至、鄠邑、蓝田五地,南部由今蓝田的焦岱镇(鼎湖宫)开始,向西经长安的曲江池(宜春宫)、樊川(御宿宫),沿终南山北麓西至周至(五柞宫),北部从兴平的渭河北岸(黄山宫),沿渭河之滨向东。有灞、浐、泾、渭、沣、镐、潦、潏八水出入其中。各种离宫别苑散处其间,共有三十六苑、十二宫、三十五观、十多个池沼。它不仅是中国最早、最大的自然动植物园,而且是古代皇家苑囿的最高典范。风气所及,后世都用"上林苑"作为皇家园林的代名

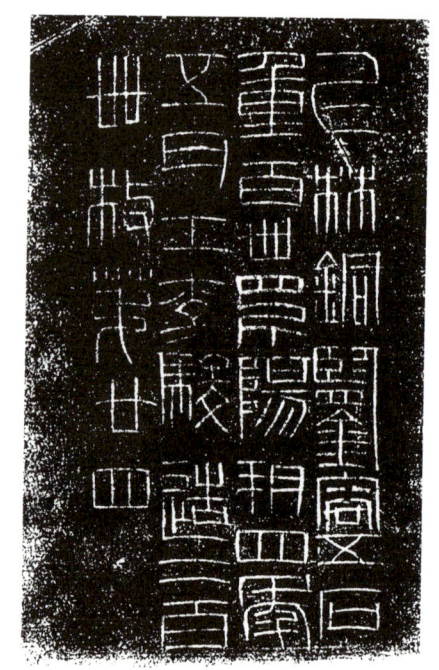

>> "上林"铜鉴(西安三桥)

鉴的主要功能是盛水和盛冰。铜镜问世之前,古人以鉴盛水照容。此铜鉴体量硕大,外壁口沿下刻铭文4行29字:"上林铜鉴容五石重百卅四斤,阳朔四年五月工李骏造二百卅枚,第廿四",记载了器名、容量、重量、制造年月、工师名等。据此可知,此鉴铸造于汉成帝阳朔四年(前21),由上林苑中铸造铜器的工匠李骏所造。

词，这种习气甚至影响了日本和朝鲜半岛。建章宫中的太液池风景奇佳，波光鳞影与夹岸花草交相辉映，池边安放石鲸，"长三丈，以象北海"。这石鲸的一段已经出土，现收藏于陕西历史博物馆。

需要特别一提的是，汉武帝在发兵征伐"西南夷"的过程中，为解决中原士兵不习水战的问题，下令在上林苑中开凿了一个人工湖，称之为昆明池，并修造有楼的大型战船，专供士兵操练水战使用。解决了水战的阻碍后，汉军征伐"西南夷"就由被动变成了主动，并很快打败了滇人。到了清代，乾隆皇帝非常景仰汉武帝开疆拓土的气魄和功绩，把北京西湖更名为昆明湖以表纪念。"汉习楼船"便成了汉武帝丰功伟绩中的重要篇章。

>> 石鲸

皇家陵阙

在"事死如事生"的汉代,陵墓作为人死后在另一世界的永久栖宿之处而受到特别重视。汉朝规定,从新皇帝即位的第二年起,每年要拿出全国财政收入的三分之一用于建设帝陵。国家对帝陵建设如此重视、投入如此之高,所以一个时代的帝陵也就凝聚着举国上下的财力、物力、科技和情感理念,最能体现当时的整体经济水平、文化风貌和时代精神。

陕西关中的西汉帝王陵墓共有11座,除汉文帝霸陵、汉宣帝的杜陵建于长安城东南郊外,高祖长陵、惠帝安陵、景帝阳陵、武帝茂陵、昭帝平陵、元帝

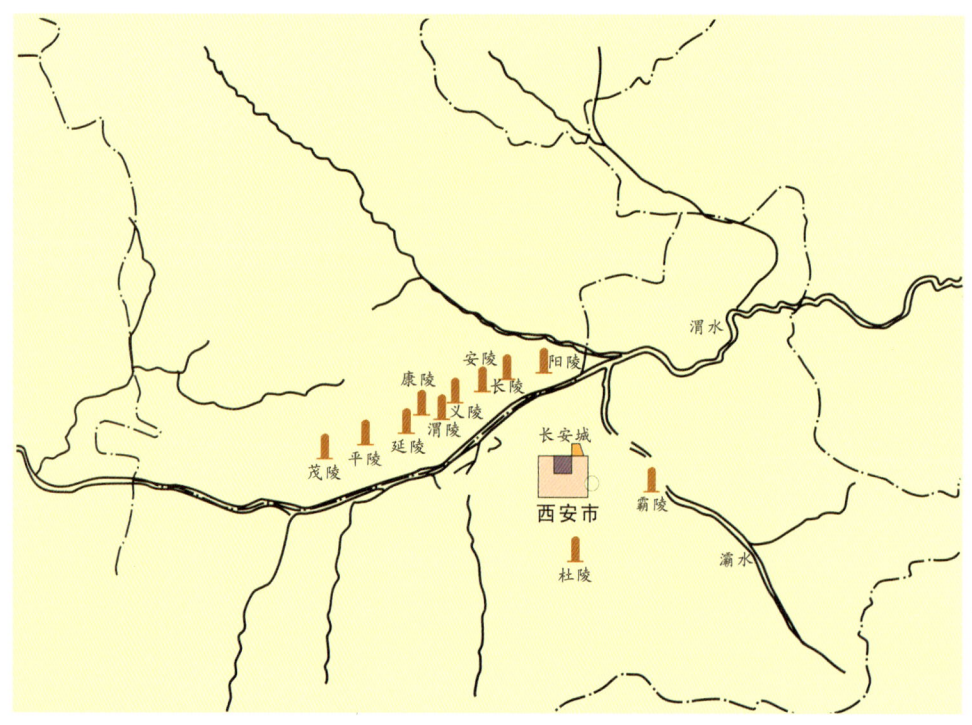

\>\> 西汉帝陵位置图

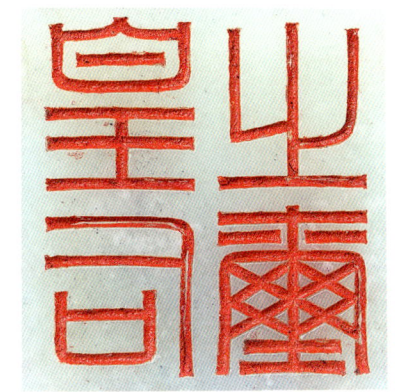

\>> 皇后之玺

发现于长陵附近,一般认为是汉高祖刘邦的皇后吕雉所用之玺。

渭陵、成帝延陵、哀帝义陵、平帝康陵共9座帝陵均建于长安城西北郊、渭河北岸的咸阳原上。它们在黄土原上自东向西横亘百里,基本形成一条直线,陵丘累累,历历在目,被称为中国的帝王谷。

在咸阳原上的9座陵墓中,高祖长陵、惠帝安陵、景帝阳陵、武帝茂陵、昭帝平陵5个陵还设有中央直辖的县邑,合称五陵邑,咸阳原也因此被称为五陵原。当时五陵邑的住户主要是从全国各地迁来的富豪或有地位的人。因为五陵邑多官宦富户,且商业发达,经济繁荣,所以其子弟往往游手好闲、滋事生非,后来作为纨绔子弟代称的成语"五陵少年"就由此而生。当然,这里也集中了不少著名的学者,故又使这里形成了一个独特的人文地理区域,无论是对我国古代哲学、史学,还是文学艺术的发展都起到了积极的推动作用,如史学家、文学家班固一家居住在安陵邑,大史学家司马迁、风流才子司马相如以及大儒董仲舒曾居茂陵,夫妻相敬如宾、举案齐眉的梁鸿、孟光就是平陵邑人氏。

西汉帝陵的形制有两类：一类是因山为陵的形式，墓葬开凿于山崖中，不另起坟丘，如霸陵。其他陵则封土为陵，筑有高大的覆斗形夯土坟丘，一般底部150—170米见方，高20—30米。陵园以巨大的坟丘为中心进行营建，平面呈方形或长方形，四周有夯土围墙，每边墙的正中设门，称为司马门，司马门的两旁建有门阙。帝陵坐西向东，东门称东司马门，门前有向东延伸的大道，称为司马道。每座帝陵旁都有附葬的皇后陵。西汉实行帝后合葬，但同茔不同穴，即葬于同一墓地，又各有陵园、陵冢，坟丘亦较帝陵为小。皇后陵多位于帝陵之东，也有少数后陵位于帝陵西、南。陵园之旁建寝殿、便殿和庙一类的建筑。帝陵之东，沿司马道两侧又有为数众多的皇亲国戚、功臣元勋的陪葬墓。西汉皇帝陵墓以帝陵为中心的复杂而规整的布局，显示了以皇帝为中心的专制主义意识和严格的等级观念。汉代帝陵的形制为中国古代皇帝的陵墓制度奠定了基础，对后世的帝陵制度有很大影响。

>> 汉阳陵全景

汉阳陵，位于西安以北20多千米渭河北岸的二级台原地上，是西汉第四位皇帝景帝刘启与王皇后同茔异穴的合葬陵园，始建于公元前153年。在咸阳原上的西汉帝陵群中，它雄居最东。其也是陵园保存最好、考古发掘工作做得最多、成果最为显著的西汉帝陵。

二 经济繁荣

社会的稳定与发展需要统治者制定符合当时历史实际的治国方略。汉初，统治者总结秦王朝以法家理论为指导思想、多欲暴政二世而亡的历史教训，顺应社会希望和平安宁的要求，及时调整统治方略，尊奉黄老"清静无为"的理念，简政宽刑，轻徭薄赋，重视农业，社会经济迅速恢复繁荣，至文景时期出现了"吏安其官，民乐其业，蓄积岁增，户口寝息""海内安宁，家给人足，后世鲜能及之"的安定繁荣景象，创造了中国历史上第一个治国安邦的黄金时代。

农桑牧渔

两汉时期，由于采取了一系列恢复促进农业生产的措施，如复原军队、号召逃亡人口归乡、减免田赋、重农抑商等，加之铁农具的广泛使用和牛耕的推广，农业技术如代田法、区田法的采用，关中水利网的形成，农业生产在周秦的基础上有了更进一步的发展，主要表现为粮食种类增多。当时的农学专著《氾胜之书》以禾、秫、稻、黍、小麦、大

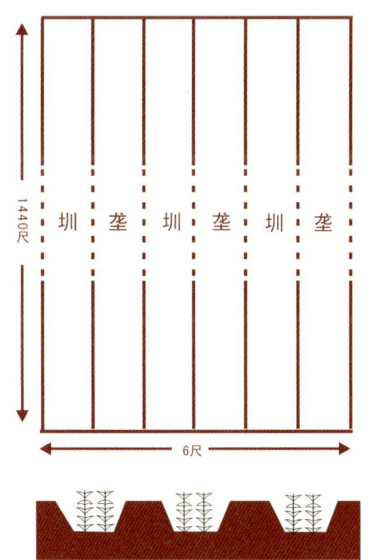

＞＞代田法示意图

代田法就是把一亩地分成三圳和三垄，年年互换位置，以休养地力。下种时把谷物种在圳里，幼苗长出后，把垄上的土推到圳里，这样作物入土深，抗风耐旱。代田法配合便巧的农具，实行精细的田间管理，每亩产量可以增加一斛到三斛。

>> 汉画像石牛耕图

麦、大豆、小豆、麻为九谷,就是这种情况的真切反映。麦和稻的种植更为普遍,且在各类作物中的地位日渐重要,粮食生产无论是单位面积产量还是总产量均有大幅度的增长。这一时期的铁制农具尤其是铁犁、铁铧较战国时有所改进,犁的装置已经基本完善。犁梢、犁床、犁辕、犁箭等畜力犁的主体构建至汉代均已完备,后世的耕犁都是在这个基础上改进和发展的。

两汉时期,以蔬菜、果物和一些经济作物为主要栽培对象的园圃业,也被看作关系国计民生的"本业",政府把鼓励农家经营园圃作为"劝民农桑"的重要内容,园圃业获得了迅速的发展。园圃种类不断增多,一些原产南方的果物陆续为中原地区所了解和利用,再加上一些新的园圃作物由西域传来,出现了带有商品生产性质的大规模园圃专业经营。园圃作物的栽种管理积累了相当成熟的经验,设备比较完善的温室已经出现。从《汉书·艺文志》著录的书目中有"种树臧果相蚕十三卷"来看,汉代园艺学已经产生,成了农学中一门独立的分支。

畜牧业在汉代的社会经济中占有重要地位。由于边郡战争的需要和牛耕的推广,汉代对马、牛等役用牲畜尤为重视,养马业与养牛业在畜牧业中占有突出的地位。秦末汉初的社会动乱,造成了社会经济的凋敝,内郡的畜牧业残败不堪,马匹奇缺,出现了"自天子不能具醇驷,而将相或乘牛车"的窘境。为

>> 彩绘骑兵俑

了扭转这种局面,西汉政府在边郡大力发展官营牧场,同时在内地广建官马厩,并且采取了其他一些鼓励民间养马的措施。经过几十年时间,养马业得到了迅速发展。到汉武帝时,出现了"众庶街巷有马,阡陌之间成群"的景象。太初三年(前102),汉伐大宛时,一次即出动"牛十万"来运送军用物资,说明官养牛的数量也有了很大的增长。同时,民间的养马业和养牛业也有了相当的发展,在边郡出现了大规模的私人畜牧经营。"长城以南,滨塞之郡,马牛放纵,蓄积布野"的说法,充分反映了边郡养马业与养牛业的兴旺景象。

>> 鎏金银竹节铜熏炉

熏炉为古代熏香用具。熏香既能抑菌除秽、净化环境，又可怡神醒脑收洁身之益。汉代皇家使用的鎏金银竹节铜熏炉，造型华美多姿，纹饰精雕细镂，富丽堂皇，艺术上的登峰造极与工艺上的炉火纯青，使其当之无愧地成了一件稀世珍宝。

冶炼织造

两汉时期，随着农业的迅速发展，手工业也有了突飞猛进的发展，其突出表现为生产规模扩大，生产部门更加齐全，各部门内部分工日益细密，生产技术不断提高并在许多领域达到了当时世界的最高水平。

两汉的手工业门类主要有纺织、冶金、漆器制造、铜器制造、舟车制造、制盐、酿造等。绚丽多彩的丝绸、雕琢细腻的玉器、光洁精美的铜镜，是汉代手工业水平的代表。

中国古代以农立国，"男耕女织"是其特点。封建国家把纺织与耕田同等对待，"一夫不耕，或受之饥；一女不织，或受之寒"就是这种思想的深刻反映。据《三辅黄图》所载，上林苑有蚕馆，为皇后亲蚕之地，反映了最高统治者对种桑养蚕的重视。上有所好，下必效之。当时陕西的种桑养蚕也很兴盛，陕南出土的鎏金铜蚕即是明证。纺织业是汉代最普遍、最重要的手工业部门，分为官营与民营两种。官府纺织机构是设于长安的东西织室，由少府管辖，属官有东织、西织令丞，每年经费达数千万之巨。此外，政府还在纺织业发达的陈留、襄邑、临淄等设有服官，直接经营大规模的纺织工场。官府作坊规模庞大，但产品仅限于高档的丝织品。民营纺织业在两汉时期极为发达，可分为大工商者经营的纺织业和小农家庭纺织业。其产品种类、档次繁多，除满足自己的需求外，余皆作为商品出售。文献中两汉皇帝动辄赏赐臣下数量惊人的纺织品的记载表明，当时纺织品的数量是相当巨大的，因而纺织业也是极其兴盛和发达的。两汉的丝织品，以"缯帛"二字为代表名称，犹今人之称丝绸，或称绸缎。《范子计然书》卷下云："白素出三辅，匹八百。"三辅（今关中地区）所出的白素，一匹值八百钱，足以说明关中地区的丝织技术之高超。

>> 鎏金铜蚕

1984年于陕西石泉出土。全身首尾共计9个腹节，胸脚、腹脚、尾脚均完整，体态为仰头或吐丝状，制作精致，造型逼真，是目前国内罕见的西汉鎏金铜蚕实物。

冶铁业是汉代规模最大的冶金手工业生产部门。当时，由于越来越多的铁矿被发现、开采以及冶铸技术的进步，冶铁业得到迅速的发展。铁器的种类和数量比战国时期有显著的增加，除农具和兵器外，大量的手工工具和日常生活用品也用铁制作。自汉武帝始，冶铁业实行国家专营。郡国出铁者设置铁官长，不出铁者设置小铁官。铁官均设在冶铁所在之县。西汉时设有铁官的郡县达49处，陕西占6处，分布在今华县、韩城、凤翔、彬州、勉县、蓝田。近年来，在全国各地发现了30多处汉代冶铁遗址，其中18处在今河南境内，表明河南是汉代最重要的冶铁中心。

在出土的铁器实物上，往往可以看到作为铁官作坊标志的铭文，内容多为铁官所在郡县的地名，以表明是该地官营作坊的产品。从考古发掘看，汉代冶铁作坊规模大、配套设施齐全，从采矿、选矿、冶炼、铸造到热加工处理等方面已经形成了一套完整的生产程序。尤其是中国古代重要的钢铁冶铸加工技术，大部分在西汉时已经达到成熟水平。在采矿方面，已能根据不同的矿床采取不同的、合理的采掘方法。在冶炼技术方面，高炉炉体的扩大、鼓风设备的改进以及石灰溶剂的使用，为产品数量和质量的提高创造了条件。炼钢和铸造技术更是取得了空前的进步，现代铸铁的主要品种在汉代都已出现。根据对汉代冶铁遗址所出铁器的金相学鉴定分析，在西汉就已出现了彻底柔化处理的铁素铁基体的黑心可锻铸铁，而欧洲直到18世纪才出现这种技术。此外，在钢铁冶炼史上具有划时代意义的炒钢法在汉代也已出现，足以说明汉代的冶炼技术已经达到了极高的水平。

>> 彩绘雁鱼铜灯

  铜灯由衔鱼的雁首、雁身、灯罩及带曲鋬的灯盘组成,可拆卸。雁身为两范合铸,两腿为分铸后焊接的。通体彩绘红、白二色。灯罩可自由转动,能调节灯光照射方向并防御来风。雁腹内盛清水,燃灯的油烟经雁颈溶入水中,可减少污染。此物构思精巧别致,是汉代灯具中的杰作。

>> 汉"长宜子孙"铭文镜

>> 汉"长富贵"铭文镜

>> 汉四乳四虺铜镜

>> 汉规矩纹铜镜

两汉时期,由于冶铁业的迅速发展,具有悠久历史的青铜冶铸业的地位相对下降,但仍是当时一个主要的手工业部门。汉代的铜器制造业分官营与私营两种,产品主要为各种日常生活用具。在考古发掘中,出土的铜镜是各种日用器物中数量最多的,说明铜镜是当时使用最广泛的铜器。除铜镜外,钱币是汉代官、私冶铜业的重要产品,也是耗铜最多的产品。秦统一全国后,下令废除原东方六国的货币,全国统一使用秦国的方孔圆钱,对新货币的大量需求,极大地促进了铸钱业的发展。汉初,除中央政府大量铸钱外,也允许诸侯王国和富商豪民自行铸钱,官、私铸钱业的生产规模均极为可观。汉武帝将铸币权收归中央后,官营铸钱业更是得到了急剧发展。汉代的冶铜业尽管在生产规模上不如冶铁业,但在冶铸技术上仍取得了可喜的进步。人类早期冶铜所用原料主要为自然铜和氧化矿,而汉代时已开始使用硫化矿炼铜,扩大了冶铜的原料范围。据《淮南万毕术》记载:"曾青得铁即化为铜。""曾青"即天然硫酸铜。这是我国古代关于金属置换作用的最早记载,它表明汉代对铁与胆水中的铜的置换作用有了初步认识,唐宋之后的胆水炼铜便是在此基础上发展起来的。

商贾市肆

汉初，由于政府对工商业采取放任政策，"是以富商大贾周流天下，交易之物莫不通"。随着商业的迅速发展和兴盛，社会上出现了不少富商大贾，司马迁称他们为"素封"之家。汉武帝时，虽然采取严厉的抑商政策打击商人，但商人只是受到了暂时的抑制，不久他们又活跃起来，甚至连王公贵族也加入商人的行列，利用其特权经商谋利。

由于经商最易发财致富，故经商成了当时人们热衷的一种职业。"夫用贫求富，农不如工，工不如商，刺绣文不如倚市门。"在汉代，一个人既不能做官，又不能经商，就要为社会所不齿，即西汉时酷吏宁成所谓"仕不至二千石，贾不至千万，安可比人乎！"在此观念影响下，人们纷纷投身商业，汉代社会由此出现了经商的狂潮。

当然，两汉商业的繁荣不仅表现为社会的经商狂潮，更表现为商业城市的大量出现以及市场的繁荣。早在战国时期，商业城市即已随着水陆交通的开发和商业的发展而纷纷出现。到了汉代，由于转运贸易的日益发达，除了原有的大都会仍保持固有的兴旺外，又出现了许多新的商业城市。长安、洛阳、邯郸、临淄、宛城和成都皆是具有全国性规模的商业大城市。

长安作为西汉王朝的国都，是全国最重要的商业中心。据《三辅黄图》记载："长安市有九，各方二百六十六步。""九市"，实际上是指位于长安城内西北隅的东市和西市。这两大市场在雍门以东，雍门大街以北，横门以南，并以横门大街为界，街西设有六市，合称西市；街东设有三市，合称东市。经考古发掘，东、西两市遗址的面积分别为52.6万平方米和24.57万平方米，位于城内西北部，长乐宫、未央宫、明光宫等构成的宫殿区位于城的南部和中部。这种宫殿在前（南）、市场在后（北）的城市布局规划，与《周礼·考工记》

所说的"面朝后市"完全相同。城外市场包括位于城南的槐市、城西的柳市、城北的直市、交门市和交道亭市等。对于长安九市的经营情况，班固在《西都赋》中曾有描述："内则街衢洞达，闾阎且千，九市开场，货别隧分。人不得顾，车不得旋。阗城溢郭，旁流百廛。红尘四合，烟云相连。"其商业的繁华，于此尽现。

汉代的市肆建筑及组织管理均承袭前代。市的建筑物包括围墙、市门、列肆、廛、市隧和市楼等，大多呈正方形。四面各设一门以供出入，有固定的启闭时间。市内商品一般按种类陈列，称为市列或列肆。列肆之间的人行道称为隧。贮藏货物的仓库称为廛。市楼为管理市场事务的官署，管理市场的官员为市长或市令。其主要任务一是征收商税，二是管理商人市籍。当时规定，商人要获得在市内的居住权和营业权，就必须在官府登记，即列入所谓市籍。西汉时，实行抑商政策，一入市籍，就低于"齐民"，就要受到种种歧视，如"不得衣丝乘车""不得名田为吏"以及加倍征收人头税等。无市籍而经商谓之私商，被认为是非法的。与先秦及秦代一样，汉代市场上出售的商品也必须用标签注明价格，当时称其为"题署物"。其目的一方面便于官府对商品的价格进行监督和管理，另一方面也是便于交易活动的进行，使买者能够迅速了解商品的价格。从文献记载看，到东汉时期买卖中的讨价还价已渐成风气。

作为商品交换的媒介——货币，既有铜钱，又有黄

>> 金饼

>> 金五铢钱

>> 麟趾金

>> 马蹄金

金。汉代流行的铜钱是五铢钱，自汉武帝时开始铸造，到唐高祖武德四年（621）下诏废除，一共流行了700多年，是中国古代使用时间最久的主要货币之一。黄金货币在汉代社会的使用很普遍，其与铜钱的比价大约为"黄金一斤，直钱万"，即一斤黄金，值一万枚铜钱。麟趾金和马蹄金是汉代使用最广泛的金币。从考古资料看，麟趾金一般底面为圆形，正面中空，周壁向上斜收，口小底大，形似圆足兽蹄，重240.5—268.2克。马蹄金一般正面凹入，底呈椭圆形，口小底大，内中空，重265—462.5克。这两种金币都刻有表示重量、成色、天干地支等内容的铭文。

三　社会图景

汉代人在创造物质财富的同时，也注重对精致生活的追求。种类繁多、新颖独特的各种日常生活用具，既体现了时人的智慧与情趣，更反映了汉代雄浑浪漫、充满活力、富于创造性的社会风貌。而造纸术、地动仪、麻醉术等发明则反映了汉代领先世界的科技文化。

时人生活

两汉时期的文化生活以乐舞百戏最为有名。上自皇帝，下至百姓，均喜欢用歌舞来表达自己的感情。如高祖刘邦称帝后衣锦还乡，置酒沛宫，大宴故人和父老子弟，在酒酣中一边自行击筑（一种乐器），一边歌唱自己的作品《大风歌》："大风起兮云飞扬，威加海内兮归故乡。安得猛士兮守四方！"其豪迈之情，表现无遗！宫廷里培养着各种各样的乐队供皇室贵戚使用，除宫廷外，一般地主和官僚家中，也蓄养着"歌儿""舞伎"，供他们在节庆喜宴或平常宴飨中助兴。民间百姓聚会时，也少不了歌舞，所谓"民间酒会，各以党俗，弹筝鼓缶而已"正是这种情况的生动写照。毫不夸张地说，喜好歌舞是两汉时期人们精神风貌的一个显著特点。

汉武帝以前，汉代乐舞主要为优美清新、委婉流动、富于浪漫遐思的楚声楚舞。可张骞通西域后，域外的一些乐器如箜篌、胡笳、琵琶、筚篥

>> 乐舞杂技画像砖

等不断东来，加入了汉朝乐队，给中原地区的音乐注入了新鲜血液，从而改变了自周以来以金石之乐的雅乐为中心的音乐文化面貌，促使俗乐在宫廷中取得了优势地位，这对中国音乐后来的发展产生了深远的影响。

除乐舞外，当时社会上流行的娱乐活动还有杂技、幻术、摔跤等技艺表演，泛称角抵戏，后人多以"百戏"相称。汉代的百戏，既有来自民间的，又有传自域外的，其类型大致分为杂技、幻术、角抵戏、俳优等。仅杂技类型就有扛鼎、走索、吞刀、吐火、飞丸、跳剑及"鱼龙曼衍""驰骋百马""戏车高橦"等,这些技艺在汉代画像石、画像砖中多有体现。幻术也称魔术,如"自支解""易牛马头"等,这些都是从罗马等地引进的精彩节目。角抵亦称角觝,是两人角力以定胜负的技艺表演,是后世相扑与摔跤的前身。

汉代百戏极为发达,演出盛况空前。如武帝元封三年(前108)春,举办角觝戏,长安周围三百里以内的人都赶来观看;元封六年(前105)夏,在上林苑平乐观举办角觝戏,京城附近的民众都争相前来观看。需要强调的是,接待外国宾客时常常举行大规模的百戏演出,并相沿成习。如宣帝元康二年(前64),在平乐观会见匈奴使者,宣帝专门下令演出乐舞与大角觝,足见其对匈奴的礼遇。

>> 彩绘百戏俑

在此，需要特别一提的是，中国是一个礼仪之邦，中华文明与西方文明的最大区别就是礼。高祖刘邦取得天下后，让秦朝的博士叔孙通为其制定朝仪，朝仪让他感受到了做皇帝的无上尊贵。一般来说，拜见君王的朝会，宾客相聚的宴飨，都有固定的礼仪。汉人席地而坐，席子的四角，要有铜席镇（一般作虎形）压住，以防席角翘起。汉人以东为尊位，因而在宴会上，地位尊贵者都面向东坐在西方位置，如鸿门宴上霸王项羽和项伯坐在西方位置，就是这个缘故。秦汉时期的人们，由于下衣不全，要时时防止"露下体"，因而他们的坐姿，"箕"（臀部着地而两脚前伸）、"踞"（双膝弯曲而臀部与两脚掌同时着地）、"蹲"（双膝弯曲身体重心下移而两脚掌着地）这三种姿势都是禁止使用的，他们只能采用殷（商）人发明而周人发扬光大的跪坐，即全身重心下移而臀部压在双脚后跟上。这种跪坐由于臀部在脚后跟上坐实（也可叫安坐），显然与臀部在脚后跟上没坐实的跽坐（也可叫虚坐或长跪）有别，不能混淆。对于跪坐的作用，有专家指出："……而跪坐却是尚鬼的商朝统治阶级的起居法，并演习成了一种供

>> 彩绘女坐俑

奉祖先、祭祀神天以及招待宾客的礼貌。周朝人商化后，加以光大，发扬成了'礼'的系统，而奠定3000年来中国'礼'教文化的基础。"到了秦汉时期，跪坐亦成为当时人的正常坐姿。

|科技文化|

两汉农业的发展，促进了手工业和商业的发展，依靠农业、手工业所创造的坚实物质基础，两汉的科技也得到了飞速发展。

当时中国在许多方面处于世界先进水平。以科技来说，在社会生产力的推动和社会需求的促进下，涌现了许多值得称道的科技发明。据英国科技史专家李约瑟博士研究，西汉是中国古代第一个科技发明高潮，而当时中国的科技发展水平与世界其他国家相比是远远领先的。当时有不少国家或民族尚处于蒙昧状态，而中国的科学家已在公元前1世纪就写出了数学专著《九章算术》和《周髀算经》，并在世界数学史上最早提出了正负数概念以及开平方、开立方和一元二次方程的解法。其中有关方程组的解法，比印度早400多年，比欧洲早1300多年。秦汉时期的数学之所以发达，与中国人较早使用

>> 象牙算筹

算筹又称策，中国古代特有的计算器具，通常用竹木制成，采用十进制计算。从春秋时出现至明代被算盘取代，使用时间长达2000多年。

>> 灞桥纸残片

灞桥纸的原料主要是大麻纤维，间有少许苎（zhù）麻。其纤维平均长度为1毫米左右，绝大多数纤维作不规则异向排列，同向排列只在少数部位发现。原料经历了切断、蒸煮、舂捣及抄造等处理过程，加工程序较低。因发现于西安东郊灞桥的一座西汉墓葬中，故名灞桥纸。

十进制的算筹计数有很大的关系，这在当时世界上是最先进的方法。在天文学上，司马迁《史记·天官书》与班固《汉书·天文志》因有大量的天象观测记录而被世人所推崇。世界最早的新星、超新星记录就记载于《汉书·天文志》，详尽的日月食记录也始于西汉，《汉书·五行志》中还有太阳黑子的记载。汉武帝时落下闳发明的浑天仪、东汉张衡发明的候风地动仪等，都比西方发明同类仪器要早得多。中国在西汉时就有了早期的纸，东汉时蔡伦又改进了造纸术，使造纸术更趋成熟，这是中国人为世界文明做出的巨大贡献。另外，以《史记·河渠书》《汉书·地理志》和桑钦《水经》为代表的地理学，以张仲景、华佗为代表的中医学，以铬盐处理为代表的金属表面保护技术，以赵过发明的代田法并与之配套的"二牛抬杠"耕田法、"三脚耧犁"播种法及氾胜之的区田法等为代表的农业生产技术，无不反映着两汉时期中国的科学技术处于世界领先地位的辉煌成就。

四 开拓交流

出于对匈奴战争的需要，汉武帝两次派遣张骞出使西域，沟通了连接欧亚大陆的丝绸之路，使得古代中国第一次实现了同包括罗马文明在内的世界其他主要文明的大规模交流。通过丝绸之路，汉王朝在向世界各国展示自己灿烂文明和创造力的同时，也以其恢宏的胸襟和开放的气度，大量引进、吸收域外各种文化精华，极大地促进了汉文化的繁荣和世界文明的发展。

|汉与匈奴|

匈奴是我国古代北方最早称雄于蒙古高原的游牧民族。秦汉时期，其势力达到鼎盛，控制了长城以北的广大地区。提起秦汉时期的汉匈关系，人们首先想到的就是战争。秦汉王朝多次攻打匈奴，动辄出兵数万乃至数十万，深入匈奴腹地且延时十数年，其对匈奴的影响当是显而易见的。尽管当时汉匈之间长期处于战争状态，但这并未妨碍两地间的文化交流。特别是战后，因流散以及逃亡等原因加入匈奴的秦汉军士和流民超过30万，他们不但充实了匈奴的力量，而且带去了中原先进的生产技术，传播了汉文化，极大地促进了匈奴社会经济的发展以及民族融合。可以说，战争是秦汉时期汉匈文化交流、民族融合的一种特殊而激烈的方式。

除战争外，"和亲""互市"也是汉匈之间最重要的交流方式。和亲即汉王朝与匈奴单于联姻。汉初，因国力所限，汉王朝被迫与匈奴实行和亲政策，匈奴单于娶汉朝宗室公主，单于手下也以娶汉女为荣。这种和亲表面上是汉族人口的外向迁移，实质上却是匈奴民族汉化的开始。因为和亲不单是汉朝

>> 鹿形金怪兽

金怪兽造型奇特,综合运用了多种工艺,制作精湛,全面反映了匈奴金银器制作技艺的高超,被誉为是最有代表性的匈奴艺术珍品。

宗室公主嫁到匈奴，与公主同行的还有大批使者、工匠、奴婢等，并带去大量汉地制造的各种器物，传播了汉地文明，从社会生活、政治制度等多方面影响匈奴，对推动匈奴上层的汉化具有重要意义。互市即边境集市贸易。这种集市贸易虽然带有浓厚的政治色彩，但还是为汉族与匈奴的交流提供了机会与窗口。因此，自汉以后，互市变成了汉族与周边民族经济文化交流的重要形式之一。具体而言，中原汉文化对匈奴的影响主要包括物资、技术、生产方式等方面。对此，无论是考古实物还是文献记载均多有反映。而匈奴对汉文化的影响则主要是通过各种牲畜和皮毛制品的输入来实现的。随着匈奴牲畜品种的传入以及匈奴人的内迁，其畜牧业技术也随之传入并直接推动了内地畜牧业的发展。其擅长骑射的技艺也给中原的军事文明以较大的影响，汉代大力发展骑兵在很大程度上就是向匈奴学习的结果。

两汉时期，匈奴控制了东起辽河流域、西至葱岭、南起长城、北达贝加尔湖的广大地区，再加之他们以游牧为生、经常迁徙的生活特点，使他们在汉代的中西文化交流过程中发挥着独特而重要的作用。一方面，他们阻碍了中原汉文化与外界的直接交往，但另一方面又经常自觉或不自觉地参与各种文化交流。有关文献表明，包括张骞通西域等在内的汉代中西交流的重大事件几乎都与匈奴有关。无论是域外文化的输入，还是中原汉文化的输出，均在很大程度上借助了匈奴的中介作用。

汉匈之间的文化交流大体沿长城一线展开，并进而向更广阔的地域推进，二者之间的交流主要是农耕文化与游牧文化的互补及融合。从历史上看，中原汉王朝曾以完善的政治制度、先进的社会经济和发达的文化更多更大地影响了周边民族。当然，历史发展过程表明，多方面吸收包括匈奴在内的周边民族文化的精华是汉文化持续发展和长期保持活力的重要原因。

>> 双驼纹金牌饰

以动物形象为装饰题材的金银饰品是古代匈奴最有代表性的遗物。这件出土于汉长安城遗址的金牌饰,是匈奴的艺术杰作,也是汉匈文化交流的真实物证。

凿空西域

现在,一提到丝绸之路,人们首先想到的就是张骞。张骞也因为出使西域开通丝绸之路而成了一个几乎家喻户晓的人物。他和他史诗般的英雄事迹,真实而强烈地体现出他是司马迁之外陕西贡献给中国、贡献给历史的又一伟人。

张骞,陕西城固人。据史书记载,他"为人强力,宽大信人",即具有坚韧不拔、心胸开阔并能以信义待人的优良品质。汉武帝即位后,为联合居住在西域的大月氏部落共同对付匈奴,于公元前138年和公元前119年先后两次派遣张骞出使西域,虽然两次出使均未达到预期的目的,但因此与西域各国建立了正式的联系,了解了大量西域等地的政治、经济、军事、地理、风俗等方面的情况,对随后汉王朝单独对匈作战的胜利发挥了巨大的作用。而对匈奴战争的胜利,又在客观上扫清了中西交通的一大障碍,使连接当时中原地区与西域的交通道路——丝绸之路得以正式开通。

>> 汉代丝绸之路地图

汉代丝绸之路，始自汉都长安，向西经河西走廊至塔里木盆地分为两道：一条沿盆地北部边缘，一条沿盆地的南部边缘，绕过盆地，然后西逾帕米尔高原，穿过中亚、西亚的撒马尔罕和梅尔夫，再绕过里海南端至位于现代伊拉克境内的塞琉西亚，由此继续西进至地中海东部沿岸地区的罗马边境。由于经由这条道路运往西方的货物，数量最大、最受欢迎的是中国的丝织品，因此便有了丝绸之路的美名。这一名称是由德国地理学家李希霍芬于1877年首先提出来的。张骞先后两次出使西域，第一次完全沟通了欧亚大陆的交通，将东亚的中国文明、南亚的印度文明、西亚的波斯文明、欧洲的希腊罗马文明连在一起，实现了东西文明的大交流，推动了世界文明的发展，其巨大影响直至今日仍可被我们强烈地感受到。我们早已习以为常的核桃、芝麻、葡萄、石榴、黄瓜、甜瓜、蚕豆、大蒜、芫荽（香菜）、胡萝卜等植物，就是张骞从西域带回来或通过丝绸之路传入的。中国的马因行体矮小而品质不佳，而西域盛产高大雄壮、奔跑迅速的良马，因而汉武帝不惜以发动战争来引进大宛的良马。汉武帝在得到乌孙好马（伊犁马）后命名为天马，得到大宛汗血马后也命名为天马，同时将乌孙马改称西极马，并撰《天马歌》《西极天马歌》分别称赞它们。西域的良马输入汉境对改良汉代的马种起了积极的作用，并对战争的形式产生了深刻的影响。丝绸之路的开通，使古代中国第一次真正开始走向世界，而张骞则是古代中国走向世界的第一人，他也因此被汉武帝封为博望侯，即看得最远、见得最多的人。

东汉初年，由于北匈奴的侵扰，丝绸之路曾一度中断。为此，汉章帝派遣班超出使西域。班超联合西域诸国，将北匈奴赶出西域，丝绸之路又重新畅通无阻了。而让丝绸之路重新畅通的班超，仍然是一位陕西（扶风安陵，今陕西咸阳）人。

>> 鎏金铜马

　　高62厘米，长76厘米，1981年于茂陵陪葬墓出土。马通体鎏金，昂首呈站立姿势。口微张，露出六颗牙齿。耳际间和颈上刻有鬃毛，马尾下垂。马的肌肉和筋骨造型均匀合度，符合解剖比例。依据西域大宛汗血马为原型而铸造，是反映汉代中西经济文化交流的重要实物资料。

\>\> 汉中城固张骞墓

张骞逝世后,葬在故乡汉中城固的土地上。作为受惠于张骞开辟丝绸之路的后人们,没有忘记张骞,在他的故乡为他修建了墓祠和纪念馆。张骞墓呈覆斗状,高8米,南北长15米,东西宽15米。墓前有石碑三通,其中一通为清代陕西巡抚毕沅所立,书"汉博望侯张公骞墓"。张骞墓前有两尊汉代石雕,古朴大方,姿态雄壮,名石虎,又称天马。在他出使西域的出发地长安城,后人为他雕刻了塑像。如今,他的墓祠已被列入世界文化遗产。

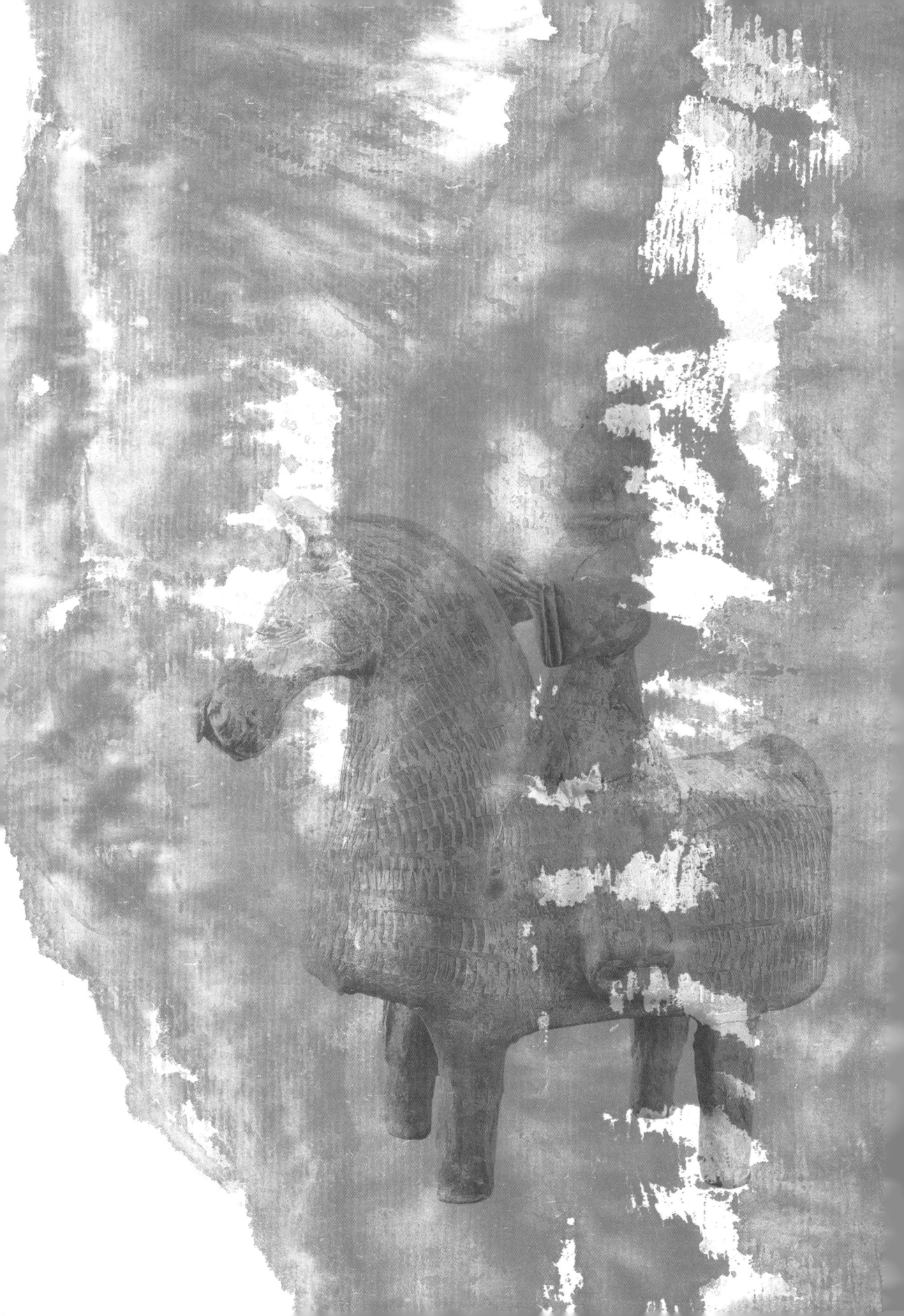

第五单元

冲突融合——魏晋南北朝

>> 魏晋南北朝年代表

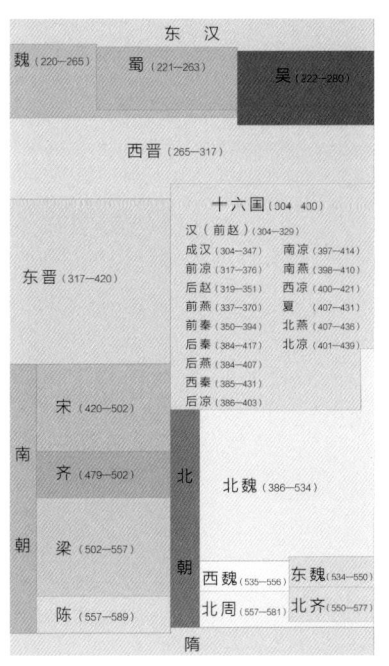

魏晋南北朝时期，由匈奴、鲜卑、羯、氐、羌等少数民族入主中原建立起的"十六国"，彻底搅乱了中国原有的政治格局，中国历史从此告别统一，进入了长达近400年的大分裂、大动荡时代，即史家所谓的五胡乱华。这一时期，在诸多少数民族政权中，前赵、前秦、后秦建都长安，夏建都陕西北部的统万城。此外，由北魏分裂出来的西魏和后来的北周政权也以长安为都城。频繁的政权更替，不断引发战争，长安屡屡作为割据政权的首都，自然也就变成战争的焦点和进攻的目标。因此，在这个中国历史上动乱最剧烈的时代里，陕西就成为全国乱得最厉害的地方。但凭借几千年来文明传统的深厚积淀，处于战乱中心的陕西，作为民族融合大舞台、文明大熔炉和统一中国战略根据地，在中国历史上始终具有重要而独特的地位。同时，这一时期陕西发生的无数历史事件，又为日后隋代统一全国和大唐盛世的出现奠定了基础。

一 魏蜀相争

建安二十年（215）曹操在基本平定关陇后控制汉中，恢复汉宁郡为汉中郡，再分汉中的阳安、西城置西城郡，分汉中的锡、上庸置上庸郡，分置太守和都尉。建安二十二年（217）刘备进兵汉中，经过与曹军3年的相持而最终入主汉中。公元220年曹丕代汉在洛阳称帝，国号魏，史称曹魏；公元221年，刘备在益州称帝，国号汉，史称蜀汉；之后孙权在建业称帝，国号吴，史称孙吴。三国时期（220—280），陕西关中属魏的雍州所辖，治所在长安；今石泉以东陕南各县，属魏的荆州所辖，治所在今河南新野；陕南西部为蜀的益州所辖，治所在今四川成都；陕北各处，为羌胡各族的游牧地区。

三国时期，陕西一直是魏、蜀的军事争夺之地。从蜀建兴五年至十二年（227—234），为了争夺关中，蜀国诸葛亮六次出兵北伐曹魏，史称六出祁山，最终以蜀失败告终。蜀国失败的主要原因是国力和兵力均弱于曹魏。当时曹魏有440万人口、60万士兵，仅在关陇对蜀作战的就有20万；而蜀国只有94万人口、10万士兵。岐山、汉中等地三国时期的遗迹和遗物见证了这段魏蜀相争的历史。

>> "正始三年"铭文铜弩机

弩是战国以来被广泛使用的发箭兵器,弩机为弩的机发部件。"正始三年"(242)铭文铜弩机应是曹魏尚方官署制造的兵器。

>> 铜蒺藜

铜蒺藜又称扎马钉,四棱,每棱尖利,因状若植物蒺藜而得名。在战争中抛洒于地面,以刺伤敌方的马匹和士卒。

二 群雄逐鹿

早在西汉时,少数民族就已开始逐渐内迁陕西。至西晋时期,关中和凉州的少数民族人口已占当地人口一半。西晋经过八王之乱后,入主中原的各个少数民族纷纷建立割据政权。在公元304—439年的130多年中,入主中原的5个少数民族——匈奴、鲜卑、羯、氐、羌在中国北方先后建立过十多个政权,史称五胡十六国,之后进入南北朝时期。十六国中的前赵、前秦、后秦、夏,以及南北朝的西魏、北周政权,先后在陕西的长安建都。陕西是这个时期中原北方政治、经济、文化中心。

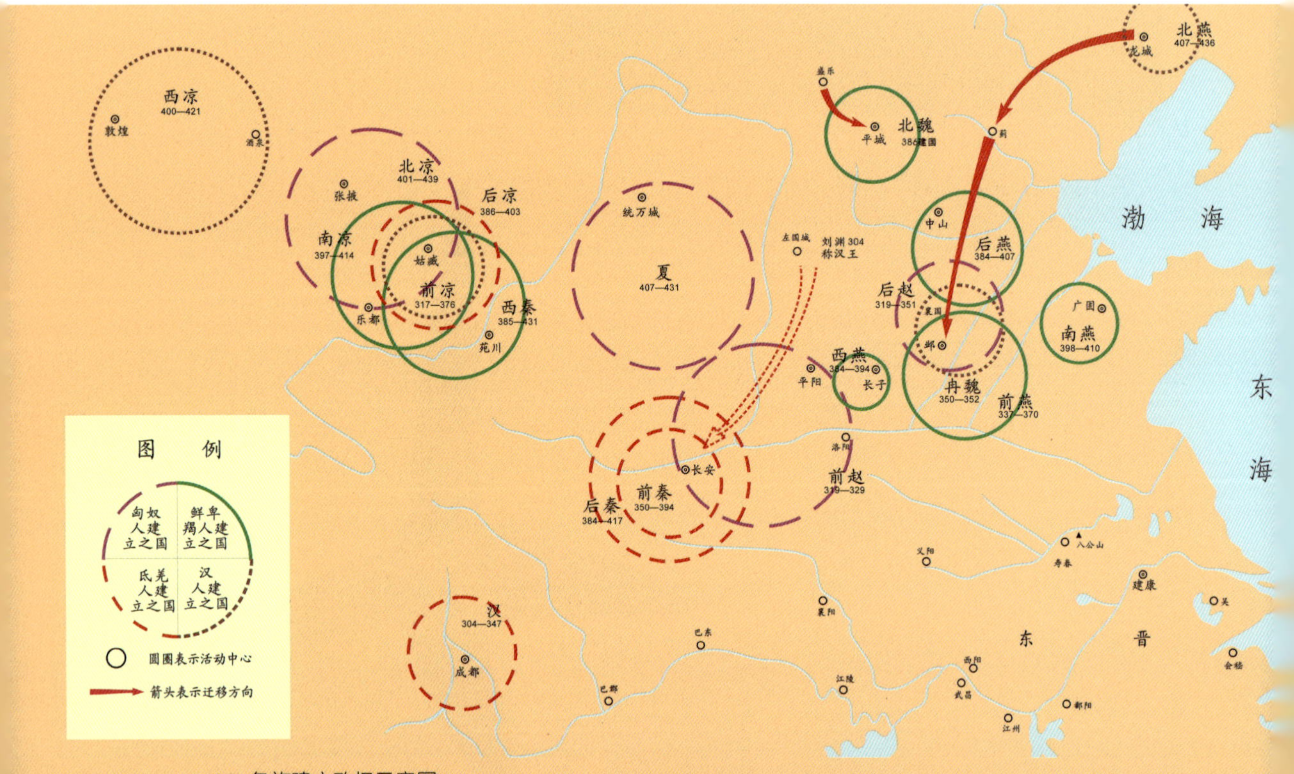

>> 各族建立政权示意图

西晋末年,内徙少数民族豪酋利用本族人民对汉族统治者的不满情绪,纷纷起兵反晋,并建立起许多割据政权,史称十六国。其间,前赵、前秦、后秦、夏在陕西建都。

前赵（319—329）为匈奴人刘曜所建。前赵占据陕北、关中、商洛地区，之后又平定西北。为了维护统治，发展生产，刘曜一方面恢复汉族儒家文化，在长乐宫设立太学、未央宫设立小学，招收百姓1500人为学生学习儒学；一方面促进民族融合，任命汉族地主为官，同时迁匈奴10万人及巴、氐、羯、羌等20万人进入关中。

前秦（350—394）为氐人苻健所建。前秦政权建立后努力发展关中经济，公元370年，苻坚命令燕地王公及鲜卑人4万余户迁入长安；公元371年，又命关东豪强和其他少数民族15万户迁入长安和关中，关中经济较前有所恢复。前秦取消了胡汉分治的政策，重用各族有识之士，注重儒学教育，模仿魏晋建立完善的典章制度。

后秦（384—417）为羌人姚苌所建。后秦时期关中和陕北为其统治，陕南地区为东晋所占。后秦姚兴统治时期采取了一系列措施发展国力：政治方面治国宽简、废除苛法；经济方面大量释放奴婢，发展生产；迁徙边民至关中以恢复人口；文化方面一边大兴儒学，一边崇尚佛教；军事方面开拓疆域、设置军镇。公元417年，东晋刘裕攻入关中，后秦亡。

夏（407—431）为匈奴人赫连勃勃所建。赫连勃勃征发岭北胡汉各族10万人在朔方之北、黑水之南建国都统万城（今陕西靖边北白城子）。公元418年，赫连勃勃率大军南下，攻陷咸阳，占据长安，称帝，改元昌武，仍以统万城为都。赫连勃勃在长安设南台，以其子为南台尚书、雍州牧，镇守关中。公元419年，赫连勃勃还都统万城。夏重牧轻农，歧视汉族，摧残汉文化，导致陕西地区在夏时期经济、文化全面衰退。公元426年北魏攻占了统万城和长安，公元431年夏被北魏的属国吐谷浑消灭，陕西归入北魏境内。

公元534年，北魏（386—534）分裂为东魏和西魏。西魏（535—556）为鲜卑人宇文泰立南阳王元宝炬为帝所建立的政权。西魏时期，陕西关中、汉江上游，均为其控制。西魏实行了一系列改革措施治理国家，农业方面实行均田制，迁移数十万移民充实关中；军事方面实行府兵制，形成了日后对中国政局产生重大影响的关陇军事贵族集团；思想方面崇尚儒术，在京师长安设国子学、太学及书学等，在地方设立私学，培养具有儒家思想的知识精英进入统治集团。

北周（557—581）为宇文觉所建，继承了西魏的政治、经济、军事制度，并进一步释放奴婢，解放生产力。在政治稳定、经济实力增强、国家综合实力上升的基础上，北周发动了进攻北齐的战争，公元577年灭北齐，统一了黄河流域。

十六国时期的前赵、前秦、后秦和北朝时期的西魏、北周以及隋朝均建都长安，前后长达百余年。2003年在汉长安城的东北部钻探发现了两个小城遗址，初步认为是十六国至北朝时期长安城东宫和西宫的旧址。两宫遗址间隔墙上有一座宫门遗址。从宫门遗址发掘出土的十六国时期的绳纹砖等遗物和大量多数为北朝时期的建筑材料推断，门道在北朝（西魏、北周）至隋代被长期使用，其始建或可上溯到十六国时期。

陕西魏晋北朝城址有近20座，主要集中在陕北，规模较大的有统万城、代来故城、丰林故城等。统万城始建于东晋义熙十四年

（418），是匈奴后裔赫连勃勃建立的夏国都。统万城地处毛乌素沙漠南缘，位于东西交通要道，境内聚居汉、突厥、铁勒、粟特、吐蕃、吐谷浑、党项等民族。考古发掘证明统万城遗址位于无定河北岸，遗址保存尚好，分为外郭城、东城和西城。西城为宫城。城垣以当地出产的苍白色土为原料夯筑而成，因其城墙为白色，当地人称白城子。部分高大的马面内部用以储存粮秣。护城壕距西城西垣底部水平距离11.3米。统万城是中国历史上汉族人智慧与匈奴人勇气的完美结合，也是中华文明中唯一保存下来的匈奴族人的都城。

>> 统万城遗址

魏晋南北朝频繁的政治更替冲击了东晋门阀世族，并以陕西为中心形成了新的统治集团，这就是依靠武装力量建立起来、胡汉结合的关陇军事贵族集团。关陇军事贵族集团起源于代北武川（今内蒙古武川），初建于关中，共创立了西魏、北周、隋、唐四个王朝。关陇军事贵族集团形成过程中，府兵制起了很大作用。此外，关陇集团内部成员之间也通过联姻而加强联系。如八柱国之一的鲜卑人独孤信就通过几个女儿与北周至隋代的贵族联姻而强化了集团内部的关系。据《周书·独孤信传》等文献记载，独孤信为鲜卑族人，生于北魏宣武帝景明四年（503），"美容仪，善骑射"，20余岁的时候便开始随军征战，先后在北魏、西魏政权中担任要职。出土于陕南旬阳的独孤信多面体煤精组印，将独孤信不同时期所任各种官职的印文连同常用的一些印文集于一印做成多面印，既折射了主人丰富的人生经历，也反映了频繁的政权更替所造就的曲折多变的人物命运。

魏晋南北朝是与前朝后代迥异的时期，文化风貌别具特色。在陕西建立政权的少数民族进一步推动了汉文化与外来文化的融合。前凉升平十三年（369）错金泥筩同时体现了汉代和西方的艺术风格。此筩制作精致，形制特异，用来盛装封泥，据铭文来看，应为前凉帝王宫中所用之物。外壁装饰的错金龙虎纹带有汉代风格，缠枝装饰则显示出早期西方艺术对姑臧（前凉首都，今甘肃武威，该器的制造地）的影响。前凉被前秦所灭后，此筩应是随其所有者一同被转移到了长安。

>> 独孤信多面体煤精组印

呈球体八棱二十六面,其中有14个面镌刻印文,分别为"臣信上疏""臣信上章""臣信上表""臣信启事""大司马印""大都督印""刺史之印""柱国之印""独孤信白书""信白笺""信启事""耶敕""令""密"等。十四面印文内容不同,用途各异,是研究北朝印玺制度的珍贵实物资料。

>> 错金泥筩

　　西魏、北周时期实行府兵制的军事管理方式。西魏设有8个柱国大将军。宇文泰统帅下的西魏军队具有很强的战斗力,在沙苑大败强大的东魏军队。府兵军队中不仅有汉族士兵,还有各民族士兵。1984年咸阳胡家沟出土西魏大统十年(544)侯义墓,墓志记载墓主人侯义为北魏故侍中司徒武阳公之孙,燕州刺史之子,官阶为太师开府参军事。侯义墓出土的一批形态各异的武士俑,代表了西魏军队里胡汉将士的风貌。彩绘持盾武士俑高鼻深目,似为胡人形象。胡人武士头戴兜鍪,身披南北朝最常见的裲裆铠甲,肩有披膊,右手持盾举于胸前,作防御状,右臂曲举于体侧,似持兵器。重装骑兵俑是北朝骑兵部队的真实写照。武士头戴兜鍪,两侧都有护耳;身着有护肩的铠甲。马身亦披铠甲。这种重装骑兵因其防御性好、作战能力强而在战斗中具有重要的地位。

>> 胡人武士俑

>> 重装骑兵俑

　　魏晋南北朝时期,各个政权激烈冲突、战争频仍。墓葬出土的武士俑、重装骑兵俑体现了这种社会状态和军事色彩浓郁的时代特征。

北周结束了自东魏、西魏以来近半个世纪的分裂割据局面，采取了一系列措施促进整个北方政治、经济、文化方面的广泛交流和发展。北周武帝宇文邕实行了一系列改革措施：通过下诏释放奴婢和杂户而发展生产力；军事上废除自西魏以来府兵完全由鲜卑人充当的民族限制，吸收广大汉族人民参军而增强军事力量，同时也促进了民族融合。

北周时期的墓葬体现了以长安为中心的关中地区逐渐走向文化统合的趋势。北周王朝崇尚节俭，据文献记载，周明帝和周武帝都下诏规定丧事从俭，符合源于远古、盛行于魏晋的不封不树的古礼，反映在丧葬上就是很少有随葬奢侈品。咸阳渭城区底张镇一带，时称洪渎原（川），是北周皇家陵园及高官贵族墓所在地。另外，在长安北原和商州也发现了北周墓，可见北周的统治范围已经越过秦岭。

周武帝孝陵位于今陕西咸阳渭城区底张镇陈马村，地面未见封土和建筑遗迹，印证了文献中武帝遗诏（墓而不坟）的记载。其形制规模与同类北周大、中型墓葬基本相同。墓葬总体坐北向南，墓道全长68.4米，由斜坡墓道、5个天井、5个过洞、4个壁龛及甬道、土洞式单墓室组成。出土随葬品有各类陶俑、陶瓷器、玉器、铜带具1套、金器21件及志石两合。金器中的"天元皇太后玺"尤为珍贵，纯金，重802.56克，獬豸钮，玺面近似正方形，长4.45厘米，宽4.55厘米，盝钮通高4.7厘米。

玺面篆书阳刻"天元皇太后玺"6字。两合志石，一合边长0.85米，志盖盝顶，素面无纹，志石阳刻篆书3行9字："大周高祖武皇帝孝陵"；一合为"周武德皇后志铭"，志面阴刻"大隋开皇二年岁次壬寅四月甲戌朔二十三日乙（甲）未周武帝皇后阿史那氏祖谥曰武德皇后其月二十九日壬寅合葬于孝陵"。两合墓志证明史书所载北周武帝宇文邕宣政元年（578）葬孝陵，皇后阿史那氏于隋开皇二年（582）与武帝合葬。

>> "大周高祖武皇帝孝陵"墓志

三　融合互通

十六国至北朝时期，关中是匈奴、鲜卑、羯、氐、羌等少数民族内徙的主要聚居地。各民族交互杂居，相互碰撞，形成了民族大融合的局面，创造出具有浓厚民族特色的地域文化。与此同时，丝绸之路依然畅通，陕西作为中西方文化交流的重要平台，吸引了众多胡人来此定居。各民族生产生活方式的结合，造就了丰富多彩的民族生活。魏晋南北朝遗存的文物印证了当时的融合互通。

| 民族融合 |

自东汉中叶之后，朝廷常以招引或强制的方式，将边疆各族内迁，以便监控各族或是增加兵源和劳动力。到了西晋时，中国北部、东部和西部，尤其是并州和关中一带，大量胡族与汉族杂住促成民族大融合，这在中国成为多民族国家的发展过程中具有重要意义。

汉末群雄争霸，西北诸羌乘机叛乱，曹魏政权对叛乱者坚决镇压，对归降者则极力抚柔，所颁发的羌印多有"率善"称誉。西晋末年至东晋，北方少数民族趁天下大乱，纷起争雄，自称王侯者屡见不鲜，晋室衰微无力征讨，只好给予虚名以示抚柔。其中有部分羌族首领归附晋朝，因此晋羌印遗存较多，金印仅见于王侯印。

>> "晋归义羌王"金印

南北朝时期全国南、北文化各自发展并形成独具特色的时代风貌。南、北文化背景下的墓葬文化也出现差异。从西魏开始，秦岭南北的墓葬呈现出两种不同的风格。西魏墓葬在西安、汉中、咸阳等地均有发现。西安、咸阳附近的西魏墓均为坐北朝南的土洞墓，咸阳的大统十年（544）侯义墓、蓝田的元钦元年（552）史军墓等出土的陶俑体现了从北魏向北周过渡的风格。北周俑造型和组合风格这时已经初步形成，如立俑和骑马俑的俑身均为半模，镇墓兽为人面、兽面的卧姿，模型明器小而简拙。汉中崔家营西魏墓为坐北朝南的双砖室墓，墓室内壁内弧，虽未出土墓志，但从出土的陶俑特征推测为西魏时期，陶俑秀丽的造型、规整的服饰与秦岭以北同时期陶俑不同，体现了南方特色。安康出土的提物女俑头梳双髻，面容秀丽，身穿裙装，手提物品，优雅娴静的姿态体现了南朝风格。

在风云激荡的魏晋南北朝时期，虽

然有战争和冲突,但民族融合是主流。入主中原的各个少数民族政权普遍实行汉族政治、经济制度,尊崇儒学,学习汉族文化。大量从边地迁入中原的各族人民自觉地融入汉族文化和生活方式,其中最具代表性的汉化行为就是采用汉族姓氏。经过北魏孝文帝强力推行汉化政策,到北周、隋代时,陕西关中地区的少数民族已彻底完成汉化。今天关中地区的很多姓氏都来自曾经的各个胡族。

魏晋南北朝时期以关中为中心的民族融合促进了社会的发展、文化的进步,为隋唐盛世奠定了人文基础。

>> 彩绘武吏俑

族属	原姓	后改姓	主要聚居地	备注	族属	原姓	后改姓	主要聚居地	备注
匈奴	赫连	刘	陕北		羌族	同瑞	同	渭北	
	乔	乔	陕北、渭北	匈奴屠各部		罕干	井	渭北	今蒲城有罕井镇
	万俟	万、于	陕北			咋和	和	渭北	
	金	金	关中	匈奴屠各部	乌丸	郝	郝	陕北、关中	
	董	董	陕北、关中	匈奴屠各部	高车	翟	翟	关中	
	呼延	呼延	陕北、关中		羯	石	石	陕北	
	须卜	卜	陕北	绥德为主要聚居区		乙速孤	王	渭北	礼泉为主要聚居区
	成	成	陕北、关中		賨	李	李	汉中	
鲜卑	叱干	薛	延安、礼泉	今礼泉有叱干镇	柔然	普六茹	茹	关中	
	去斤	艾	陕北		库莫奚	屈突	屈	关中	
	宇文	宇文	陕北、关中		西域各族	白	白	陕北、渭北	指龟兹人
	破六韩	韩	陕北、渭北			康	康	汉中	指康居人（蓝田为主要聚居区）
	慕容	慕	关中			安	安	陕北、渭北	指安国人
	纥窦陵	窦	关中	长安为主要聚居区		米	米	关中、陕北	指米国人
	侯莫陈	陈	关中			石	石	关中、陕北	指石国人
氐族	苻	蒲	关中			何	何	关中	指何国人
	吕	吕	关中、陕南			史	史	关中	指史国人（华阴为主要聚居区）
	杨	杨	关中、陕南			曹	曹	关中	指曹国人（蓝田为主要聚居区）
	齐	齐	关中、陕南			毕	毕	关中	指毕国人
羌族	姚	姚	关中			斛瑟罗	罗	关中	指西突厥人
	雷	雷	渭北			裴	裴	关中	指疏勒人
	钳耳	王	陕北、渭北			支	支	关中	指月氏人（蓝田为主要聚居区）
	党	党	渭北			车	车	关中	指车师人（长安为主要聚居区）
	夫蒙	蒙	渭北			阿史那	史	关中	指突厥人
	莫折	莫折	陕北、渭北						

>> 魏晋南北朝陕西少数民族姓氏表

丝路来客

魏晋南北朝时期，丝绸之路持续繁荣、不断发展，主要有陆上丝绸之路、西南丝绸之路和海上丝绸之路。汉代张骞凿空西域所开辟的陆上丝绸之路得以延续，南、北两政权同时与西域频繁交往。长安仍是丝绸之路的起点和重要节点，陕西地区以丝绸之路为纽带与域外相联系、沟通。墓葬中出土的牵马俑、胡俑形象地表现了当时沿着丝路入华的胡人。咸阳西魏侯义墓出土的胡人俑高鼻深目，头发卷曲，身着束腰长袍，昂首前行，仿佛是行走在丝绸之路上。同墓出土的载丝骆驼俑形象地表现了活跃在陆上丝绸之路的沙漠之舟——骆驼。

>> 载丝骆驼俑

咸阳胡家沟西魏侯义墓出土。

西安北郊发现的北周时期粟特人安伽墓、史君墓、康业墓表明当时的陕西境内有不少中亚等地区的外国人长期居住，甚至担任官职，并最终长眠于此。善于经商的粟特人在丝绸之路上扮演着沟通中西的重要角色。粟特人主要生活在中亚阿姆河和锡尔河之间的泽拉夫善河流域。粟特地区的绿洲分布着康、安、米、何、曹、史、石等"昭武九姓"国家。粟特人公元3世纪开始沿着丝绸之路入华经商。入华粟特人信奉祆教，他们在保留自身宗教信仰以及粟特民族生活方式和习俗的同时也接受中华文化的影响。西安北郊发现的罽宾人李诞墓还表明，西安北郊一带不仅是北周时期粟特人的墓地，而且也应是包括罽宾人在内旅居中国的外来人的墓地所在。这些墓葬基本反映了入华定居的外来民族在保留自身宗教和生活习俗的同时，不同程度地接受了汉族主流丧葬习俗。

　　安伽墓（北周大象元年，公元579年）是我国境内发现年代最早的粟特贵族墓。墓主安伽是萨宝——北周政府任命的管理来华贸易、定居人员、主持宗

>> 安伽墓石门门楣

>> 安伽墓围屏石榻

教祭祀活动的官吏。安伽墓呈现出与同时期汉族墓葬的相似性：墓葬形制与北周主流墓葬形制一致，为斜坡墓道五天井砖砌甬道穹隆顶单室墓；墓室天井两侧均绘挂剑武士形象；壁画、石门、墓志等埋葬习俗与汉族相同。但是，墓室围屏石榻的形制及图像表现出墓主的祆教信仰和生活习俗，再现了安伽生前的主要经历。石门及围屏石榻共刻绘图案60幅。半圆形门额刻绘罕见的祆教祭祀场面，画面中央为一三驼座火坛，火坛左右各有一供案，上置各种贡品，祭司用神杖指向贡品。围屏石榻三面屏风主要刻绘墓主人安伽作为萨宝的奢华的出行、宴饮、舞蹈、狩猎、盟誓等场景；榻板左、右及正面刻绘33幅与祆教有关的动物图像，这些图像分鸟、兽两类，相间排列；七条榻腿线刻11幅与信仰有关的镇墓神像。

北周史君墓（北周大象二年，公元580年）西距安伽墓2200米，根据出土石椁南壁椁横枋上发现的汉文和粟特文题刻，可知墓主人史君生前为凉州萨宝。墓葬形制和石椁的形制完全汉化。墓葬由长斜坡墓道、五天井、甬道、墓室组成。石椁外周浮雕彩绘既有表现墓主祆教信仰的祭祀、升天、祆神图像，也有表现富有游牧和商业气息的狩猎、宴饮、出行、商队图像。陪葬品中的金戒指、金币以及金饰品等珍贵文物体现了中西文化的交流。

康业墓（北周天和六年，公元571年）位于安伽墓北150米，据墓志志文记载，墓主人名业，字元基，其先祖为康居国王族。康业墓相比安伽、史君墓汉化程度更高。墓室形制为汉族化的斜坡墓道穹隆顶单室墓。墓主人卧于围屏石榻之上，骨架完好，口含罗马金币，手握布泉。完整的骨架表明其摈弃了粟特人由于信奉祆教、往往用火处理遗体的方式。围屏石榻保留粟特风格，但不像其他粟特人石质葬具那样，使用减地浮雕手法表现射猎、宴饮、乐舞及与祆教祭祀有关的内容，而是采用中原传统的线刻手法表现身着中原服装的男、女主人会见宾客及出行画面，似在展示主人在长安的生活场景。

李诞墓（北周保定四年，公元564年）距安伽墓650米，南距康业墓500米，东距史君墓2000米。据墓志分析，李诞及祖、父可能是来自天竺的婆罗门人。李诞于正光年间（520—525）远游罽宾，回长安后曾受皇帝赏赐。李诞显然已经融入北周贵族社会并接受了汉族文化，斜坡墓道单室砖墓形制和墓室石棺都是典型的汉族风格，石棺四周的四神和盖板的伏羲女娲与北周墓葬中的复古风格一致。李诞作为天竺婆罗门后裔的身份和经历使得他兼通中外文化，葬具中的守护神、龛楣式门额、覆莲座、火坛、摩尼宝珠、火焰纹等体现了异域宗教文化因素。

|多彩生活|

魏晋南北朝时期虽然战乱频仍，但是多民族进入中原，带来了新鲜的文化元素。沿着丝绸之路传入的外来文化和佛教也为文化创造提供了新的能量。胡汉人民在陕西这片土地上共同劳动、生活，创造了丰富多彩的文明成果。民族融合使魏晋南北朝时期的文化发展进入了一个新的阶段，出现了精美的手工业品、雄强刚健的"魏碑"书体、神采各异的乐舞俑等。这一时期的雕塑、书法、音乐、舞蹈诸方面的成就为隋唐文化的繁荣奠定了基础。

1992—1993年陕西省考古研究所在华阴市五方乡抢救性发掘北魏砖室墓18座，其中半数以上的墓葬在甬道口上有砖雕门楼，出土5方墓志，均为杨氏，表明这是一处具有相当规模的杨氏家族墓地。从历年发现的北魏墓志可整理出弘农杨氏家族的谱系，对研究弘农杨氏这一在北朝和隋唐政治、社会中具有重要地位和影响力的家族史具有重要意义。杨氏家族墓志书体雄浑刚健，代表了当时的书法风格。这种书法风格史称"魏碑体"，是北魏时期以洛阳为中心形

>> 彩绘舂米俑

咸阳胡家沟西魏侯义墓出土。

成的介于汉晋隶书和唐楷间的具有独特风格的书体。"魏碑体"书法是胡汉文化融合的结晶，具有高度的融合性，体现了多元的美学特征：兼具北方胡族的粗犷与汉族的内敛，融合了北方书法的古朴浑厚与南方行楷的新妍妩媚。这种书体对后世书风具有重要影响。

因为南北朝时期的民族融合，原来的游牧和农耕经济相互影响，陕西各地的生产方式更加多样。咸阳胡家沟西魏侯义墓出土的彩绘舂米俑体现了关中地区人已经熟练地掌握了水稻的种植和加工技术，而勉县出土的灰陶绵羊和宁强出土的铜马则证明陕西南部的农耕经济中已融入了畜牧业。

制瓷业在魏晋南北朝时期得到迅速发展。白瓷的产地主要在北方，青瓷的产地则在南方。自东汉晚期出现瓷器以后，经过三国、两晋、南北朝，在坯、釉质量上有了不同程度的提高。魏晋南北朝时期南方青瓷的生产以浙江地区最为发达，考古发现的瓷窑遗址集中分布在浙江等地。这个时期由于窑炉结构和烧制技术的改进，青瓷的质量得以提高。陕西地区虽然不是青瓷的制作中心，但是西安出土的青瓷四系罐，宝鸡出土的青瓷盂，安康出土的青瓷天鸡壶、六系罐，紫阳出土的青瓷狮形水烛台证明长安和关中、陕南各地普遍使用瓷器，可见这一时期南北方和东西方的贸易往来之频繁。瓷器不仅是国内贸易的重要商品，也是之后丝绸之路上中国传往域外的重要商品。

>> 青瓷天鸡壶

四 长安佛光

魏晋南北朝时期，战乱频仍，政权频繁更迭，宗教成为人们的精神依托，沿着丝绸之路传入中原的佛教逐渐与中国社会融合。统治者的推崇和中西交通要道的地理位置，使陕西成为佛教文化中心。

西晋僧人竺法护在长安传译佛经是长安成为佛教中心的开端。十六国时期来自河西走廊、西域的僧人继续在长安译经，在陕西建立的政权大都崇信佛教、提倡和宣扬佛法。建元十五年（379），高僧道安被前秦苻坚延致长安宣讲佛法并开创有组织的译经。道安在长安译经10部共187卷，并制定佛教礼仪规范，开创了沙门以"释"为姓的传统。后秦姚兴于弘始三年（401）邀请龟兹高僧鸠摩罗什来长安翻译佛教，传播佛法。鸠摩罗什带领弟子数千人在长安南郊的草堂寺校译梵文佛经97部共427卷，首次将印度大乘佛教的般若类经典全部完整译出，对中国佛学发展具有重要意义。鸠摩罗什推动了佛教的传播和中国化的历程，关中各州郡掀起传习佛法的高潮，长安逐渐成为佛教中心。同时，中国高僧朱士行、法显从长安出发西行求法。西魏都城长安的佛教借助政治中心的优势迅速崛起。西魏文帝（535—551在位）及丞相宇文泰都崇佛，文帝曾建立大中兴寺，并以道臻为魏国大统以兴佛法。宇文泰在长安建立6座寺院并命沙门昙显等依经撰《菩萨藏众经要》及《百二十法门》以传播佛教。北周初期的明帝（557—560在位）在长安建立大陟岵、陟屺二寺，并每年大度僧尼。当时南北高僧昙延、道安等来长安弘法。北周长安佛教虽经历周武帝灭法的沉重打击，但又在宣帝、静帝时

>> 鎏金佛菩萨三尊铜像

期得到保护，6世纪末期长安佛教开始复兴。

随着佛教在中国的传播，佛教造像艺术日臻成熟。逐步中国化的佛教在长安大放异彩，留下了光辉灿烂的佛教造像艺术。从北魏到北周，长安作为地域性的造像中心一直保持着强烈的地域传统。近年来，6世纪后半期的佛像在陕西西安及其周边不断出土，从北朝特别是北周时代佛像可见佛教艺术"长安模式"的风格和特点：造型敦厚简练，形体健壮饱满，腹部挺鼓，肉髻低平。可以说，北周时期长安佛教艺术的发展为隋唐佛教艺术的繁荣奠定了基础。

>> 北周佛立像

西安窦寨村出土，西安博物院藏。

第六单元 盛唐气象

与"汉承秦制"一样,继隋而起的唐王朝在全面继承隋朝各种制度以及文化传统的基础上,以开阔的视野、宽广的胸怀、开放的心态,兼收并蓄,创新发展,从政治经济制度到文化艺术、社会风气,都将中国带入了一个崭新的时代,并终于在盛唐之际以世界第一强国的雄姿,崛起在亚洲东部广阔的大地上,写下了中国古代历史上最辉煌灿烂的一章。如果说公元前后的三四个世纪之中,世界文明主要还是中国的秦汉帝国与欧洲的罗马帝国分庭抗礼、东西方文化发展水平相对平衡的话,那么公元7世纪到公元9世纪,就是以长安为中心、以唐朝为代表的东方文化一柱擎天辉耀四方的时代。对中国古代的巅峰盛世、黄金时代——唐朝,宋代史学大师司马光有"三代(指夏商周三代)以还,中国之盛,未之有也"的评价。而当代英国著名历史学家汤因比也曾说过,如果有机会选择生活在中国的古代,他将选择唐代,足见唐代在世界历史上的影响和地位。

一 东方名都

10世纪前，历史特别眷顾陕西。公元581年，隋朝取代北周建国后，开国皇帝隋文帝杨坚立刻命令27岁的鲜卑族人宇文恺设计并主持修建都城，从公元582年6月至公元583年3月，在短短9个月的时间里，一座以杨坚昔日在北周时期获得的爵位"大兴公"命名的城市——大兴城，赫然矗立在关中平原上。大兴城平面呈东西略长的横长方形，是中国历史上第一次按照完整的平面设计营建的都城，将中国古代都城的规划设计、建设管理提升到了一个崭新的高度。

公元618年，唐王朝建立，隋大兴城摇身一变成了大唐帝国的都城，改名长安城。在此后几十年的岁月里虽然多次对其进行完善和扩建，但基本遵循了宇文恺的规划设计思想。

隋大兴城、唐长安城的城市总体布局思想一脉相承，从北至南，合理利用了地势的起伏，整体分为三大部分：宫城、皇城和外郭城。宫城位于长安城的最北部，是皇帝居住和处理朝政的场所，也是儒家中封建帝王"居北而立，面南而治"传统思想的表现。宫城以太极宫为主体，内有16座大殿和很多楼阁亭榭。皇城位于宫城的南边，是中央政府衙署机构所在地。宫城和皇城之间有一条宽达440米的横街，形成一个大广场，也是宫廷凌驾于朝廷之上这一意识的表现。外郭城是官吏和居民的居住区，呈中轴对称布局，11条南北向大街和14条东西向大街将外郭城划分成棋盘式的108个里坊。宫城、皇城与外郭城严格的区域与功能的划分，在总体规划设计上发展和完善了中国自三国曹魏以来的城市布局，开创了一代都城的新型规制。宽155米的朱雀大街是长安城的中轴线，将整个外郭城分为东、西两部分，多条南北向和东西向大街又将其

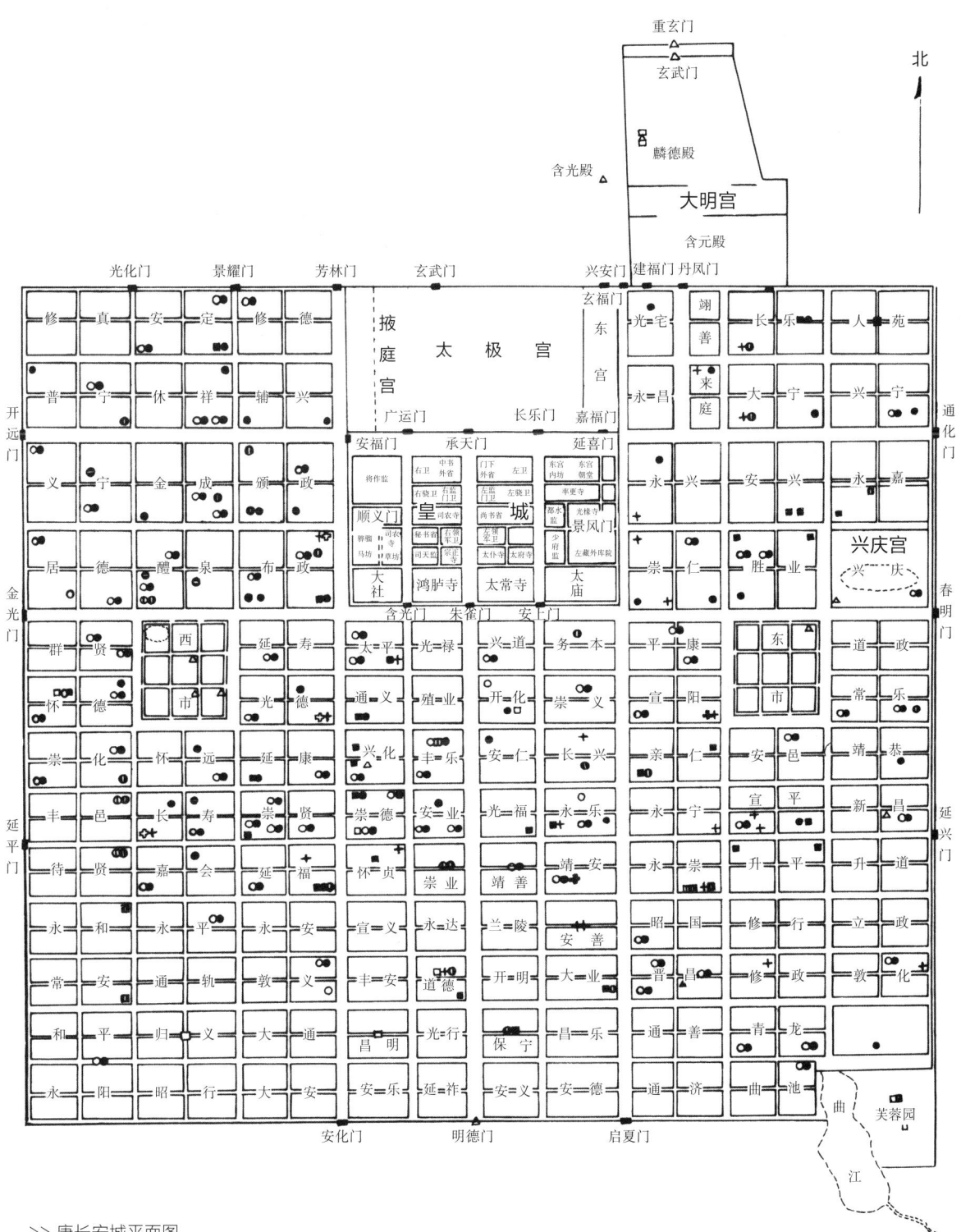

>> 唐长安城平面图

>> 大明宫含元殿复原图

含元殿是大明宫正殿，始建于高宗龙朔二年（662），是唐朝皇帝听政及举行外朝大典活动的场所，前后共使用220余年。元旦、冬至时的大朝会以及册封、改元、阅兵、受贡等重要仪式亦多在此举行。大殿台基有3层，高15.6米，殿堂东西长约60米，南北宽约40米，面宽11间，进深4间，殿前有70米长的龙尾道，供皇帝及百官登殿。坡道东侧有翔鸾阁，西侧有栖凤阁，均以飞廊与正殿连接。

划分成棋盘式里坊格局。里坊间有围墙相隔，是中国里坊制封闭式城市的典范。

唐长安城是一座国际性大都市，居住在城里的中外人口最多时近百万，盛唐时期的大明宫更是大唐王朝恢宏壮丽的国家形象的象征，王维"九天阊阖开宫殿，万国衣冠拜冕旒"的诗句描绘的就是唐代皇帝在大明宫接待宾客的宏大场面。

长安城的兴建和规模是新的统一王朝实力和气魄的显示。唐长安城面积达8410万平方米，是汉长安城的2.4倍，是公元446年修建的东罗马首都拜占庭的7倍，比公元800年所建的阿拉伯首都巴格达大6.2倍，明代西安城仅约占唐长安城的十分之一。其设计规划和建设管理深刻影响着后世王朝的都城形制乃至日本等东亚国家的都城布局和建设。

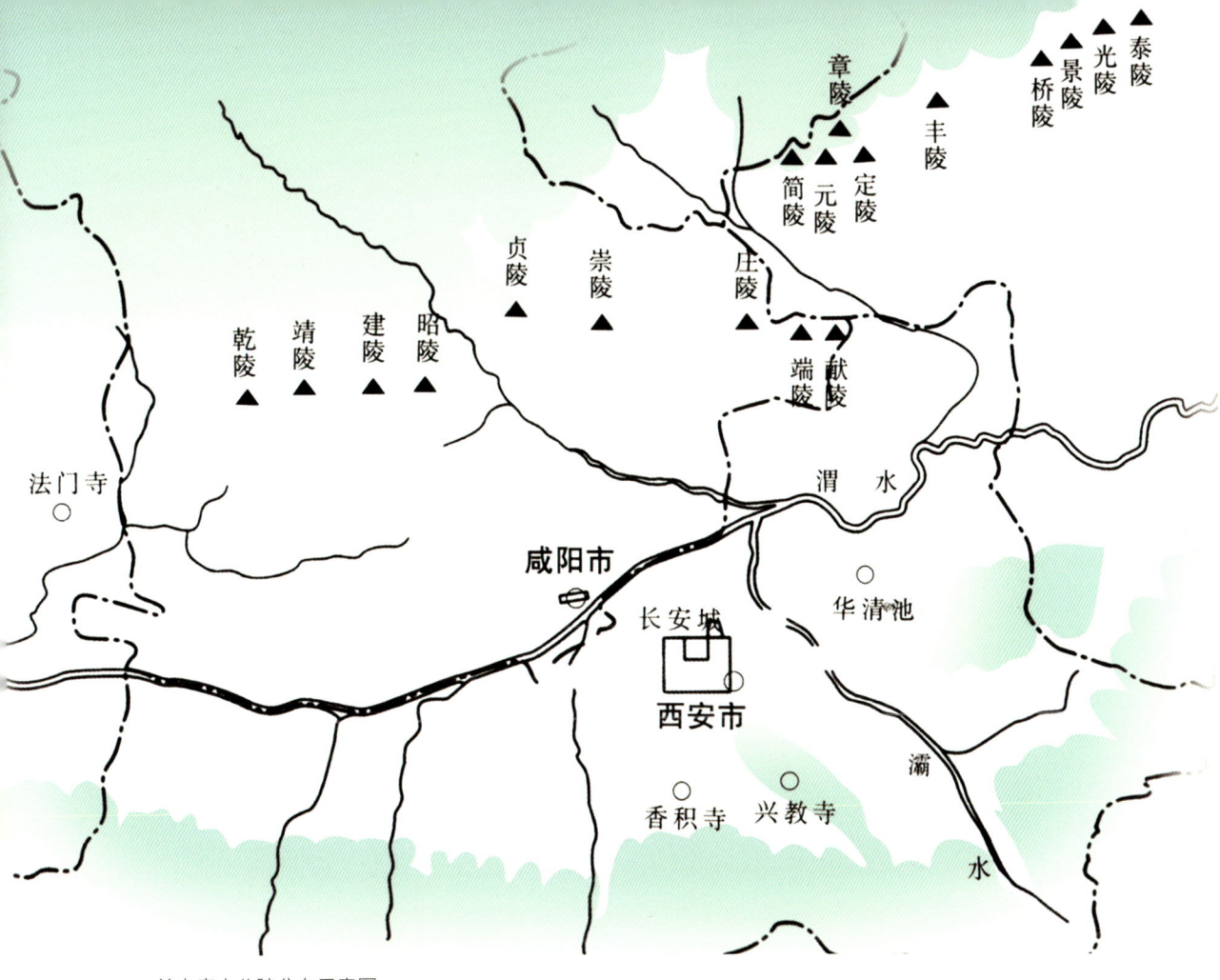

>> 关中唐十八陵分布示意图

二 巍巍帝陵

唐朝的帝王也像中国古代其他帝王一样，动用国家巨大的人力物力，为自己修建了规模宏大的陵墓。除昭宗和陵在河南、哀帝温陵在山东外，高祖献陵、太宗昭陵、高宗武后乾陵、中宗定陵、睿宗桥陵、玄宗泰陵、肃宗建陵、代宗元陵、德宗崇陵、顺宗丰陵、宪宗景陵、穆宗光陵、敬宗庄陵、文宗章陵、武宗端陵、宣宗贞陵、懿宗简陵、僖宗靖陵共18座均分布在渭北原上，称"唐十八陵"。从最西边的乾陵到最东边的泰陵，地跨五县，绵延150多千米，比后代的宋陵、明陵和清陵分布范围要大得多。

唐代帝陵规制源于西汉，但实际执行中又有很大变化，具体表现在类型、范围、平面布局、陵前石刻、陪葬墓群几个方面。

类型：可分为覆斗形墓和依山为陵两种。高祖李渊去世后修建献陵，"有诏山陵制度准汉长陵故事"，于是，献陵的构筑便在山前土地上瘗葬后夯筑成覆斗状封土堆，成为唐代在位皇帝去世后效法西汉帝陵形制建陵的例证，此后又有敬宗的庄陵、武宗的端陵和僖宗的靖陵采用了这种陵冢形制。

范围：唐代帝陵规模宏大，陵园周围长度20—60千米不等，其中太宗昭陵和宣宗贞陵均达60千米，高宗乾陵40千米，玄宗泰陵38千米，其余各陵均约20千米，陵园面积的大小不同与各个皇帝在位时期的政治经济形势有着密切的关系，但总体上体现了唐代帝王埋葬制度应享有的等级礼遇。

平面布局：初唐时期，以尊崇汉制为主，唐朝本身的规制尚未建立，从修筑高宗的乾陵开始形成了具有唐代特点的帝陵营建规制，即依山为陵、坐北朝南、内外城垣、南置三门。一门外置陪葬墓，二、三门间置石刻，陵园布局仿长安城格局，山腰凿筑地宫象征宫城，外城南门外安置皇亲国戚、文武大臣陪葬墓象征外郭城，主次清晰，等级分明，规划严密。

>> 乾陵

乾陵是唐高宗李治和武则天合葬陵墓，位于陕西乾县北梁山上。陵园分内、外两城，陵园南面设有3道门，内城四面各开一门。陵园内的石刻群，除内城四门各有1对石狮，北门有6匹石马外，大量集中在南面第二、三道门之间。从南向北有华表、翼兽、鸵鸟各1对，石马及牵马人5对，石人10对，以及述圣记碑、无字碑和61尊"蕃酋"像。主墓位于内城正中梁山山腰上，考古探明墓道以石条填砌，石条间连以铁细腰，并灌以铁汁，再于其上填土夯实。陵园东南有陪葬墓17座，现已发掘5座，其中有永泰公主墓、章怀太子墓、懿德太子墓等。

陵前石刻：初唐时，献陵前石刻中的石虎有北朝遗风，华表则有六朝神道柱的影子。从乾陵开始陵前石刻种类趋于固定，从南至北依次而列的石狮、值阁将军、翼兽、蕃酋、华表、碑石分别象征或具有守卫、仪仗、神话传说、中外交流、陵位、记叙功德的作用。各帝陵前石刻因时期不同而有所变化，数量组合和艺术风格也呈现较大区别，学者们大致将其分作四个阶段：第一阶段的显著标志是以石虎守陵，其他石刻种类不定；第二阶段自乾陵开始以石狮守陵，立高大石碑，盛唐气象显现；第三阶段自泰陵始有持笏内谒者监（宦官）石刻人物形象，与持剑武将面对而立，此阶段的石马变得矮小，雕刻技艺粗率，安史之乱后唐朝国力的下降已经影响到帝陵建设；第四阶段进入晚唐时期，自文宗章陵以后石刻更加粗糙，缺乏张力和神韵，唐王朝走向衰败表征明显。

陪葬墓：汉唐时期，皇亲国戚、达官显贵在死后能够陪葬帝陵是一种莫大的荣耀，而这种陪陵制度也是帝王笼络官僚阶层人心的有效措施，更是帝

王彰显对皇室成员、文武大臣、贵族世家的特殊礼遇和恩宠，巩固皇权的特殊手段。陪葬君主陵前是"主尊臣贵""崇重今朝冠冕"的等级观在现实生活中发挥的最直接而有效的作用。据目前考古调查发掘所知，唐太宗昭陵的陪葬墓最多，达100多座，陪葬墓的形制有覆斗形、依山筑墓形（如新城公主墓）、圆锥形、像山形等，与墓主人的身份地位和影响关系紧密。唐玄宗的宠妃武惠妃，去世后以贞顺皇后身份安葬，墓中出土的石椁精美异常即是例证。

唐代帝陵在继承西汉帝陵制度的基础上又有新的内容不断加入，作为显示大唐国家形象和气魄的重要物化载体，从设立"诸陵署""诸太子陵署"，到由高官专门负责为先帝修筑陵墓加强制度管理，都是唐代国家实力提升和重视帝陵营建瘗埋制度的体现；源于西汉文帝霸陵的"依山为陵"模式开创了唐代帝陵构筑模式的新纪元，同时防盗掘功能显著增强；平面布局严谨和石刻群像组合变化凸显了皇权和中央集权的观念在不断强化；陪葬墓的安置一改西汉集中在帝陵东边形成陪葬墓区的传统，自太宗开始分布在陵园南门外并成为定制；墓主人享受陵区赐地、东园秘器随葬、刻立石碑、送葬礼仪等一套完整的等级制度，且此制度得到沿袭。

>> 贞顺皇后石椁及线刻图

贞顺皇后武氏（699—737），又称武惠妃，是唐玄宗李隆基的宠妃，死后追赐为贞顺皇后，葬于敬陵。这套石椁是由31块青石构件组成的面阔3间、进深2间的庑殿式仿木结构建筑。石椁内外遍布珍禽瑞兽、花草树木、仕女人物等图案。尤其是椁板内壁雕刻的21位仕女，身姿丰腴婀娜，服饰飘逸华丽，面妆浓艳娇媚，生动地再现了大唐盛世的辉煌和华美境界。这是已发现的唐代体积最大、彩绘保存最完好、内容最丰富的石椁，具有极高的历史、科学与艺术价值。2004—2005年间，贞顺皇后敬陵被盗，这套石椁被贩卖出境，流失海外数年，后经西安市公安局与陕西历史博物馆合作，终于在2010年4月成功将其从美国追回。

三　巅峰盛世

杜甫《忆昔》诗云："忆昔开元全盛日，小邑犹藏万家室。稻米流脂粟米白，公私仓廪俱丰实。九州道路无豺虎，远行不劳吉日出。齐纨鲁缟车班班，男耕女桑不相失。"有唐一代，繁荣和富庶已成为公认的时代符号深深镌刻在人们的脑海里。"贞观之治""开元盛世"所代表的大唐盛世在后世统治者和百姓心中都是一个难以逾越的巅峰，更是一个令人难以忘怀、引以为豪、不断追忆的理想时代。

公私仓廪俱丰实——农牧业

隋唐时期中国依然是以农耕经济立国的国度，此时的农业生产水平持续上升发展，耕地面积不断扩大，人口大量增长，水利设施更加完备，再加上曲辕犁、高转筒水车等新型工具的出现和推广使用，大大提高了粮食产量。农业的发展，使得"四方丰稔，百姓殷富"，奠定了国家稳定和持续发展的坚实基础。同时，与国家武备以及农业生产和百姓生活密切相关的畜牧业发展迅速，西北大片草地被辟为政府管理的牧场，从大量出土的相关文物可见唐代六畜兴旺，有力支撑着唐代传统农业的全面发展。

在畜牧业中，以马的饲养最受重视、规模最大。《新唐书·兵志》载："马者，兵之用也……唐之初起，得突厥马二千匹，又得隋马三千于赤岸泽，徙之陇右，监牧之制始于此"，"其属有牧监、副监；监有丞，有主簿、直司、团官、牧尉、排马、牧长、群头……"机构职位设置之繁复，可见当时官方养马规模之大。到高宗麟德年间（664—666），唐王朝立国仅半个世纪，官方养马就达706000匹，这是文献所载我国古代国家养马的最高数字。同时马也成为唐代社会经济生活中不可或缺的一分子。马的身影在边关要塞、生产劳动、游乐出行、丝路交通等社会生活领域中无处不在。现存的以马为题材的古代绘画作品以唐代最多，这也证明了唐代养马业的发达。

>> 三彩仰头、低头马

　　20世纪60年代初于唐乾陵永泰公主墓出土。两匹三彩马再现了唐代来自突厥或与突厥有血缘关系地区的良马以及龟兹、于阗、大食等国进贡的宝马特点，展示了唐代畜牧业的兴旺发达。其也是唐三彩雕塑马俑中的代表作。

|方寸巧心通万造——手工业|

隋唐时代的手工业是中国古代手工制造业的一个高峰。官营、私营手工业的全面发展，市场的扩大、需求的加剧，使手工制造技术较前代有了显著的提高，各种手工业制品的产量有了明显的增加。大量的丝绸、金银器、三彩器、瓷器和铜镜以其精湛的技术、完美的设计、华美的纹饰、精良的质量，展现了隋唐时期丝织印染、金属铸造、金银细工和陶瓷烧造高超的技术水平。

1.锦纨巧丽——丝绸

在中国丝织史上，丝织品自商代出现平纹起斜纹花的丝织物后，于西周早期出现了用两种以上彩色丝线提花的重经织物"经锦"，到唐代，织造和印染技术得到空前发展。唐代织物按质料分大致有丝、棉、毛、麻葛四类，其中丝

>> 唐代丝绸典型纹样

类品种最多，有绢、绸、纱、罗、绫、绮、锦、缂丝等。在常见的丝绸里，锦的品格最高，武德二年（619）出现了纬线起花的"纬锦"，此后中国织锦就变成以纬线显花为主，即可用多把不同色的纬梭轮换织造，极大地丰富了织锦的色彩。随着纬锦织法的不断普及，织锦产量激增，成为中外市场的畅销品种。唐中期之后织锦和印染又涌现出一大批新工艺、新产品，如花鸟纹锦、彩条斜纹经锦，以及绮、罗、绢、纱、轻容、双面锦、缂丝、染缬等，唐代丝织业呈现出前所未有的新水平。

织绣印染关乎国计民生，故而是唐代官府作坊以及民间手工业生产的主要品种。唐制，织物宽一尺八寸，丝绸四丈为一匹，布五丈为一端，绵六两为一屯，丝五两为一绚，麻三斤为一綟。唐代在实行两税法前实施的是租庸调制，调是纳物，即绢、绵、布、麻等；庸可以物抵换。唐代是我国丝绸生产的高峰期，丝绸产地分布辽阔，桑蚕丝绸业多为郡县相连。唐代前期，以河北、河南

两道出产最多，扬州、益州次之；唐代后期，河北、河南两道产量延续，扬州、益州维持平稳，江南东道崛起，精品不断。长安、洛阳两京由于名工巧匠云集，产品尽皆珍丽，两京之外，益州、扬州、定州则是唐代最为著名而稳定的丝织中心。民间作坊丝绸产量大、品种多、质量高，河北定州何名远即以"家有绫机五百张"而闻名于世。

有唐一代绢帛在全国赋税收入中约占三分之一的比例。天宝年间，政府庸、调征收总量由于人口增长而达到顶峰，岁入绢740万匹、绵185万余屯、布1035万余端。在政府总收入、社会总产量、人均消费量方面，唐代丝绸生产都是中国历史上的最高峰。

2.金银璀璨——金银器

金和银都是稀有的贵金属，据说金的化学元素符号Au源自拉丁文"曙光"（Aurum）一词，银的化学符号Ag源自梵文"明亮"（Argentum）一词。现实中的金、银也的确如两个外语词"曙光""明亮"一样熠熠发光，吸引人的眼球，使得世界上许多民族都将其视为贵重的宝物而努力搜寻、拥有。其又因易于制作为艺术品而成为华贵的标志，价值和魅力恒久不衰。

依据已知的考古发掘资料，在甘肃和辽宁属于夏代的文化遗存中出土的金耳环等装饰物说明当时已掌握了金银冶炼技术；战国早期在金银饰物之后金银器皿已经出现；秦汉时期金银饰物依然要比器物多，但器皿以及车马器、金印等种类和数量远比先秦时代丰富；随着丝绸之路的开通，南北朝时期金银器皿和饰物的使用更加广泛，器型和纹饰都在逐渐增多，考古发现中许多器物具有鲜明的异域风格；进入隋唐，社会安定，国力强盛，文化繁荣，技术多元，加之享乐奢靡风气流行，使金银器使用盛极一时，制作的技术和艺术上呈现出本土文明与外来文化竞相争艳、百花齐放的气象。中国金银器艺术与技术水平在此时达到了顶峰。

锤揲	锤揲是绝大多数器物成型前必须经过的工艺流程，又称锻造或打制。其方法是先捶打金银板片，使之逐渐延伸展开成片状，再将其置于模具之中打成各种所需器形
范铸	仿青铜器铸造工艺，先按所要制作的器形制模翻范，然后把黄金加热熔化成金液，倒入范中，冷却后即成所要制作的器物
焊接	把器物的部件、纹饰等部分与器身连接成整体的一种工艺。具体方法是通过加热使焊药熔化，把被焊部件与主体联结牢固
掐丝	将黄金捶打成薄片，剪成细丝，编成所需花纹图案，焊接在器物的表面，最后再将宝石、珍珠、琉璃等物嵌入图案当中
炸珠	也称金珠。其制作方法是将黄金熔化，再把金液倒入水中，利用金液与水的温度差，使之结成大小不等的小颗粒，然后按照一定的图案将这些金珠焊接在器物表面
模冲	在金银器的表面，用事先预制好的模具冲压出凸起的花纹图案
錾刻	在器物成型之后对其表面进行装饰的工艺。具体方法是用小锤打击各种大小纹理不同的錾刀或錾头，使之在器物表面留下錾痕，从而形成各种纹样
鎏金	首先将成色优质的黄金锤揲成金叶，然后剪成细丝，放入坩埚中加热烧红，按一两黄金加七两水银的比例加入水银混合成金贡，俗称金泥。然后将金泥涂抹在器物的表面，最后在火上烧烤器物，水银遇热蒸发，金留存于器表，鎏金器遂成
镂空	用坚利的工具錾刻掉设计中不需要的部分，形成透空的纹样，亦称透雕
铆接	在接件和主体间凿出小孔，用穿钉钉牢，主要用于器物把手和提梁等部件与器身的连接上
抛光	金银器加工的最后一道工序。用切削、锉磨和擦拭等方法除去器物表面的毛糙部分，使器物显得平滑光亮

>> 唐代金银器制作工艺一览表

制作：唐代金银器的制作分官府作坊和地方私营作坊，以前者为主。知名的官府作坊有少府监中尚署的金银作坊院和文思院。制作工艺有锤揲、模冲、钣金、浇铸、切削、抛光、铆接、鎏金、錾刻、镂空等。许多器物都是综合运用多种工艺制作而成。

器型：唐以前以金银饰物为主，唐代开始杯、碗、盘、壶、瓶等饮食器皿大量涌现。前期以酒器居多，晚期则以茶器多见。早期的器型具有浓厚的波斯萨珊帝国的异域风格，晚期之后，器型逐渐中国化。

纹饰：唐代金银器的纹样十分丰富，人物、飞禽、走兽、龙鱼、蜂蝶、花卉、树石、几何纹等一应俱全。以突出的人物纹、动物纹为例，人物纹早期以狩猎、伎乐纹为主，并以胡人形象唯尚，后期则以古代故事和世俗化的童子为多；动物纹前期以走兽中狮、鹿、马、犀牛及翼兽多见，进入晚期此前已有的凤凰、孔雀、鸳鸯、鸿雁纹取得了主导地位。

出土：由于唐代金银器主要供上层统治者使用，而都城长安又是皇室贵族、达官显宦云集之地，长安也就成了金银器制造和使用最多的地方。到目前为止，全国共出土唐代金银器皿1000余件，其中三分之二以上出自西安及其周边地区。除法门寺地宫出土的金银器外，陕西出土的唐代金银器绝大部分收藏于陕西历史博物馆，陕西历史博物馆也因此成为中国乃至全世界收藏唐代金银器的最重要的博物馆。

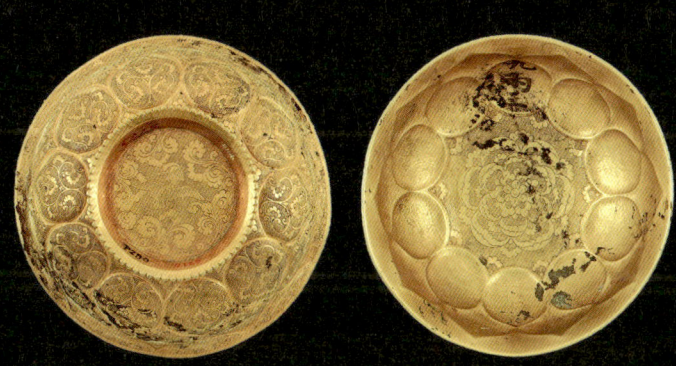

>> 鸳鸯莲瓣纹金碗

　　金碗上有20个精心构思的浮雕式莲瓣，其间錾刻有或动或静的各种飞禽走兽，另外装饰有各种动植物纹饰。既流光溢彩又富丽堂皇，同时还展示了大自然万物相竞、各得其乐的生命涌动情趣。金碗造型饱满庄重，纹饰华丽流畅，设计制作融合中西文化，是盛唐金银器的典型代表。

>> "裴肃进"银盘

银盘外錾刻有"浙东道都团练观察置使大中大夫越州刺史……裴肃进"及"点过讫"等铭文。文献记载,唐代刺史向皇帝进奉金银器正是从裴肃开始的。结合其他唐代金银器所见"李杆进""敬晦进"等资料,可见进奉之风于当时颇为流行。

使用:在唐代,金银器是上层贵族日常生活中的奢侈用品,同时其在政治生活中也发挥着特殊而重要的作用。太宗即位前后,尉迟敬德地位特殊,太子李建成为拉拢他送上金银器物一车,被敬德婉辞,待到太宗经玄武门政变登基,论功行赏时,尉迟敬德功居首位,遂得到尽享齐王府邸财币器物的赏赐。皇帝安抚奖励文武大臣常常以金银器作为赏赐,臣属和各地官吏为了得到皇帝的宠信,也盛行用金银器作为各种节日礼物敬奉。

3.三彩斑斓——唐三彩

唐代制陶业最杰出的一项成就是唐三彩的烧制。唐三彩是以黄、绿、蓝、褐、紫等颜色为主要釉色经焙烧而成的低温铅釉彩陶,采用二次烧成法,第一次素烧,温度在1150℃左右,第二次带釉烧,温度约900℃。三彩的主要特点是色彩的斑斓和丰富,釉中的铁、铜、锰、钴等金属元素使器表呈现出绿、黄、褐、赭、红、蓝、白等多种颜色。釉中富含的铅不仅增加了釉面的光亮程度,还降低了釉料的熔融温度,令呈色的金属元素浸润流动,从而形成了釉彩酣畅淋漓、错综复杂、绚丽多彩的独特效果。为强调色彩的丰富,有时还在品质高的器物上描墨或描金。由于器表的颜色以绿、黄、褐居多,俗称唐三彩,实则指多彩。

>> 三彩"三花马"

　　唐懿德太子墓出土。"三花"是指马鬃经精心修剪后形成三缕堞垛（diéduò，即城墙上像齿状的矮墙）状的鬃毛。用"三花"来装饰马，是唐代宫廷和贵族间流行的时尚，也是良马和等级的体现。马鬃剪花的习惯可能是受突厥或粟特、波斯的影响。突厥马是唐朝马的主要来源，突厥和唐王朝关系密切，他们通过贸易、进贡或馈赠等方式，把优良品种的马连带马鬃剪花的习俗都传入了唐朝。唐诗中对宝马良驹的描绘形容还曾有"五花"之说，所以当时对良马的评价标准又似乎是以鬃花多少来定的。唐代绘画和雕塑中，三花马也屡见不鲜。

>> 三彩四孝塔式罐

1973年于咸阳契苾明墓出土。仿舍利塔制作而成，为初唐至盛唐时器物，是俗家孝子在佛教的影响下追念祖先、以示孝心的体现。罐体腹部贴塑"董永卖身葬父""曾子抚琴悦父""郭巨埋儿养母""曾子汲水济母"四组人物故事，并刻有相应题记。该罐主题选取的二十四孝故事是中国古代统治者树立的至孝榜样，表现出唐人对孝道的重视。

唐三彩的出现和发展与唐代厚葬风气有直接关系。根据考古发现的墓葬和窑址分布分析，当时形成了西安、洛阳两个中心，大体流行于高宗至玄宗时期。按照形状，大致可分为雕塑和器物两大类，雕塑有人俑、马、骆驼、牛、羊、狗、猪、鸭、狮子、镇墓兽以及建筑、车辆等，器物有瓶、壶、罐、炉、碗、盘、杯、盆、盒以及灯枕等。前者用于随葬，后者用于日常生活和随葬。雕塑类注重造型，辅以模印、刻画、堆贴、绘画手法，力臻形象完美；器物类则努力将造型、装饰、釉彩融为一体，以更好地展现器物的功用和整体美。唐三彩斑驳淋漓、变化万千的色彩浸透着唐人对生活的热爱和对大唐盛世的赞美。

4. 多翠胜雪——瓷器

唐代是我国陶瓷发展史上的辉煌时代。首先表现在烧造瓷器的窑址遍布南北，在现今的陕西、山西、河北、河南、山东、安徽、江苏、浙江、江西、湖南、福建、广东、四川等省均广泛存在，并留下了众多令人叹为观止的瓷器珍品。其次是传世和考古出土的唐代瓷器造型千姿百态、釉彩五光十色、手法丰富多样、题材林林总总。

纵观唐代的瓷器生产，对装饰的追求是全方位的，既注重釉色的纯净美，又期待色彩的丰富性，前期偏重陶瓷的华丽和异域特色，晚期则趋于装饰的平和与生活情调。随着唐代与周边国家和地区交往的扩大，唐代瓷器与域外的联系也不断增强，异域的文化艺术元素对唐朝瓷器的影响随处可见，胡瓶、兽首杯、联珠纹、双狮纹、胡人像等比比皆是，大量瓷器经海上丝绸之路远销亚欧非，足见唐代瓷器的魅力和价值之巨大。

唐人的生前死后都与瓷器有着密切的关系，当时生产的瓷器涵盖了存贮、陈设、餐饮、文玩、乐器、明器等种类，几乎无所不包。唐中期以后盛行饮茶之风，故瓷类茶具需求量增加，加之对外贸易中瓷器占重要地位等因素，使瓷

器手工业得到充分的发展。唐代窑场众多,也便有了竞争,于是涌现出了邢窑、越窑、长沙窑等一批著名瓷窑,它们各自以其独特的器物面貌饮誉当代、光耀四方。唐代瓷器研究中"南青北白"之语,即指河北邢窑的白瓷与浙江越窑的青瓷,分别代表了有唐一代北方和南方瓷业的最高成就。

>> 白瓷双龙柄执壶

唐代瓷器造型在实用的基础上,应时而兴,出现了许多造型别致的新器型。此壶即是唐以前从未见过的新式样,在鸡首壶的基础上吸收外来胡瓶的特点,极大地丰富了瓷器艺术的表现力。胡瓶在波斯萨珊王朝时期多为金属制品。隋及唐初盛行的这种瓷器造型,显示了当时中外文化的相互影响、相互交融。

>> 秘色瓷五曲花口盘

秘色瓷是浙江越窑青瓷中的特殊品种。"秘色"一词最早出现于唐代陆龟蒙的《秘色越器》一诗中，以后由于历代记述不一，后人对"秘色"一词的理解产生分歧，莫衷一是，更增添了一种神秘感。直到1987年陕西扶风法门寺塔基地宫中出土了14件越窑青瓷器，同时出土的"物帐碑"上，把这批越窑青瓷明确称为秘色瓷，方使秘色瓷之谜真相大白。这件五曲花瓣口，胎体较薄，釉色均匀凝润，光洁如玉。外壁存留绘有宫女的包装纸印痕。其精美的质量，绝妙的烧造技术，堪称古瓷之珍。

>> 黑釉凤首壶

除了大量生产白瓷和青瓷，唐代黑瓷数量也很大，但它们一般比较粗朴，属民间日用器。此壶制作规整，造型简朴、丰满，在釉色黑亮如漆的壶身上，凤首和肩部的四朵贴塑花卉泛出的黄褐色釉犹如金色，强烈的对比使本来含蓄端庄的黑瓷壶变得高贵起来，成为唐代一件朴素却精美的黑瓷佳作。

5.镜莹耀目——铜镜

在中国铜镜铸造史上，唐代铜镜以题材新颖、质地精良、纹饰华美著称，达到我国古代铜镜铸造的最高境界。此时铜镜的合金含量比例十分稳定，铜、锡、铅分别为70∶25∶5。所铸铜镜造型除传统的圆形外，还出现了菱花形、葵花形、方形。镜背纹饰题材有瑞兽、葡萄、鸾鸟、花草、神仙人物故事、八卦等，内容生动活泼，充满浓郁的生活气息。铸造工艺上多法并用，除采用高浮雕式和浅浮雕式铸法外，还出现了螺钿、金银平脱、贴金贴银等特殊工艺。

铜镜对爱美的唐代妇女而言是须臾不可缺的。开放的社会环境、繁荣的文化艺术、精湛的制作工艺，为唐代铜镜在实用之余，注重镜背纹饰的艺术化提供了保证。纹饰题材更加贴近生活，装饰手法更加多样，以吉祥如意、平安美满为主旨的生活用具成为广受欢迎的艺术品。此时的铜镜既是妇女梳妆时的用具，刻意创新的镜背纹饰又是当时人们内心世界的一种反映，诸如使用瑞兽葡萄纹镜的妇女也许祈盼多子多福，使用四鸾衔绶镜、月宫镜的女性则希望婚姻美满、爱情不渝等。

>> 彩绘持镜女立俑

长安嘉里村唐裴氏小娘子墓出土。女俑手持一面带柄铜镜，侧头似要照面，身姿婀娜，显得十分秀美洒脱。唐代铜镜大多镜背正中有钮，可穿系绦带悬挂或放置在专门的镜架上使用。而此女俑手中拿的带柄铜镜在当时比较少见，与金银平脱镜、螺钿镜等特种工艺制造的铜镜同属珍贵品种，只有达官显贵及其家眷才能享用。

>> 瑞兽葡萄纹镜

　　是唐代新出现并最有影响的镜类之一，流行于唐高宗、武则天及唐玄宗开元时期。镜背纹饰以高浮雕方式完成，形态各异的瑞兽穿梭嬉戏在葡萄藤间，充满了生机。瑞兽是以狮子为原形，经过艺术再创作的特别形象，也被称为海兽。葡萄经丝绸之路传入长安，它茂密的果实象征着"多子和富贵"。将来自西方的葡萄、瑞兽与中国传统文化相融合，所以这类铜镜又被誉为"凝结欧亚大陆文明之镜"。

>> 四神仁寿铭文镜

隋唐之际广泛流行的典型铜镜。四神镜纹饰布局风格一致,内区装饰青龙、白虎、朱雀、玄武四神图案,外区纹饰分为十二格,每格各置代表十二时辰的生肖动物图案,具有避邪祈福之意。

>> 四鸾衔绶金银平脱镜

金银平脱是唐代一种装饰方法,即把金银箔纹饰片粘贴在器物上,然后髹漆打磨,使纹片与漆面平齐,以凸显漆地上的金银图案。效果华丽夺目,在皇家贵戚、达官贵人的重要装饰品和馈赠物上常用。此件四鸾衔绶金银平脱镜以四只口衔绶带、昂首展翅的鸾鸟为主题纹饰,四周以金丝同心结环绕,贴饰花叶形银片。鸾鸟自古被认为是带来幸福的吉祥鸟,而"绶"与"寿"谐音,鸾鸟衔绶象征着幸福长寿,同心结则寓意恩爱美满,表达了人们对美好生活的向往和祝愿。

万邦商旅会长安——商业赋税

隋唐时期农业和手工业的蓬勃发展，促进了商业的繁荣，"市"的普遍设立，标志着商业的迅速发展。西市，在皇城的西南部，隋称利人市，是唐代长安城的商业和手工业中心，是当时世界上最大的市场。经过考古调查和发掘，其平面略呈正方形，面积96万平方米的市内纵横4条16米宽的"井"字形街道，将市区划分为9个方形区域。街道两侧均设有水沟，沟外侧为人行道、临街商业店铺等遗迹。店铺规模不大，面阔4—10米，进深3米，店铺后往往有加工作坊遗迹。出土遗物分建筑构件、日用品、装饰品、加工工具、钱币等，对研究唐长安城都市生活面貌具有重要意义。

唐代赋税制度由租庸调制变为两税法，是中国赋税史上的重大改革。商业税收的出现，在以农业为根本支柱的中国封建经济史上具有划时代的重要意义。

>> 金开元通宝

仿照唐朝政府法定的流通货币铜质开元通宝铸造，主要是皇帝赏赐臣属、皇室贵族游戏或压胜时用的。长安城大内的承天门，是唐代各朝皇帝颁布诏令、敕书或举行朝会庆典的地方。唐玄宗常常在承天门楼上陈乐设宴，招待臣属，并向楼下抛洒金银开元钱以作赏赐，形成了有名的"金钱会"。

>> 唐代银饼、银铤

唐代货币以圆形方孔铜钱为主，但金银也具货币职能，常被铸成饼状或铤状，主要用于供奉或纳税。怀集庸调银饼，"怀集""洊安"唐时属于岭南道广州（今广东怀集），是当时重要的产银、用银地区。银饼上錾刻的铭文内容包括：县名、纪年、来源、重量、负责官员及工匠的职务、姓名。錾文的格式内容与唐代文献记载一致。錾文银饼反映了唐开元年间岭南等偏远地区可能用银交纳赋税的历史事实。

四　灿烂文化

|云髻明珠映罗裙——服饰艺术|

　　隋唐时期的服装分祭服、朝服、公服、常服四种。前三种属礼服，沿袭传统汉族服装；常服则是在北方及西域少数民族的影响下形成和发展的。唐代有关服色、纹样、佩饰的种种规定，是封建社会等级制度的重要体现。新颖华丽、丰富多彩的隋唐时期官员袍服和铠甲表现的皇皇威仪，对周围邻国及后代服饰制度都产生过巨大的影响。从出土的陶俑和壁画看，隋代文武官员服饰既有北朝遗风，又有南朝元素，笼冠、小冠、风帽并行，胡汉款式杂陈，但明显趋向于彰显等级、注重礼仪、区分尊卑的统一风格的形成。到了唐代，官员服装的款式在隋代基础上不断完善，进而形成了一整套以款式、颜色、质地、配饰为主要区别和内容的法律明文规定的服饰制度。郑仁泰墓出土的文吏俑、武官俑可见初唐官员服装端倪。文吏俑头戴进德冠，上身穿红色阔袖短袍，外罩裲裆，下穿乳白色长裤，足蹬黑色如意云头履，领、袖、襟边缘均饰花边并贴金，双手合抱胸前，文雅、含蓄而不失威严。武官俑头戴兜鍪，护耳垂肩，身着明光铠，双肩披绿色披膊，腰带以下左右各有一片膝裙，边缘饰以流苏，绿地宝相花战裙长垂至靴面，足蹬黑靴，右臂前屈握拳，似持长柄武器，左臂下垂肘部微屈，似握佩剑。

>> 彩绘釉陶贴金文吏俑、武官俑

在妇女服饰方面，则大致经历了三个阶段的发展：初期承汉魏北朝遗俗，小衣长裙，多着深色，少施粉黛，佩饰简约；中期则衣裙艳丽，胡服盛行，簪钗耀眼，丽人簇簇；晚期体丰服艳，广袖博衣，饰佩繁缛，华而失趣。唐代妇女服装虽然千姿百态，但其搭配形式主要有两种：一种为上衣下裙，另一种为上下不分的袍服（配裤）。袍有圆领袍（男服）和开襟的胡袍；衣有襦、袄、衫；裙多为长裙（以多幅者为佳），裙色以红、绿、紫、黄居多，尤以红裙流行。宫女一律着半臂（一种短袖套衫）。

唐初，妇女衣裙受隋朝旧俗及胡服影响，尚小袖短襦配修身长裙。随着社会观念和时尚的变化，妇女衣领的敞口越来越大，越来越低，直至半袒胸乳，唐诗描绘的"粉胸半掩疑晴雪""长留白雪占胸前"的人物形象在出土文物中屡见不鲜。

裙子作为唐代妇女的主要下装长盛不衰，300年间款式变化不断，其中不乏诸如唐中宗的女儿安乐公主的单丝碧罗笼裙和百鸟羽毛裙等罕见珍品。前者所饰花鸟均用金片镂刻而成，仅有米粒大小，却五官俱全；后者以百鸟羽毛织成，反、正、明、暗看来色不相同。1987年法门寺唐代地宫出土的武则天的供奉之物——蹙金绣毛裙，足见唐代织绣工艺之精湛。除此之外，唐人诗歌中赞颂的石榴红裙应是宫廷内外广大妇女的共同爱好，白居易"移舟木兰棹，行酒石榴裙""眉欺杨柳叶，裙妒石榴花"，杜审言"桃花马上石榴裙"等诗句都说明这种色调、款式的裙子的无穷魅力和受妇女欢迎程度。

帔帛是唐代女性服饰搭配中的一项重要内容。肩披帔帛的风俗可能源自遥远的希腊、罗马以及波斯地区，波斯萨珊时期的金银器上就常见肩披帔帛的女子形象。长安地区出土的大量唐代壁画、线刻画和陶俑中的女性，几乎人人都披着长短宽窄和质地不同的各色帔帛，与襦和高腰曳地长裙搭配，使女性身材更显修长和俏丽，"坐时衣带萦纤草，行即裙裾扫落梅"，轻薄的衣裙与丰腴的体态完美地结合在一起。衣裙自然流畅的丝绸质感与陶俑、壁画中妇女优美的曲线体现了唐代女性的柔美、端庄与高雅，真实展现了盛唐女性的时代风采。

"胡服"是对包括波斯、突厥、回纥等游牧民族服装的总称。在唐代这个相对宽松、自由的社会环境里，女性敢于大胆追求服饰的自然美，突破"夷夏不通服"等传统礼法的限制，服饰胡化之风已渗透于社会生活的各个阶层。胡服与男服在唐玄宗时期深受宫廷妇女的喜爱，并影响整个社会的风尚。作为东方的第一大都市，长安城里有成千上万的回纥、龟兹、吐蕃、南召、日本、新罗、波斯、罗马、阿拉伯等人，他们的文化习俗最直接、最容易的传播形式就是通过乐舞及服饰来进行，于是"女为胡妇学胡妆，伎进胡音务胡乐……胡音胡骑与胡妆，五十年来竞纷泊"，"女为胡妇学胡妆"已成唐代贵族妇女的一种时髦和追求。从韦顼墓、永泰公主墓线刻胡服侍女图，到咸阳边防村杨谏臣墓出土胡服女俑等形象来看，唐代女子所穿胡服多为翻领镶襟边窄袖开襟胡袍，戴胡帽，腰系蹀躞带，穿条纹小口翻边裤，着靴或软锦镂空履。同时，女

>> 彩绘胡服女立俑

>> 三彩女立俑

　　盛唐开始,妇女服装一改"尚窄"之风,由紧身胡服逐渐向宽松肥大的方向发展,并以宽大的衣裙和艳妆丰腴的躯体为美。这种艳丽丰肥之风在宫廷及贵族妇女中一出现,便立刻在社会上流行开来。在唐代仕女图及唐墓壁画中,都能看到像该女俑一般丰腴健康、神态间洋溢着浓郁生活气息和娴雅韵味的盛唐女性形象。

>> 彩绘帷帽女骑俑

扮男装也是盛唐时期的流行时尚，唐太平公主即因穿紫衫系玉带扎幞头在高宗面前歌舞而深得喜爱。到玄宗开元年间，妇女常有穿丈夫衣服靴衫的。有唐一代，女子着男服，于俏丽之外又平添一种潇洒英俊的风采。

唐代妇女的首服，初行幂䍦，复行帷帽，再行胡帽。古代女子出门，必须遮面，所用帛巾称作面衣。唐代初期的幂䍦实际上还是古代面衣的延续，只是兼有面衣和帽子两种功用。幂䍦实为一大块透明的纱罗，用时自头上披下。幂䍦最初是西域少数民族的一种装束，入中原后成为女子专用品，其纱罗仅垂至颈肩，实际上已是帷帽的一种。从全身障蔽的幂䍦发展到渐露面庞的帷帽，已使唐代一些官员心中不快，认为帷帽过于轻率，有失妇女仪容。但唐代妇女的时尚追求并不止步，于是随胡舞而来的胡服中的胡帽，便成了女性希望在首服上标新立异的又一件道具。陕西长安区唐韦顼墓线刻画中戴金锦浑脱帽的侍女、咸阳出土戴浑脱帽的胡服女俑都是唐代妇女头戴胡帽的典型形象。此外，此时妇女扎戴幞头也是一种时尚。

中国古代人视头发为身体的精华，认为头发中蕴含人的精力与生命。唐代妇女对秀发的钟爱可谓登峰造极，见诸文献记载的唐代妇女发髻名目繁多、辞义美好，有云髻、半翻髻、双鬟望仙髻、回鹘髻、愁来髻、归顺髻、惊鹄髻、倭堕髻、百合髻、圆鬟髻、双丫髻、双垂髻、椎髻、乌蛮髻、反绾髻、抛家髻、盘桓髻等近百种，其中以各式高髻为主。在传世的唐代绘画、墓室或石窟壁画以及众多出土文物中，梳

>> 陶俑中唐代女子发髻式样图示例

各式高髻的唐代妇女形象随处可见。倭堕髻的原型是汉代已经出现的堕马髻。传说杨贵妃骑马时不慎摔下，所绾高髻偏向一侧，有髻鬟下堕欲解之状，十分美丽，随行宫女见后，竞相仿效，于是倭堕髻名传四方。同服饰一样，唐代宫廷妇女在发髻上同样领时代风骚、开风气之先。唐太宗时期，曾有官吏皇甫德参认为高髻是不良风气的表现，上书太宗称：社会上流行高髻，是受宫廷影响所致。导致太宗怒言：难道皇甫德参想使宫中都是和尚吗？唐代妇女正是在这样一种宽松开放的社会环境中生活，才得以恣意挥洒张扬女性的迷人风采。在唐人看来，娥娥高髻寓有崇敬高贵之意，并能给人以华丽美感。在唐代大画家阎立本根据唐太宗会见吐蕃使者的历史事件绘制的《步辇图》中，抬辇、执华盖和团扇的9位宫女云髻娥娥，连额发也处理成云朵形，可谓是唐代初期云髻的典型式样。

天生丽质固然好，恰如其分的妆饰也十分重要。唐代妇女的化妆大致分八个步骤：一敷铅粉，二抹胭脂，三画黛眉，四染额黄（或贴花钿），五点面靥，六描斜红，七涂唇脂，八戴发饰。

涂脂抹粉是古代妇女常用的妆饰手段，古代的妆粉有两种：一是米粉，二是铅粉，后者更受妇女欢迎，并逐渐取代前者。与铅粉配套使用的胭脂，多数人认为它源于我国古代西北地区即匈奴聚居地，古有歌谣曰："失我焉支山，使我妇女无颜色。失我祁连山，使我六畜不蕃息。"焉（燕）支是西北地区的一种草本植物，含红黄色汁液，去掉黄汁后的红汁配其他原料制成干粉，用时加水即可涂抹。自北朝《木兰辞》"阿姊闻妹来，当户理红妆"到唐代杜甫《新婚别》"对君洗红妆"，均能看出胭脂是妇女妆面的主要用品。唐代诗人王建《宫词》称宫女舞罢卸妆时，"归到院中重洗面，金盆水里拨红泥"，足见胭脂使用之甚。唐代妇女妆面，除少数仅施铅粉外，往往是与胭脂并用，或调和后涂抹，或先抹铅粉再涂胭脂于两腮，唐诗中的"桃花妆"可能即指此种妆式。

>> 鎏金鹦鹉卷草纹云头形银粉盒

是唐代金银器中体量较小的盒子，主要用于盛放化妆品，有些出土时盒内还有脂粉的痕迹。唐代每逢腊日，皇帝要将进贡的香膏、胭脂等化妆品盛放在金银盒中赏赐给臣下。此外，唐代还有各种玉、滑石、陶瓷制成的粉盒，材质多样，精美小巧。

画眉之风早自汉代就已流行，汉武帝喜爱八字眉；三国时曹操喜爱的青黛眉，南朝的梁武帝也十分欣赏；隋炀帝则不惜重金从波斯购进大量画眉用的螺黛供后宫嫔妃使用。唐代妇女在眉妆方面建树颇多，小女孩"八岁偷照镜，长眉已能画"。唐玄宗避难四川时，还令人绘《十眉图》。唐代流行的眉样主要有柳叶眉、却月眉、桂叶眉、八字眉等，其中八字眉到唐代中期甚至成为唐宪宗元和年间（808—820）著名的"元和时世妆"中的重要内容。

受南北朝时期佛像涂金的启示，妇女尝试在额头染涂黄色，张舜民《使北记》称之为佛妆。额黄有两种，一是往额部染黄，一是贴剪成花状的黄色薄饰片，后一种便是所谓的花黄。

花钿也叫花子，其产生的过程最具神话色彩的是《杂五行书》所载：相传南朝宋武帝之女寿阳公主于正月初七仰卧含章殿下，轻风吹落的一朵梅花恰好落在其额上，花瓣平展开来十分美丽，花痕三日后方才洗掉，于是宫女争相仿效，形成一时风尚。唐代妇女所用花钿色彩种类繁多，常以金箔片、黑光纸、鱼鳃骨、螺钿片、云母片等裁剪成各种花卉、鸟鱼纹样，用阿胶贴在额心，其中以梅花形花钿最常见。

面靥是在两腮酒窝处施点的一种妆饰。传说三国时吴国的皇族孙和酒后舞如意，误伤了夫人邓氏的脸颊，随即命医生疗伤，大夫称需白獭髓、玉石粉、琥珀屑合药敷贴方可愈后无痕，后因琥珀太多使邓夫人左颊留下了红点。这一意外结果却使夫人更显娇艳，深得孙和喜爱，于是，其他妻妾皆以赤色点靥以讨宠爱。唐代妇女面靥一般用胭脂点染，也有用金箔、翠羽粘贴的。盛唐以前，多为两个黄豆状圆点。盛唐以后则有钱形、杏形靥。有的还在靥的周围（如鼻侧）贴饰各种花卉，称之为花靥。

斜红是唐代妇女时兴的一种特殊妆饰。传说三国时魏文帝曹丕的一位宫女薛夜来不慎撞在水晶屏风上，脸颊上血痕如朝霞将散，十分好看，伤愈后颊面留一伤痕，文帝因此更为怜爱，遂引来其他宫女以胭脂仿画血痕以争夺宠爱。唐代妇女一般将斜红描于太阳穴，形似弯月，有的故意不画完整，以像伤痕。

饰唇之风，先秦已有。到唐代，画唇用品唇脂已被做成条状，使用十分方便。著名的爱情故事《莺莺传》中，崔莺莺给张生复信中就有"兼惠花胜一合，口脂五寸"的说法。唐时妇女饰唇，胭脂与口脂并用，嘴唇以小巧为美，诗人白居易"樱桃樊素口，杨柳小蛮腰"便是一时的时髦标准。朱唇小口的唐代妇女形象在唐墓壁画和出土陶俑中不胜枚举。

唐代发达的手工业，为妇女用于妆饰的各类首饰生产提供了坚实的技术支撑。饰发用的簪、钗、步摇既可美化发髻，又是一种身份等级以及财富的象征。唐代妇女流行高髻，对簪、钗的使用就更加普遍。同时，质地、纹饰也较前代更加精良。出土于永泰公主墓的鎏金菊花纹银钗和西安东郊鎏金飞鸟纹银簪，纹饰既有传统的中国风格，又有异域文化元素。插戴这类饰品的妇女形象多出自唐代贵族墓葬。除插戴簪、钗、步摇外，唐代妇女还喜欢在发髻上插饰梳、篦，其风气之盛，到中晚唐时达到了"满头行小梳"的程度。唐代妇女的梳、篦质地有金、银、玉、角、贝等，梳背往往饰以精美的纹饰。这样的梳、篦插在发髻上自然更添风采。

>> 金梳背

在唐代妇女服饰的发展变化中，时刻充盈着活跃的生命力和创造力，反映出唐代妇女在思想、文化艺术、审美情趣、社会地位等众多方面的积极进取精神。唐代女性服饰留给人们的是美丽动人的芳华和大唐盛世的气息。

|挟弹飞鹰霓裳曲——文化娱乐|

隋唐文化的博大精深，表现在书法、音乐、舞蹈、绘画、书法、体育、娱乐等各个领域，史料记载的著名艺术家和历史故事不胜枚举，而出土文物更是实证。

1.书法艺术

中国古代自南北朝至隋统一，经过了300余年分裂、混乱的时期，但传统的书法艺术却得到了一定的发展。隋代楷书法则逐渐具备，出现了不少知名僧人书法家，如王羲之七世孙释智永。他在永欣寺专心致志攻求书法，把梁武帝编撰的《千字文》工整地写了八百本，派人送到江南各个寺院，从此名法天下。用秃的毛笔埋在地下，名曰"笔冢"。西安碑林现存有智永《真草千字文碑》。

及至唐代，真草篆隶各个书体别开生面，名家辈出，形成了中国书法艺术的鼎盛时代。唐代书法艺术昌盛的原因有二：一是直接继承了六朝名家传统，二是因为唐代帝王大都重视书艺且精工于书法。流传至今被奉为研习书法圭臬的大都是唐代碑帖就足以说明这一点。

2.体育活动

受到少数民族和中亚、西亚、南亚及东亚其他地区影响，长安体育活动丰

>> 唐章怀太子墓壁画《马球图》

富多彩，以勇猛激烈的马球运动为代表的体育活动十分盛行，体现了健康向上的时代精神。

马球起源于波斯（今伊朗），所以又叫"波罗球"，后传入吐蕃，唐初时传入中原。因唐太宗李世民的大力倡导，马球风靡于宫城禁苑、贵族宅第和军队中，成为唐代社会民众广泛参与的体育活动。古代把这种活动叫作"击球""打球""击鞠"等。马球的大小似拳头，用轻而有韧性的材料做成，外边涂上颜色或包裹彩色织物以求醒目，球杖长数尺，一端弯曲如半弦月，施绘花纹。唐代诗人蔡孚的《打球篇》中有"宝杖雕文七宝球""初月飞来画杖头"的诗句，说的就是彩绘马球和球杖。马球场的球门，有单门和双门两种。单球门是在一个木板墙下开一个一尺大小的孔，后挂网袋；双门是在球场两边各有用两根木柱加横梁做成的门，设一个门员，比赛时有裁判。单球门比赛以先入网者为胜，称作头筹；双球门则是两队对攻，以进球多少定胜负。比赛时场外还有鼓乐助阵，以壮声势。

>> 彩绘打马球俑

除了上述激烈的马球运动外，射箭、摔跤、举重、划船等体育活动在唐代长安也很普及。技巧类的体育活动还有顶杆等表演，敦煌156窟壁画《张义潮妻宋国夫人出行图》中的乐舞杂技部分，两人顶竿，其中一人竿上有四个人表演，有一人正准备跳向旁边另一人所举的竿上，画面惊险刺激。西安博物院收藏的七人儿童杂技俑，胡人小力士与汉人孩童共同完成的高难度叠罗汉表演妙趣横生。由此可见，唐代此类十分精湛且难度很高的体操与杂技体育项目流行很广。

围棋对弈在唐代也已蔚然成风，许多皇帝都很喜欢并提倡过这一活动。武

则天时,宫中专门供养了一批"棋博士"。唐玄宗专门设置了陪他下棋的"棋待诏",就连安史之乱避乱成都之际,仍不忘把围棋高手王积薪带在身边。唐代的围棋子圆形,两面鼓凸(日本的棋子类此),棋盘纵横均为19道。唐代女子也十分喜好弈棋,新疆阿斯塔那出土的《弈棋仕女图》绢画极为生动地再现了贵族妇女专注下棋的情景。日本正仓院北仓收藏的极其精美的唐代木画紫檀螺钿棋盘与新疆出土的棋盘形制近似,亦当出自唐代宫廷。

舞马是唐代宫廷豢养的御用娱乐马匹。唐玄宗天宝年间,每逢"千秋节"(皇帝的生日)都会举行盛大的宴会,接受文武百官、外国使臣和少数民族首领的朝贺,并以舞马助兴。上百匹形体矫健、装饰华丽的舞马,伴随乐曲的节拍跃然起舞,奋首鼓尾,舞姿翩翩。高潮时,舞马跃上三层高的床板旋转如飞,领头的舞马还会衔起地上盛满酒的酒杯到玄宗面前祝寿。舞马在当时被视为盛世祥瑞之物,深受人们喜爱。安史之乱后,唐帝国盛极而衰,舞马这种表演形式逐渐销声匿迹,成为大唐王朝兴衰的见证。

>> 舞马衔杯仿皮囊式银壶

繁荣的体育娱乐活动在一定程度上反映了唐代社会经济的发展和文化的发达，展示了唐代长安的精神风貌。

3.乐舞

中国古代乐和舞不分，联系紧密，作品丰富，历史悠久。隋唐时期以传统乐舞为基础，吸收和融合了少数民族和外国乐舞中的新鲜因素，于隋开皇年间创立了"七部乐"，大业年间增为"九部乐"，唐太宗贞观十四年（640）在隋代九部乐基础上发展形成唐代著名的"十部乐"。唐高宗和武则天时期，将宫廷乐师按水平高低分为"坐部伎"和"立部伎"，主要演奏十部乐中的乐曲。

唐玄宗是一个有名的音乐家，不仅长于作曲，而且还善打羯鼓。他对唐代乐舞艺术的发展和管理贡献颇多：第一，设立了教坊和梨园，赋予其管理机构和艺术学校的双重职能。玄宗继位不久就将内教坊安置在大明宫蓬莱宫旁，后又在长安、洛阳两京各设了两个外教坊，分别教习歌舞。与此同时，唐玄宗的另一个创举是设立"梨园"这一具有艺术学院性质的组织。他选拔坐部伎300人，在长安禁苑附近的梨园中进行教练，号称"皇帝梨园弟子"，还在宫廷之外设了4个归太常寺管理的梨园。由此，唐玄宗完成了宫廷乐舞的改革，乐舞按技艺高低形成了一个顺序：梨园法部、梨园弟子、坐部伎、内教坊、外教坊、两京梨园、立部伎、雅乐部。第二、创设"进点"制度。唐初，乐舞表演程式化，十部乐演出耗时很长，随着乐舞曲目的不断丰富和乐师舞伎队伍的扩大，这种状况亟待改变，于是玄宗规定演出前一天太常寺上报节目单，他在节目单上墨点的曲目方可表演，此谓"进点"。

唐代繁荣的乐舞艺术环境产生了许多著名的音乐舞蹈家，除了唐玄宗以及宫廷皇亲国戚中的乐舞高手外，还有诸如祖孝孙、李龟年、曹绍夔、许和子等。杨贵妃和安禄山属于特殊时期的佼佼者，据说杨贵妃、安禄山最拿手

>> 韩休墓壁画《乐舞图》

盛唐时期达官显贵私家乐舞最直接最生动的写照。

>> 苏思勖墓壁画之胡腾舞

的舞蹈是胡旋舞，经常在唐玄宗面前对舞。胡旋舞急转如旋风，以其快速、热烈、刚健等特点令人眼花缭乱而大受追捧，以至当时在宫中出现"臣妾人人学圜转"的"胡旋热"。白居易因此写下了"禄山胡旋迷君眼，兵过黄河疑未反。贵妃胡旋惑君心，死弃马嵬念更深"的感叹诗句，从侧面印证了杨贵妃与安禄山合跳胡旋舞所展现的唐代乐舞盛行的情况。

唐代的音乐和舞蹈之所以能得到长足的发展，一方面与当时的政治稳定、经济发展和文化繁荣等因素有关，同时也与邻近各国之间的文化交流分不开。在唐太宗贞观年间所定的十部乐中，西凉、天竺、高丽、龟兹、安国、疏勒、康国、高昌等八部乐舞都来自边疆各民族和邻近各国。唐代最为有名的舞蹈《霓裳羽衣舞》也是河西节度使杨敬忠进献的。

唐代乐舞艺术以大型宫廷乐舞为主导，宫廷内外、帝都繁城、华

>> 彩绘双环望仙髻女舞俑

长武枣元镇郭村出土。这件女舞俑应是一位轻柔、温婉、抒情的私宅乐舞伎形象；也有人认为是《霓裳羽衣曲》舞毕"小垂手后柳无力，斜曳裾时云欲生"的舞伎形象。此俑捕捉住舞者飞舞游移之中静止的一瞬间加以雕刻，以形写神，神形兼备，达到了气韵生动的意境。

>> 说唱陶俑6件

后五个乐手分别持琵琶、横笛、答腊鼓、箫和笙,中间的主角手中乐器无存,似在歌唱。他们全部穿圆领长袍,头戴幞头,鼓手和主角深眼高鼻,络腮胡子,是典型的胡人形象。其塑造了一个以胡人为主的小型乐队正全神贯注地表演的场面。根据他们所持乐器,表演的应该是西域乐曲。

府街衢,健舞软舞、胡乐汉声,曼妙歌舞无处不在,成为大唐王朝兼容并蓄盛世文化的重要组成部分。宫廷和私家乐舞,风靡一时,遗韵千年,历久弥新。

4.狩猎

狩猎是唐人最钟爱的活动之一,蕴含了唐人雄强的时代精神。据《新唐书·高祖诸子列传》中记载,齐王李元吉曾曰:"我宁三日不食,不可一日不猎。"由此可见唐王朝统治阶层对狩猎的热爱。当我们今天看到壁画和陶俑中的狩猎形象时,仿佛能看到1000多年前唐代贵族田猎时,犬逐豹猎、鹰飞马奔的盛大场面。

唐章怀太子墓墓道东壁的《狩猎出行图》为我们再现了贵族行猎时的弘大阵势。这件巨幅作品高约2米,宽近9米,考古发掘揭取时被分成了四幅。画面选取的是唐代皇亲贵戚狩猎出行这一日常生活场景,描绘生动真实,为今人研究唐代王室生活提供了珍贵的资料。整幅画现存46个鞍马人物,浩浩荡荡地奔驰在长安郊外的大道上。人物排列有序,最前方为两名探路随从,两侧为执旗卫士,最后为两匹辎重骆驼和殿后随从,中间大队人马驾鹰抱犬,前呼后拥,职责分明。透过画面,可以想象人喊马嘶、尘土遮天蔽日的出猎场景。

>> 唐章怀太子墓壁画《狩猎出行图》

>> 三彩胡人骑马斗豹俑

>> 三彩绞釉骑马射猎俑

　　我国古代有"国之大事,在祀与戎"的观念,而田猎活动与兵戎、祭祀有着密切的关系。《礼记·王制》说:"天子、诸侯无事则岁三田:一为干豆,二为宾客,三为充君之庖。无事而不田,曰'不敬'。"意思是天子、诸侯若无征战、出行、居丧等大事,每年都要定时为三件事而狩猎:一是为了获取猎物风干后用于宗庙祭祀,二是为了敬待宾客,三是为了供应庖厨所需。如果没有特殊情况却不去田猎,则是对祖宗不敬,对宾客简慢,有违礼制。当然,田猎还带有军事训练的性质。

　　由于唐代帝王贵族喜好狩猎,西域诸国便纷纷向唐宫廷进贡猎鹰、猎犬、猎豹、猞猁等,经过专人训练后供狩猎时助猎。懿德太子墓壁画中牵豹、驯犬、架鹰的图像表明,在皇亲贵族的日常生活里狩猎是主要生活内容,须臾不停。

莲花影里数楼台——宗教文化

隋唐时期，国运昌盛，加之统治者提倡，各种宗教和民间信仰得到广泛传播。传统的道教、佛教备受推崇，道观、佛寺遍布全国，教派和理论有了新的发展。许多西方的宗教如祆教（拜火教）、景教（基督教聂斯脱利派）、摩尼教、伊斯兰教等也传入中国，使得隋唐时期的宗教文化达到鼎盛。

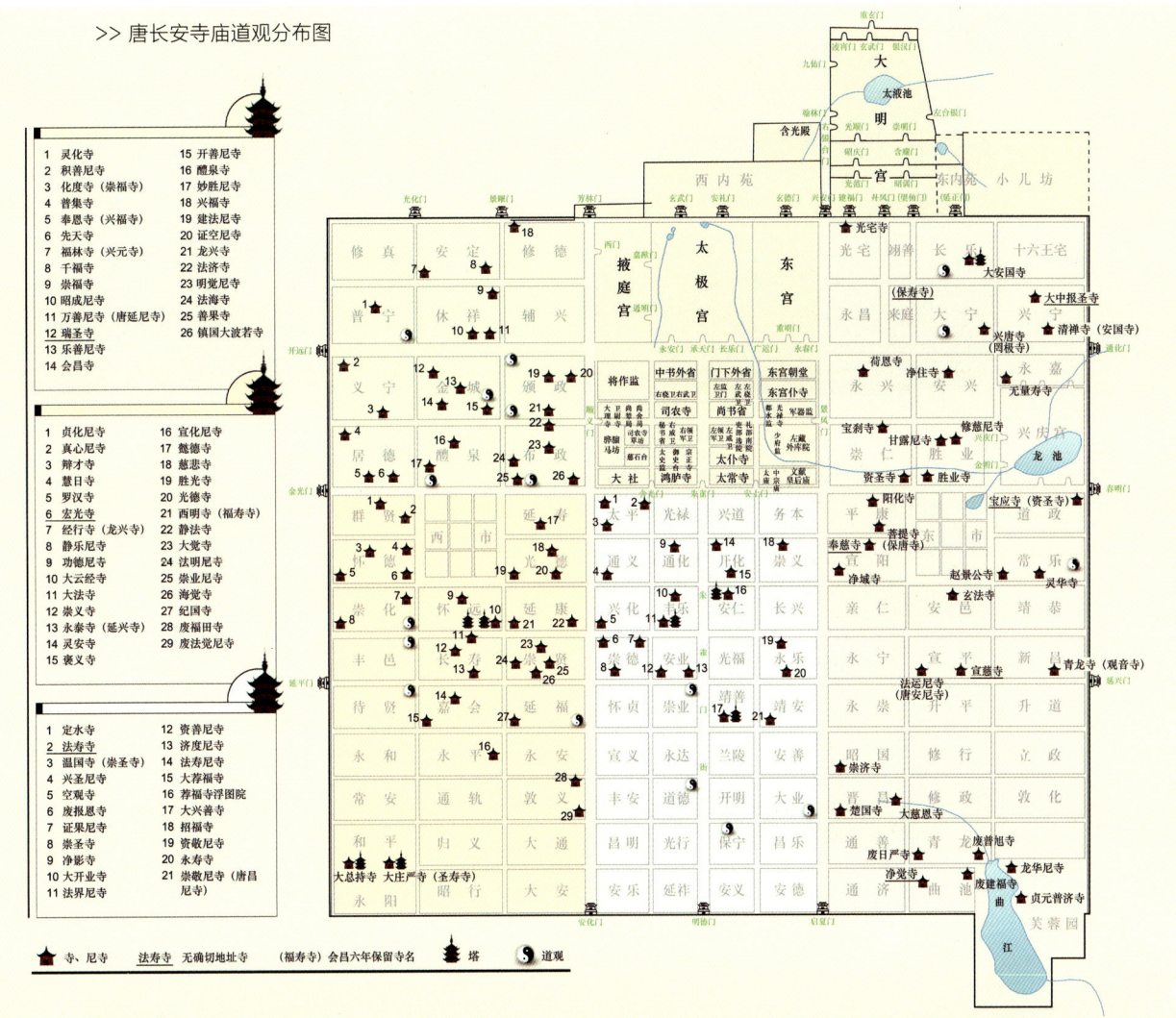

>> 唐长安寺庙道观分布图

>> 苏常侍造印度佛像

佛教大约在公元前1世纪的西汉时期，由中亚经过丝绸之路传入我国新疆地区，西汉末年进入长安。魏晋以及南北朝以来的封建割据和民族纷争使得中国社会动荡不安，居于正统地位的儒家思想已不能适应维系社会秩序的需要，而佛教在与中国文化传统相结合后，迅速成为被当时社会广泛接受的重要思想潮流。进入唐代，佛教达到了兴盛，许多宗派的佛寺遍布长安，相映争辉。北魏时建立的扶风法门寺，由于寺内供奉有释迦牟尼的指骨舍利，被唐朝皇帝视为"皇家寺院"。每30年一次将佛骨迎至长安皇宫内供奉，此活动成为当时长安城内最盛大的宗教活动之一。佛教的六大宗派均在此时形成。由印度僧人直接传播而来的密宗，在社会下层很有影响力，西安小寨的大兴善寺是其祖庭。唐玄宗开元年间，在此弘法的印度僧人善无畏、金刚智、不空被称为"开元三大士"。金刚智和不空的弟子惠果从唐代宗大历年间起，便在长安乐游原青龙寺任住持，宣传密宗教义。公元804年,日本僧人空海到长安入青龙寺向惠果学习密宗"真言大法",公元806年空海回到日本,后成为"东密"祖师。

大慈恩寺是法相宗的发祥地。著名高僧玄奘西行求法归来在大慈恩寺译经讲学,使这里成为当时世界佛学中心。玄奘的学说专论本质和现象的认识关系,称法相宗。因为唐太宗曾给玄奘所译经文作序,所以法相宗曾受到极大重视,后因其教义烦琐,不利于普及,风靡三四十年后逐渐衰落了。僧人法藏吸取了玄奘的教训,根据唐朝的实际情况创立了华严宗。法藏深知"不依国主,则法事不立"的道理,积极为武则天做女皇帝制造神学预言,所以他创立的华严宗得到了武则天的信任与支持,不但在中国广为流行,而且还远播朝鲜、日本,盛行了170多年。法藏的弟子澄观甚至做了唐德宗的镇国大师,被尊为教授和尚。

>> 三彩天王俑

天王为佛教的守护神,经常出现在佛教艺术作品中。天王俑是唐代新出现的随葬俑,常与镇墓兽对称放置于墓门内,与十二生肖俑一起被称为四神十二时,用于避邪厌胜、保护墓主亡灵平安。艺术家们在塑造时发挥了丰富的想象力,运用夸张的手法,通过高矮强弱的鲜明对比,表达出正义必将战胜邪恶的主题。所着戎装与当时武将的装束相似,是佛教中国化的反映。

>> "永徽元年"比丘法律造多宝佛塔

　　西安南郊的香积寺是净土宗的祖庭。公元645年，僧人善导来到长安，宣传只要心中有佛、专心念佛即得佛助，可往生净土。这种被简化的教义在民间广为流行。善导圆寂后，他的门徒为他建造了舍利塔，因为佛经上说"天竺有众香之国，佛名香积"，所以起寺名为香积寺，传说建寺时唐高宗曾赐1000颗佛珠，武则天也亲自到寺院观看。由于日本净土宗创始人法然继承了善导的教义，于是日本净土宗佛教徒奉香积寺为"净土二祖"之一。

　　禅宗是佛教史上纯粹的中国佛教，也是中国佛教最重要的宗派之一。"禅"本是印度佛教徒采用的一种修行方法，但印度没有这一宗派。禅宗起源于北朝，它的主要推行者是唐代僧人慧能。他反对累世修行和大量布施，主张简化宗教仪式，以个人的"心"去感受"解脱"。他不主张背诵经卷，认为只要明白一切皆苦、一切皆空，便可以"立地成佛"。这对于生活痛苦而又无法解脱的下层群众有极大的引诱力，因此能够在国内广泛传播。在唐代后期，禅宗甚至垄断了佛坛，"禅"与"佛"成了同义语。

　　佛教在唐代各阶层的社会生活中有着巨大影响。唐太宗、唐高宗为玄奘译经写序，武则天大修寺院并且日夜诵经，唐肃宗、唐代宗、唐德宗都在宫中设道场和盂兰盆会每天念经祈福，唐宪宗和唐懿宗时"迎奉佛骨"活动更是盛况空前。佛教已成为当时稳定社会秩序的一种精神力量。唐中期以后，由于大量民众出家为僧，封建政府在经济利益上与寺院发生矛盾，导致了唐武宗会昌年间的灭佛运动，但时隔不久，统治者又重兴佛法，这使佛教一直保持着强大的影响力。

道教的地位消长与李唐皇族的态度紧密相连。李渊建立唐朝后，嫌恶自己的家族出身不够高，道士吉善乘机进言说，道教始祖李聃是李渊的先祖。李渊立刻到周至楼观台拜谒老君庙，认老聃为远祖。公元625年，李渊在国子监宣布：天下三教，道第一，儒第二，佛第三。玄武门之变前，僧人法琳支持李建成，道士王远知支持李世民，李世民登基后，道教又一次占到上风。唐太宗在茅山为王远知修了太平观，奉之若神仙异人。唐玄宗更以梦见老子为名，造老子玉像置于骊山华清宫拜谒。不过，道教教义贫乏，修炼身心与配制丹药都需要一定的财富支撑，所以不如佛教传播力强，加之唐太宗、唐宪宗等皇帝因服食丹药而患病，造成统治者对道教的怀疑，于是，道教在长安虽有特殊的政治后盾，又有相当的影响，却未能占据统治地位。

>> 银石榴罐

唐代统治者尊崇道教，道教的炼丹术在帝王的支持下盛极一时，出土的银石榴罐和大量的炼丹药物正反映出唐代这一社会风尚。丹砂为天然的辰砂矿石，是唐代炼丹的常用药物。丹家认为将炼丹原料盛放于金银器皿中，会沾染金银之气，能巩固和提高药效。银石榴罐因形似石榴得名。根据宋代《金华冲碧丹经秘旨》中的记载及将石榴罐倒置在坩埚上使用的图样，有学者判断其为古代炼丹用的简单蒸馏器。

传入长安的外来宗教基督教、伊斯兰教、祆教、摩尼教等表现参差不齐。景教是唐代对首次传入中国的基督教的称谓，《大秦景教流行中国碑》记载了公元635年波斯人阿罗本传教入长安并建波斯寺，至公元745年波斯寺改名为大秦寺的发展历程。会昌毁佛时该寺遭破坏，但影响犹存。伊斯兰教和唐朝的交集，应与公元651年阿拉伯帝国哈里发的使臣来长安见唐高宗有直接关系。唐玄宗时阿拉伯商人源源东来聚集于长安，安史之乱时有大食兵帮助平叛，伊斯兰教在此时顺利传入中国。西安大学习巷的清真寺里有碑记载于公元742年建寺，亦有一说，公元765年郭子仪从西北前线返回长安时，为照顾200余名随他归来的回纥将领学习唐朝法令和中国习俗而建清真寺。建寺时间虽有争议，但伊斯兰教曾在长安立足应是不争的历史事实。

波斯人琐罗亚斯德在公元前6世纪创立祆教，推崇光明必胜，主张拜火，故又称拜火教。隋唐长安城内波斯人很多，建有胡祆祠、祆祠、西祆祠、南祆祠四所祆教寺院。管理祆教徒的机构称萨宝府，其长官称萨宝，即粟特语"骆驼商队队长"一词的音译，多由撒马尔罕出身的波斯人担任。这些祆寺在会昌法难时也被毁坏，但祆教的影响在中国民间仍长期存在。

公元694年传入中国的摩尼教为波斯人摩尼所创。回纥人多信摩尼教，而安史之乱后唐朝与回纥关系密切，回纥人遂请求在长安、洛阳、太原建摩尼寺，会昌法难时摩尼教被禁止，但在下层民间仍保持着影响。

以佛教为代表的外来宗教及印度和西方文化对中国社会产生了重大影响，对促进中国文化的成熟有着明显的作用。遍布唐代长安的宗教寺观反映出大唐文化的开放、包容、自信，是值得珍视的历史经验和文化遗产。

五 丝路繁华

1877年,德国地质地理学家李希霍芬在其著作《中国》一书中,把"从公元前114年至公元127年间,中国与中亚、中国与印度间以丝绸贸易为媒介的这条西域交通道路"称为丝绸之路,由此,居于丝绸之路起点的长安城自然成了中西文化交流的重要舞台。

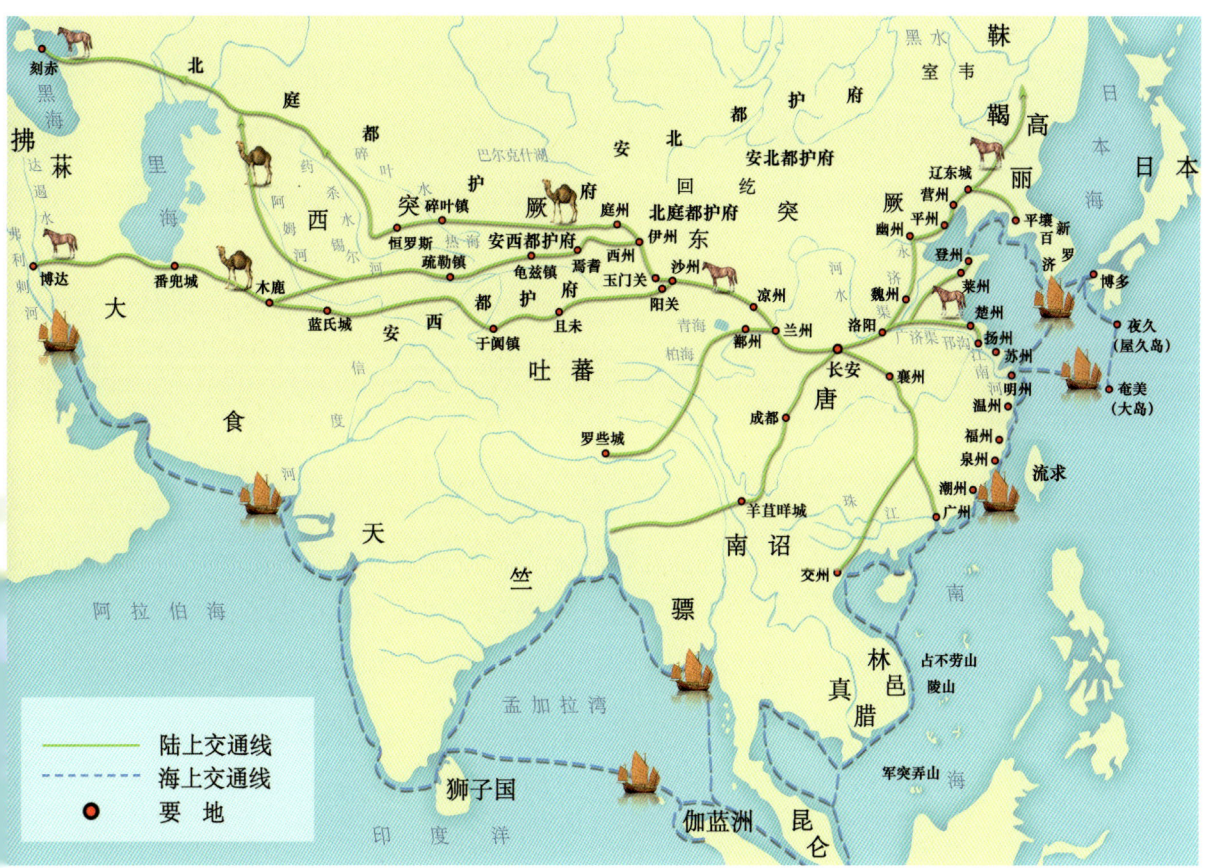

>> 唐代中外交通路线图

从唐长安城通往中亚和欧洲的陆上丝绸之路，从广州驶航波斯湾的海上丝绸之路，从唐长安、洛阳经由登州（今山东蓬莱）、莱州、扬州、明州（今浙江宁波）到日本平城京、平安京的遣唐使航线，像五彩缤纷的彩带，将唐长安城和欧、亚、非国家及地区紧紧地联系在一起。据《唐六典》记载，当时有300多个国家和地区与唐朝有友好交往，彰显了唐长安城国际化大都市的风采。

流沙昆仑涉越勤——异域使者

在空前繁荣的陆上丝绸之路上，无数吃苦耐劳、不畏艰险的使者、商人、僧侣、迁徙者，驾驭着沙漠之舟——骆驼，穿越一望无际的戈壁沙漠，为东西方经济文化的交流而奔波不息，长安城因此而寓居着大量外国人。历史记载，贞观初，一次入居长安的突厥人即近万家。唐高宗时，跟随波斯王子自长安回国的一次就有数千人。唐德宗时期，中亚胡客有4000人久居长安达40多年。各种留寓长安的外国人，因职业等不同住在长安各里坊，其中不少人在长安已拥有自己的房舍，子孙繁衍，代代相传。

唐代的开放和包容迎来了世界各地的人们，能歌善舞的各国艺人在长安这个大舞台上，尽情演绎着人们对太平盛世的赞美和对美好生活的追求。

在陕西出土的众多人物类陶俑文物中，来自中亚或西亚异域国家和地区的人形象多深目高鼻、蓄络腮胡须，一般都被称作胡人。陶俑和壁画中的此类胡人除了长相与汉人不同，翻领袍服、长筒皮靴也

>> 三彩载乐骆驼俑

　　这件三彩载乐骆驼俑，造型别致，唐代工匠用极其夸张浪漫的手法，将7名男乐手和1名女乐伎安置在驼背小小的平台上，宛如一个以驼代步、歌唱而来的小乐队。中间站立的女乐伎，头梳高髻、身着束腰长裙似在歌唱，乐师们身着汉服，手持不同的胡人乐器，面朝外盘腿而坐作伴奏状。面对这件雕塑，人们心中涌现的是中西乐舞的交融场景，对戈壁荒漠的恐惧一扫而空。

似乎成了他们的标准装束。他们个个精神抖擞、器宇轩昂、体格健壮、眉目生动。既有以各种功勋等入仕为官、声名显赫的，也不乏乐舞技能出众被引入宫廷或贵族之家进行表演的，或牵马，或驭驼，或架鹰，或驯豹，几乎囊括了唐代宫廷内外所有与动物打交道的职业。史料记载，在长安的外国人最多时达20万人，他们居住在长安这座充满活力和机遇的世界性大都市中，与不同肤色、习俗的人们一起为大唐王朝的辉煌贡献着才智和汗水。

而实际上，其中不少被称为胡人的人并非来自西域，而是来自东南亚或非洲。这从他们的长相（特别是头发）、服饰等方面可以一目了然地加以区分。出土于西安南郊裴氏小娘子墓、咸阳底张湾、昭陵郑仁泰墓和西安东郊的彩绘陶俑，俗称黑人俑或昆仑奴，即是物证。他们在唐代所从事的多为饲养、驾车

>> 胡人俑一组4件

>> 彩绘釉陶昆仑人俑　　　　　　　　>> 彩绘黑人俑

等工作，可能与其在出生地的职业有关。

除陶俑外，墓葬壁画中也有反映当时中外交流的异域使者形象。最有名的当属1971年考古发掘的章怀太子墓墓道中的《客使图》（或称《礼宾图》）。东、西壁各有一幅，风格基本一致。自发掘出图后，位于东壁的《客使图》每每被引用举例，画面中有六位人物，前三位是唐朝鸿胪寺官员，均穿着初唐时期的朝服，头戴笼冠，身穿阔袖红袍，腰系绶带，手持笏板，足登朝天履，三人相对而立，气度雍容，似乎正在商讨事宜。后面三位，为首一人秃顶，浓眉深目，高鼻阔嘴，身穿翻领紫袍，腰间束带，足穿黑靴，推断来自东罗马；中间一人面庞丰圆，须眉清朗，头戴红色插羽小冠，身穿宽袖红领白短袍，

>> 唐章怀太子墓壁画《客使图》

下穿大口裤、黄皮靴,可能来自朝鲜半岛的新罗国;最后一位头戴翻耳皮帽,圆脸,身着圆领黄袍,腰束黑带,外披灰蓝大氅,下穿黄色毛皮窄裤、黄皮靴,推测来自我国东北靺鞨族。三位应是使者身份,谦卑的神情中流露出期待之意。研究者认为西壁《礼宾图》中的异国使者可能来自大食国(今阿拉伯)、吐蕃(今西藏)和高昌(今新疆吐鲁番)。两幅图是在《步辇图》唐太宗会见吐蕃使节禄东赞之外表现唐代外交官员接待来使场面最生动直观的历史画卷，也是丝绸之路沿线国家和地区与唐王朝友好往来的真实写照。

|泱茫瀚海闪遗珍——丝路遗存|

作为丝绸之路的起点和当时世界的中心城市，长安城肩负着7—10世纪东西方以丝绸之路为纽带开展的经济文化交流重任。从这里出发的商贾将中国的丝绸、茶叶等源源不断地运向西方，西方各国的物产也大量输入长安。历经千年，留存于世的文物成为我们了解中外文化曾经在长安进行交流互鉴和隋唐文化多彩多姿面貌的物证。

1.各国货币

高昌吉利钱为高昌国在唐朝贞观年间铸行的一种流通货币。此币轮廓规整，制作精良，正面钱文为隶书"高昌吉利"，书体古

>> 高昌吉利钱

\>\> 东罗马金币

朴苍劲,既体现出高昌国高超的铸钱水平,也是汉文化在西域影响深厚的充分展现。

东罗马帝国,即拜占庭帝国,我国史籍称为拂菻,与唐王朝关系密切。据史籍记载,东罗马曾7次派遣使节来唐。东罗马金币正面为头戴王冠、身披甲袍的国王半身像,左侧为赫拉克利乌斯一世,右侧为他的儿子。1970年西安何家村出土的金币为东罗马赫拉克利乌斯一世王朝(610—641)铸造。它的出现说明,隋唐时期东罗马、波斯等外国金银币在长安可以进行交易。

公元7世纪初,伊斯兰教创始人穆罕默德统一阿拉伯半岛,其后不到20年便征服了叙利亚、伊拉克和埃及,灭波斯萨珊王朝,建立了强盛的阿拉伯帝国。在奥梅亚家族统治时期(661—750),迁都大马士革,打败拜占庭(东罗马)帝国后,势力范围东至葱岭,西至大西洋,南临印度洋,北抵黑海,地跨欧、亚、非三洲。《唐书》称之为白衣大食。阿拉伯人从前没有自己铸行过货币,最初仍使用被征服地区所流行的货币,如拜占庭金币和波斯萨珊银币。

不久开始仿制货币,但形式仍沿袭旧制,正面常有人物头像,铭文是希腊文或拉丁文,有时加上阿拉伯文。直到阿布拉·马立克在位期间才改革铸币形式,铸行了阿拉伯式新币。依照伊斯兰教义,铸币上没有人像或动物图像,仅铸阿拉伯文铭文。1964年在西安市西窑头村唐墓共出土了3枚阿拉伯金币,铭文的内容基本相同,仅是年份不同。其中年份最早的一枚是公元702年在当时阿拉伯首都大马士革铸造的,最晚的一枚铸于奥梅亚王朝马乐凡第二在位时的公元746年。这三枚金币是在中国首次发现的奥梅亚王朝的金币,也是中国境内目前所发现的时代最早的阿拉伯铸币。金币为圆形薄片,两面均有苦法体阿拉伯文,内容为伊斯兰经文赞语及回历纪年。正面铭文引自《古兰经》,字句稍有删节。中央3行译为"安拉(真主)之外无神,他是独一无偶的"。边缘一周译为"穆罕默德是安拉的使者。安拉以中正的道和真理的教遣派了他,必定使

>> 阿拉伯金币

他战胜其他一切宗教"。背面铭文同样引自《古兰经》，中央3行译为"安拉是唯一的。安拉是永久的。他不生育，也不被生"。边缘一周译为"以安拉的名义，这第纳尔铸于八十又三年"。回历八十三年约为中国唐代武后长安二年（702）。

波斯是著名的西亚古国，在安息王朝时代（前248—226）就已开始和中国友好往来。《史记》说安息国"以银为钱，钱如其王面。王死，辄更钱，效王面焉"。波斯位于欧亚大陆之间，是东西方文化交流和商贸往来的重要枢纽和桥梁。特别是萨珊王朝时期，随着丝绸之路的开通，波斯与中国的交往更加频繁。据《唐六典》卷四记载，在公元455—521年的66年间，波斯曾不断派遣使者前来长安；民间商贸往来频繁，长期留居中国内地的波斯人多达数千人。留居长安的波斯人，大多从事商业活动。波斯银币正面有波斯国王库思老二世的右侧半身像，所戴王冠有翼翅和雉形饰物，两侧有婆罗钵文王名，周围有连珠纹、星月纹等。背面为火焰纹和祆教圣火祭坛，以及持剑祭司和纪年铭文、铸造地点，外围也有连珠纹和星月纹。

>> 波斯银币

中日两国是一衣带水的邻邦，两国的文化经济交往源远流长，2000多年前的中国汉代半两铜钱、五铢铜钱在日本各地出土，即是明证。隋唐之际，正当中国封建经济文化高度发展的鼎盛时期，政治、经济、文化等方面成就卓越，成为日本效法的楷模。日本在奈良时代以前，是以稻米布帛作为实物货币的，随着社会经济的发展，从和铜元年（708）至天德二年（958）的250年间，相继铸造了和同开珎、万年通宝、神功开宝等12种钱币，总称皇朝十二钱。

　　和同开珎银币是日本奈良王朝元明天皇和铜元年（唐中宗景龙二年，公元708年）仿效中国唐代开元通宝铸造的货币，也是日本最早铸行的法定货币。它从始铸到停废仅1年3个月，铸量不多，非常珍贵。据考证，该枚银币是唐玄宗开元四年（716）日本第7次遣唐使带来的，见证了中日友好交往的历史。

>> 和同开珎银币

1970年于西安何家村出土。

2.异域遗珍

除各国货币外，考古发掘出土的其他遗物也从多方面再现了当年丝绸之路以及长安的繁盛景象。当然，丝绸之路，绝不仅仅是一条商路。实际上，沿着丝路进行的文化交流，其影响远远超过一切商业交流，对交流双方所起的作用也是最重要的。因此，在陕西出土的丝路遗物巩固了唐代长安作为中外文化交流中心的地位。

玻璃在中国应用虽早，但并未成为手工业产品的主流。早期的玻璃多是珠子类的小饰品，一直处于装饰其他器具的附属地位。汉代开始有铅钡玻璃容器，其在三国、两晋、南北朝的演进过程中有了质的进步和发展，北魏时吹制法传入，体量较大、器壁较薄的玻璃器可以吹制完成。大量的钠钙玻璃也在南北朝时期从域外输入。但是这个时期的中国既没有延续此前的铅钡玻璃传统，也没有采用来自西方的钠钙玻璃配方，而是在传统基础上产生了新的配方及产品——不含钡的高铅玻璃和碱玻璃。隋唐时期，高铅玻璃盛行，其与碱玻璃的区别在于助熔剂不同：前者以氧化铅助熔，玻璃中不含氧化钡；后者以氧化钠助熔，玻璃中不含钙。铅在玻璃加热烧制过程中产生的氧化铅提高了玻璃的反射率，所以新制作的器物表面多有光泽，但由于古代玻璃的整体化学稳定性差，与西方的钠钙玻璃不同，中国的高铅玻璃遇水或潮湿环境易氧化，不耐腐蚀，所以现代考古出土的高铅玻璃器往往黯淡无光。

出土于西安东郊隋代墓中的绿色琉璃瓶，模制成型，形状奇异，绿色透明的圆球体上，瓶口为管状，器身有对称凸起的

>> 绿色琉璃瓶

倒三角形、凸边凹心的圆形,瓶底有圈足,造型晶莹剔透、小巧玲珑。根据出土的墓志可知该墓所在地是当时隋大兴城的清禅寺,佛教故事中称金、银、琉璃、颇黎、珊瑚、玛瑙、车渠为七宝,以琉璃或玻璃瓶盛放舍利也是常态,所以这件造型奇特的绿色琉璃瓶可能是件由外国输入的瘗藏舍利的器具。

在法门寺地宫中共出土蓝色玻璃器皿11件,以深蓝色为主。其中一件蓝色玻璃盘是吹制成型,蓝色透明,质地光洁。口沿微侈,圆唇、浅腹、小平底,

>> 蓝色玻璃盘

外底心有铁棒痕迹，盘心微凸。据文献记载，罗马及波斯萨珊王朝的玻璃大都是无色的，偶有淡绿、泛黄、翠绿的，很少见到蓝色的。而在7世纪时，阿拉伯帝国占据了西亚地区的玻璃制造中心，拯救了当地几近败落的玻璃制造业。阿拉伯帝国统治下的西亚、北非信奉伊斯兰教的民族将埃及、巴比伦、波斯等东方文化的因素和希腊、罗马古典文化因素吸收、融汇，发展了罗马玻璃工艺，生产出独特的伊斯兰玻璃。伊斯兰教崇尚蓝色，而蓝色原料——钴料产地恰恰在其统治地区内且储量丰富，故而伊斯兰玻璃制造水平很高，在世界玻璃发展历史上起过重要的作用。而法门寺出土的蓝色玻璃盘，其器型、大小和颜色与其他6件玻璃盘基本相同，装饰上带有许多明显的伊斯兰风格图案，应该是阿拉伯帝国的舶来品。

　　隋唐时期，国家统一，与各国家、地区和少数民族的交往频繁而广泛，瓷器制造也往往具有多元文化元素。唐代是中国白瓷的鼎盛时期，目前河北内丘、曲阳，河南巩义、密县、登封、郏县、安阳，山西浑源、平定，江西景德镇等地均发现生产白瓷的窑址。中原汉族仿照草原民族的皮囊壶制作水（酒）壶的传统由来已久，秦朝的铜扁壶可能即源自皮囊；而仿制成陶瓷器，初见于唐代，盛行于辽金，后世渐少。实际生活中奔波在丝绸之路上的

>> 白瓷皮囊壶

白瓷皮囊壶为模仿北方游牧民族的皮囊设计而成。壶上部有环式提梁和竖直的短管状口,壶身有仿皮囊缝合线的装饰。

商队选用这种款式的壶显然比圆球形的壶携带更加方便实用。

　　除陆上丝绸之路外，唐代各地的物品也通过海上丝绸之路传入世界各地，而相应的遗物便是明证。最有代表性的器物就是在安康出土的一件酱釉贴花乐舞纹执壶。此壶出土地安康，地处中国自然和人文的分界线秦岭南麓，曾是南北水陆交通的要道之一，也是中国南北经济文化深入交融之地。此壶是长沙窑的典型外销器品种，纹饰图案内容分别为胡人吹笛演奏和舞蹈等，其特点是壶腹部贴饰花纹后，只在图案部分的表面蘸施酱褐色釉。而长沙窑是唐代著名的南方窑场，其产品丰富，产量巨大，不仅造型多样，装饰手法亦丰富多彩。最突出的是釉下彩装饰工艺。近年在印度尼西亚附近海底发现并打捞出的阿拉伯商船"黑石号"上的绝大多数瓷器产自长沙窑，其中就有与此壶形制纹饰几乎完全相同的执壶。可见长沙窑瓷器不仅深受唐代各地百姓的喜欢，在海上丝绸之路贸易中也占有十分重要的地位。

>> 酱釉贴花乐舞纹执壶

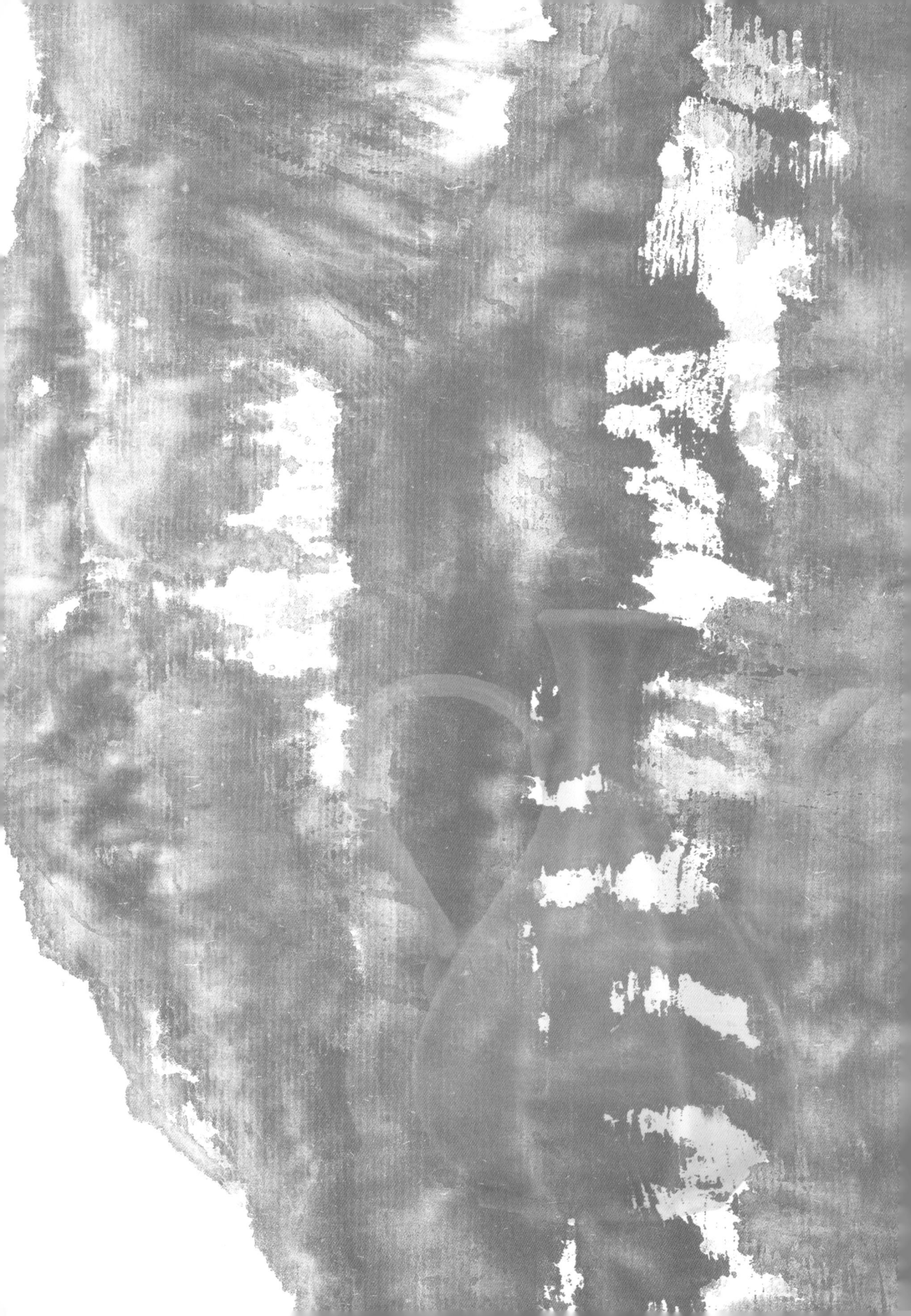

第七单元

文脉绵长——唐以后的陕西

公元904年，唐昭宗李晔被军阀朱温胁迫东迁洛阳。朱温"毁长安宫室百司及民间庐舍，取其材，浮渭沿河而下"，长安由此开始衰败。五代以后，随着战乱的延续及政治中心的东移，长安失去了国都地位，陕西也失去了中心地位。曾经作为10余个王朝的京畿之所在、辉煌了千余年之久的陕西和长安，开始了长达千年的沉寂。但由于陕西，尤其是长安，在唐以后长期担负着维系西北和西南地区稳定、保障中原安全的重任，因此陕西始终受到建都东部的宋元明清各朝统治者的极大重视。此外，陕西在文化方面也取得了很多有巨大影响的成就。

一　西北重镇

宋之后，"陕西"才有了固定的含义。宋初沿后周政区，袭用唐以来的道制，分全国为十道，今陕西境内大部分地区属关西道。不久，关西道改称陕西路，这是历史上"陕西"正式成为一级政区地理名称之始，历金、元、明、清以至今日。元建立后设陕西等处为行中书省，此为陕西设省之始。那时陕西的范围与现今不同，其包括今甘、宁、青等省区的大片土地以及豫西地区，而不包括今之陕南。但就其主体部分而言，关中即陕西。

| 屏藩要冲 |

两宋时期，陕西是西北地区的政治与军事中心，北宋中叶党项族建立大夏雄踞陕西北部；南宋初期金军攻入陕西，几经激战，宋金以秦岭山脉为界，今陕西大部成为金的统治区域。此后，陕西还成为宋与夏、金交战的主战场，吸引了西夏、金朝的主要兵力，发生了许多重大战役，如北宋的三川口（今陕西延安西北）之战、南宋的富平（今陕西富平北）之战、和尚原（今陕西宝鸡西南）之战等。这些战役缓解了中央王朝的压力。在宋蒙（元）战争中，陕南山区军民的抗蒙（元）斗争对延续宋祚也发挥了重要作用。整个宋元时期的陕西历史几乎可以说是一部战争史，至少是以战争为轴心的历史。在宋、辽、夏、金、蒙（元）这一五方角逐的时代，陕西是宋夏战争、金夏战争的主战场，是宋金战争、金蒙战争的西线主战场，是宋蒙（元）

战争的前哨战场和宋辽战争的波及地。陕西是元初忽必烈与阿里不哥内战，元中叶周王和世瑓、靖安王阔不花之乱，元末乱世枭雄察罕铁木儿、农民起义军以及各路军阀及北元与明争夺混战的重要战场。宋、金、元时期的400年间，陕西有三分之一的时间处于兵燹之中，加上两个政权对峙、备战，并不时发生小冲突的战争间歇期，所余的和平岁月实在有限。

明代陕西边外受到蒙古游牧部落的严重威胁。明初的北元、明中叶的鞑靼都曾屡次侵扰内地。特别是成化年间蒙古势力占据水草丰茂、可耕可牧的河套后，明王朝失去黄河之险和一大片缓冲地带，受到严重威胁，直接与河套相邻的陕西地区更是深受其害。因此，明朝对陕北防御给予了很大的关注。

陕西境内的长城属于延绥镇（榆林镇），是费时70余年，消耗大量人力物力，建成的东起黄甫川堡（今陕西府谷黄甫），西至花马池（今宁夏盐池）的防御工事。榆林段边墙总长达880千米，城堡46座、墩台260多个、哨寨800余个，此段长城是气势恢宏的防御体系。

榆林明长城有内外两层，沿黄土高原与沙漠的边缘而建，接近地形划分线的外线称作"大边"，内线深处高山峡谷之中，是第二道防线，称为"二边"。其镇治初在绥德州（今陕西绥德），后移榆林卫（今陕西榆林），由东、中、西、孤山堡、清平堡、保宁堡六路参将分守。

秦塞长城大部地段用黄土夯筑而成，由于风沙的侵蚀，毁损较快，多被积沙掩埋，仅夯土墩台尚存。位于榆林城北红山上的镇北台，是陕北地区明长城遗址中保存最好的，明万历三十五年（1607）由延绥镇巡抚涂宗浚修建而成。台高29.7米，四层正方体，每层都是砖石砌成的，层层递减，第三层南面镶有涂宗浚书"向明"石额一块。镇北台依山据险，巍峨挺拔，登高望远，北面是茫茫大漠。

　　清代，陕西战略地位的重要性再次凸现出来，成为西部边防重地，也是控扼西北的咽喉之地。

>> 榆林镇北台

经略西北

西安经周、秦、汉、唐，是中国政治经济文化中心地区和千年古都，到了宋元时代，虽然城已缩十之八九，民无十之二三，但仍然在人们心目中有着某种特殊的魅力，以至每次重大的历史转折关头都有人郑重其事地提出还都长安的建议。

《马可·波罗游记》里"宏伟著名"的"京兆府"和"构造整齐匀称，堂皇华丽"的安西王府让我们对元代城市建筑可窥一斑。安西王府位于今西安东北浐河边，是忽必烈第三子忙哥剌的王府。平面略呈长方形，周长为2.28千

28	4	3	31	35	10
36	18	21	24	11	1
7	23	12	17	22	30
8	13	26	19	16	29
5	20	15	14	25	32
27	33	34	6	2	9

>> 幻方铁板

1957年于元代安西王府夯土台基石函中出土，当为奠基时所用的辟邪压胜之物。正面分割为36个小方格，内填1至36个阿拉伯数字，构成一个数字方阵，纵横均为6个数字，无论纵、横、斜，总和都是111。此为我国应用阿拉伯数字最早的实物资料。

米。城四角有角楼建筑,东、南、西三面墙中间各设一门。城内中央有一处宏大的夯土台基,应为宫殿基址。宫殿基址东西和北侧有零星的夯土台基。这座建筑是忙哥刺的冬宫,宁夏固原六盘山下还有避暑夏宫,宫城遗址面积286万平方米。这两处安西王宫都是仿元大都模式而建的。皇庆元年(1312)京兆府改称奉元城,是元代西北军事枢纽指挥中心。

明洪武二年(1369)改陕西行省为陕西布政使司,奉元路为西安府。从这时起,古城有了"西安"这一沿用至今的名称。明清时期,陕西作为西北地区的政治、军事中心,成为西部边防支撑的中心地带,承担着无法替代的战略重任。

洪武三年(1370),为巩固大明统治,并确保西北边地安全,将地位仅低于皇太子的次子朱樉封为秦王,并设西安府。由于秦王在诸位藩王中年龄最长,兵权最重,又担负着拱卫西北边疆的重任,"首藩者,宗盟之长也",故秦藩国被称为天下第一藩,并一直伴随明朝始终。

宋、金、元以来的"西安"城区,一直限于唐长安皇城的范围。都督濮英于公元1374—1378年在唐长安城皇城与元奉元城基础上扩建了西安城。西安明城墙是目前我国规模最大、保存最完好的古代城垣。它周长近11900米,城墙高12米,宽12—14米。城呈长方形,由城门、护城河、吊桥、闸楼、箭楼、正楼、角楼、敌楼、女儿墙、垛口组成,城内面积达880万平方米。在明代共开四门,每座城门三重门楼:闸楼、箭楼、正楼,箭楼和正楼之间是瓮城，即便敌人攻进这里也会遭受居高临下的攻击。明西安城墙有4座角台，98座敌台，5984个垛口。在城门、角台与敌台上建有高大的建筑楼——角楼，用于观察城外。城墙最初是用黄土夯筑，城外掘有宽广的护城河。隆庆年间，巡抚张祉为加固城垣，在城墙表面加砌一层青砖。崇祯年间则加修了4座关城。清乾隆年间巡抚毕沅进行大规模维修，增厚包砖，并增修排水道、宇墙垛口等。整座城池气势雄伟而又戒备森严，体现了封建社会晚期中心城市的风貌。

洪武四年（1371）开始，长兴侯耿炳文奉旨以元代陕西诸道行御史台署旧址为基础，兴建秦王府城，与西安大城形成重城形态，成为大城环卫的子城。

>> 西安明城墙

秦王府城也属于内外重城结构，内城为王府宫城，宫城外围还有一圈高大城墙。秦王府城的砖城、萧墙和西安大城构成了三重城格局。秦王府城规模居各藩王府之首，"规模宏壮，将以慑服人心，藉固藩篱"。

秦王府内区域依职能分为祭祀、宫殿、园林、生活四大区域，由中轴线依次自南向北分布。秦王府宫殿区按"前朝后寝"设计，王府有房863间，大小门楼46座，水井16眼。用于外朝的承运殿是秦王府建筑中等级最高者，它采用重檐歇山式屋顶，二层白石台基，面阔9间，约合高38.3米。中轴线的后部，

>> 明彩绘仪仗俑

1990年于长安简王井村明秦王墓出土。共300余件。当时每个俑手中皆持有标明其身份的物品，因系木制，早已腐烂，幸而每个俑的踏板底部墨书其职司，使我们得以知道仪仗队之内容。仪仗前导为"清道旗""白泽旗""金鼓旗""传教幡""绛引幡""戈氅""仪锽氅"等旗幡，随后跟有各类仪仗及乐队。整个俑群塑造得栩栩如生，显示出一种威武壮观的场面。

是秦王及眷属居住的内寝宫，这是秦王府的另一组重要建筑群。由纵贯的前、中、后三座寝宫组成。秦王居前寝殿，王妃居后寝宫，尊卑有序，主次分明，充分体现了严谨的礼制气氛。寝殿的建筑等级略低于承运殿，华丽高贵的程度，无逊正殿。秦王府的整体规划，是按古制设计的，却又不拘泥于先人，使建筑的空间组合和立体轮廓达到统一之中有变化。建筑群经过巧妙的组合，与地形、池水、花草树木相配合，创造出一种富丽堂皇的美，成为全国众多亲王府建筑中的佼佼者。

有明一代200余年间，先后有10余位藩王，30余位郡王，以及其夫人、子孙等，他们多埋葬于今长安区、雁塔区的少陵原、鸿固原、高望原、凤栖原等地。秦愍王朱樉墓，位于今长安区杜陵乡大府井村、汉宣帝杜陵西南，封土圜形，底径51米，高约20米。墓地原有围墙，内设享殿、寝殿、便殿等，现已不存。

陕西自周秦便注重文化的传承，宋元以后这一传统继续发扬。在思想学术领域，北宋张载创立了儒学中的关学一派。作为理学开创阶段的重要学派之一，关学主张学以致用、关注社会问题，强调"以实用为贵"。因其创始人张载（世称横渠先生）家居关中，且从学弟子多为关中人，故后人称之为关学。与张载本为同科进士的吕大钧，因觉张载学识渊博，便拜其为师，并带动诸兄弟及众多关中学者向张载求学。一时横渠闻名于世，形成"关学之盛，不下洛学"的局面。自北宋至清，关学延续了800余年，誉播华夏，影响深远。

在文化教育领域，陕西地方志编纂再度兴盛，书院教育也得以复兴。宋代自宋敏求编著《长安志》以后，陕西地方志的编修日益完备。

宋元时期是陕西书院教育的早期阶段，最早的一个书院是范仲淹在延州（今延安）开办的嘉岭书院，宋元时期著名的书院有因张载讲学而发展起来的眉县横渠书院、为发扬吕大临治学精神而创办的蓝田芸阁书院等，到了明清时代，书院在陕西已是遍地开花。

众多书院中，以冯从吾创办的关中书院最为有名。冯从吾，字仲好，号少墟，长安人，是明代关学的集大成者，也是明代东林党人在西北的领袖。万历年间，他受朝中恶势力的排挤，罢官归陕，专心致力于学术活动。为了宣传他的学术观点和政治主张，成立了关中书院。书院建筑规模宏大，中间讲堂6间曰允执堂，左右南屋4间，东西号房各6间，讲堂后边有假山，"三峰耸翠""宛若一小华岳"，讲堂前半亩方塘，竖亭于中，砌石为桥。书院有门两重，大门二楹，二门四楹。

除关中书院外，明代陕西各地创办了不少学者讲坛，每个县都设有书院，即使贫瘠而屡经边患的陕北，书院教育也有长足发展。清代陕西的书院数量与规模尽管超过明代，但这些书院呈现出明显的"官学化"趋势，陕西的书院教育开始走向衰落。

西安碑林是中国最大的石质书库，推动了我国书法、碑铭之学的发展，它的创建是陕西在文化方面的一大成就。五代缩城后，长安大量珍贵的碑石被弃置于缩小了的"新城"之外，一部分石经被迁至唐尚书省附近。北宋景祐二年（1035），范雍在唐尚书省西隅附近建立京兆府学，后吕大防将文庙及府学迁至今碑林；元祐二年（1087）吕大忠将石经及其他唐宋碑刻徙至府学，修建碑廊，使其免遭风吹日晒雨淋；崇宁二年（1103）虞策对其进行了修建和改造。至此，府学、文庙与碑林同在一地，以后随着碑石数量不断增加，其势如林，故又称碑林，即今西安碑林博物馆所在地。金、元、明、清时期对西安碑林均有修葺，特别是清代乾隆年间两度担任陕西巡抚的著名金石学家毕沅在任期间大规模地进行了整修，对藏石进行整理，将碑林的管理纳入巡抚衙门的管理之内，并派人专司管理，限制拓碑。这是清代对碑林最为全面也最为重要的一次整修。西安碑林现有8座碑亭、7座碑室和8道碑廊以及石刻艺术馆等，收藏有自汉代至今的碑石、墓志、造像、经幢等文物3000余件，收藏碑石、墓志的数量为全国之最，且藏品时代系列完整，时间跨度达2000多年。

名门望族

纵观宋、元、明、清950余年的历史,陕西涌现出一大批著名人物。他们在政治、军事、思想、文化、艺术和科技等领域都有着突出的表现,为中华民族的发展做出了不可磨灭的贡献。如北宋有刚正明敏的宰相寇準,第一状元杨砺,专注儒学的隐士种放,官至相位的吕大防,文韬武略、克敌制胜的游师雄;南宋有中兴名将韩世忠,抗元名将张钰;元代的刘整、贺贲、贺胜;明代的王恕、杨爵、薛国观;清代的张勇、王杰、王鼎、李岳瑞等,他们都曾活跃于历史舞台。

长期的战争使宋元陕西的人才结构出现了明显的"武盛文衰"倾向,陕西逐渐有了"天下精兵猛将咸出西北"的名声。宋元陕西可谓将才辈出。同时,西北战事频仍,朝廷派遣的将帅也在陕西取得战绩,其中最著名的是北宋名臣范仲淹。宋仁宗宝元元年(1038),西夏李元昊侵宋,韩琦、范仲淹临危受命任陕西经略安抚副使,在前线组成了以韩、范为核心的指挥中心。他们以"防守为上"的御夏方针,"筑城迫城,移寨攻寨"的战略,整顿军队,大兴营田,修城筑寨,加强了宋军的防御能力,步步为营,向前推进,有效地遏制了西夏的侵入,使西夏不敢轻举妄动。至今延安嘉岭山下还保留着范仲淹手书石刻"嘉岭山"和"范公井"等遗迹。人们更不会忘记他在陕西留下的那苍凉悲壮的千古诗篇《渔家傲》:"塞下秋来风景异,衡阳雁去无留意。四面边声连角起。千嶂里,长烟落日孤城闭。浊酒一杯家万里,燕然未勒归无计。羌管悠悠霜满地。人不寐,将军白发征夫泪!"

>> 西夏铜符牌A面

>> 西夏铜符牌B面

1.蓝田吕氏

北宋中期,汲郡人吕通赴长安为官,举家迁往今蓝田县三里镇桥村定居。吕氏一门六兄弟五进士,其中四人皆有盛名,这就是北宋中后期的"蓝田四吕"。他们书香传家,世代为官,是北宋影响颇大的名门望族。吕大忠、吕大防、吕大钧、吕大临四兄弟在《宋史》中均有传记。"四吕"中的吕大防是个政治家，为宋哲宗时期的宰相；吕大钧是张载思想的倡导者，理学名士；吕大忠官至宝文阁直学士，曾任陕西转运副使，是西安碑林的奠基人；吕大临是金石学家，扛鼎之作《考古图》是我国最早著录、考释青铜器的著作，奠定了我国金石学、古文字学基础，堪称中国考古学的鼻祖，他的长兄大忠、三哥大钧亦在碑石学研究领域造诣深厚。

更难能可贵的是，吕氏兄弟带领百姓兴修水利，造福乡里，并在家庙中开学授课教化乡民。明代冯从吾甚至赞扬说，关中风俗因《吕氏乡约》为之一变。正因如此，蓝田吕氏深得当地民众爱戴。

2005年蓝田吕氏家族墓地被盗，墓葬被两次盗走各类文物119件。案件侦破后，这批文物悉数由陕西历史博物馆收藏，是建馆以来最重要的一批收藏。在随后的考古发掘中，又出土器物700余件（组）。种类有瓷、陶、石、铁、铜、锡、金、银、漆及珠贝等类。其中瓷容器数量多、品相好，以耀州窑产品居多，兼有景德镇湖田窑、定窑、建窑产品。石器多为当地骊山石打造，色泽青灰、做工精细，极具地域特点。主要器型是茶具、香具和文房用具，吕氏家族多人研究礼学，墓中也常用古器或仿古器随葬。出土墓志24合，弥补了传统文献记载的不足，是一部鲜活的北宋历史，为我们研究北宋官制、科考制度，以及河南汲郡吕氏家族起源、分支、迁徙和定居蓝田后的家族发展谱系、延续脉络、家族成员在墓地中墓穴的排列制度提供了第一手资料。

>>青釉银釦葵口碗

>>菊瓣形双龙纹白石盘

    石盘用洁白的大理石碾琢而成,敞口、浅腹、平底,做三十六瓣菱花形,犹如盛开的菊花。器壁轻薄适度,棱线规整,曲线流畅,富于韵律感。盘心主体纹饰采用浅浮雕兼细线雕琢技法表现龙纹图案,双龙聚首对视,身躯弯曲翻腾,全身满布鱼鳞纹。龙脊、肢爪等处的定位钻孔不加修饰,龙尾舒卷如鱼尾。龙身空隙填以细阴线波浪纹衬底,四周饰缠枝忍冬纹作为辅助装饰纹样。如此精巧华美的石盘实属罕见。

>>墨书刻铭铜盖鼎

>>鱼虎纹铜鼎(春秋)

2.将门虎子

宋元陕西可谓将才辈出，不仅有游师雄、韩世忠、李显忠、张珏、刘兴哥等，还有一门将帅的杨家将，种家将，折家将，刘仲武、刘锜父子，刘延庆、刘光世父子，贺贲、贺仁杰父子，等。

府州（今陕西府谷）折家将，世居府州称雄一方，是汉化的党项族贵族。《宋史》中，折氏家族世袭府州刺史200余年。从第一代的折从阮开始，折家就以府州为中心经营陕北，形成了从五代贯穿北宋的折家将集团。折家八代为将，子弟多为武艺娴熟、跃马弯弓的健儿。麟州（今陕西神木）杨家将，从杨业开始一门三世为大将。杨业出身将门，为北汉、北宋名将。其子杨延昭智勇善战，守边30年，让辽国闻风丧胆。其孙杨文广在范仲淹麾下抵御西夏。杨家浴血报国的事迹，在北宋中期已名扬天下了，著名的历史故事《杨家将》就是以杨家父子为蓝本的。折家与杨家通世为好，折家第二代猛将折德扆还将自己的女儿折赛花（著名的佘太君）嫁给杨业为妻，双双为保卫边疆立下了汗马功劳。

种氏将门之家，祖籍洛阳。种家将的第一代种世衡（985—1045），其叔父便是对理学的产生颇有影响的终南隐士种放。种世衡弃文从武在延州投身于抗夏战争，种世衡的儿子种诂、种谔、种诊都继承父志，成为陕西名将，关中人

>> 西夏官印

号称"三种",他的小儿子种谊后来也在西北立下战功。种谔直接承袭父职,继续率领种家军驻守清涧城,在抗夏战争中立下了收复绥州的大功。元符二年(1099),西夏、青唐入侵,种谔的儿子种朴临危受命,数日后战死。靖康之难宋兵的统帅种师道,种世衡之孙,少时跟随大儒张载求学,后弃文从武,成一代名将。种氏三代为将,经历了仁、英、神、哲、徽、钦六朝,共87年,且多次参与重要战役,北宋立国167年,有种氏一门将帅活动的时期占了一半以上。

3.汉人世侯

刘黑马家族是大蒙古国窝阔台汗所立汉军三万户之首,其祖父刘伯林于金大安末年率部归附成吉思汗,成为蒙古国一支极为重要的军事力量。刘黑马弱冠之年便随祖父南征北战,征讨叛将武仙,大败金将忽察虎军、完颜合达,使得金朝失去最后依仗。灭宋之战时,任成都路军民经略使(墓志为"成都路经略使"),在灭金、灭宋两大战役中起了重要作用。刘黑马卒后被追封为秦国公,将"都总管万户"一职传于长子刘元振,改任成都路经略使。五子刘元礼,是元朝怀远大将军、延安路总管。长孙刘纬,也为元代将领。

2009年,考古人员在西安南郊发掘了刘黑马家族的12座墓葬,均系长斜坡窄台阶、前后室土洞墓,由墓道、过洞、天井、封门、甬道和前后墓室及壁龛等组成,出土了刘黑马以及刘元振夫妇墓志,内容可与《元史》等文献相互印证。这些墓葬虽多数被盗,但出土器物仍然较丰富,有金、银、铜、铁、瓷、陶、纺织品等。其中陶器的数量最多,均为细泥质灰黑陶,这些陶器中最为重要的是仿铜陶礼器。

刘黑马家族墓等级高、排列有序、形制完整,随葬品丰富,对于研究陕西地区,尤其是西安地区元墓的形制、随葬器物组合及元代丧葬文化具有重要的学术价值。

二　世俗百态

北宋建国后，长安及关中地区也趋于安定，经济社会渐渐恢复，关中农业、商业得以复兴。隋唐时期的封闭式里坊制演化为开放式街巷制，"城"和"市"逐渐融合。城市的生产、商贸、娱乐功能日益突出，铺店、酒肆、歌坊、茶馆等成为平民流连的场所，市民阶层扩大，市井文化因而相应地发展起来。许多文人也参与到市井生活中，吸收艺术营养，使宋词、元曲、杂剧达到了创作的高峰。

雅俗衣冠

宋初，农业、商业、手工业都有了长足的发展，从而为服饰文化的发展提供了有利条件。朝廷十分重视恢复古代服饰制度，从文献记载来看，宋代的服饰制度等级较前代更趋严格，划分的等次也更为具体，并将等级制度与伦理道德联系起来，大力推崇理学思想。

宋朝男子的官袍以隋唐时期的圆领袍衫形制为主，结合古代制度，形成宋代独有特点。同时，与官服配套的革带、佩鱼、方心曲领等配件与官员的品级密切相连。宋代幞头的形制和前代有明显的不同，成为文武百官的规定服饰。

宋代的妇女受"程朱理学"的影响，服饰与唐代比较，在整体风格上是由丰趋于俭、由华丽趋于素朴。其礼装风格仍是上着大袖青色衣，下着长裳（裙）、蔽膝、青色舄袜等，所不同的是增加了霞帔、玉坠子。宋代妇女的常服有一种称

>> 宋捧物侍女俑

　　1984年于安康城郊白家梁宋墓出土。共4件，均高34厘米。发饰衣着相同，高髻，身着圆领小衫，外罩对襟窄袖长衣，下穿长裙，腰系带。4件俑分别捧抱琴囊、画轴、书函、砚台等物于胸前。面容清秀，沉静内敛。

为褙子的外衣，其特点是对襟、直领、两腋开衩，衣长过膝。上至后妃，下至百姓都可以穿着，可见其流行程度。唐代非常盛行的帔帛，在北宋时期仍时常见到，说明宋代妇女服饰虽然按礼改制，但仍继承了前代的一些服饰风格。总体来说，宋代服饰呈现出淡雅、简约的"理性之美"。

金、元是中国历史上少数民族建立的政权。他们都原居北方，属传统的游牧民族，有着相同或相近的民族背景和生活习俗。南下以后，在他们分别制定的礼仪服饰制度中，既保有各自民族的特色，同时又广泛地吸收、沿袭了唐宋以来的汉族服饰制度。

金代官服的几次改制，都是围绕汉族、特别是宋代服饰的模式进行的，这表现了中原文化对金代服制的重大影响。金代的常服由四部分组成，头裹皂罗巾，身穿盘领衣，腰系带，脚着乌皮靴，比较注重突出北方少数民族风格。袍服是金代男子常穿的一般服装，腰间大多系腰带。他们多以毛皮制成冬装，富有者以貂、狐、貉制成裘，贫寒者则多用牛、马、羊、獐、鹿等动物的杂皮制成。金代男子的首服也很有特色，用皂罗纱制成，上结方顶，折垂于后，有身份、有地位的人还常在巾顶饰珍珠一类的饰物。毡笠帽也是金中期男子常用的首服。金代毡笠帽的帽檐很短，帽顶上用珠或缨羽装饰。此外，男子多以髡额辫发为主。

金代妇女的礼服基本承袭了宋代的式样，首服戴花珠冠，袆衣为大袖衣，上织翟纹，配以大带、蔽膝、玉佩、舄等。一般妇女的常服，则多穿衣裙，上衣称为团衫，其形制有直领对襟和斜领左衽两种，多用黑紫或黑色织物裁制而成。下着裙，以黑紫色有全枝或折枝花图案的织物制成，裙摆周边打褶。衣裙以棉质为主。

由于元政权崛起于北方草原，其经济、文化和生活习俗都比中原地区落后许多，其衣冠服饰亦较简朴。元代统治者在强迫汉人接受蒙古族生活习俗的同时，也受到了汉族文化的影响。统治者十分注重借鉴和吸收汉文化的礼制经验，如元代服饰制度就实行双轨

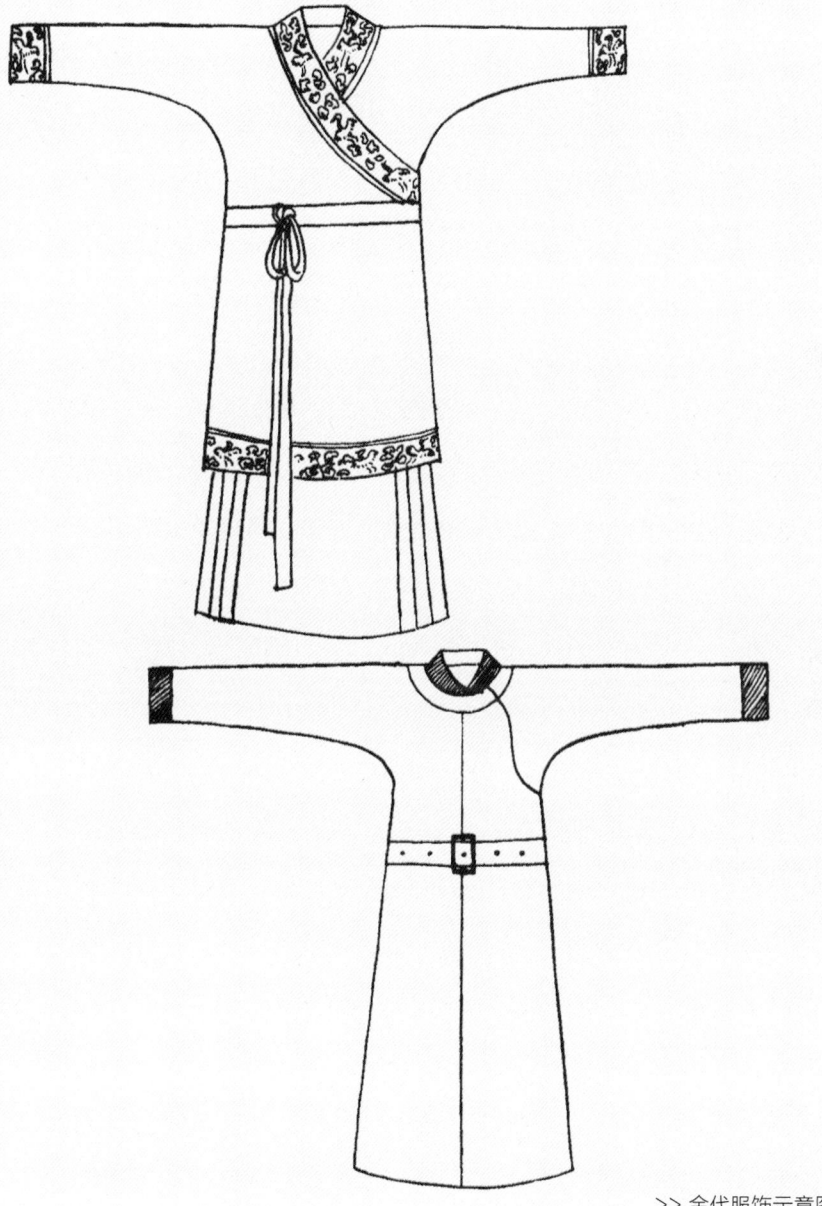

>> 金代服饰示意图

制——汉制衮冕与蒙古族传统质孙服并行，以不同场合区分，使元代服饰呈现出多元的、南北文化融合的局面。

质孙服是典型的蒙古传统服饰。在内廷大宴——质孙宴上，所有参与人员，不论性别、尊卑、民族、国籍，都必须身着质孙服。"质孙"为蒙语，汉语的意思是"一色"，所以质孙服又称一色衣。它是蒙古族传统的服饰之一，其形制为整衣上下相连属，上衣紧身、窄袖，有斜领、方领、右衽；下裳为裙式，腰间有很多细疏不同的褶皱，裙长过膝。世祖忽必烈入主中原以后，将这种体现蒙古族风格的衣装列为元朝官员的礼服，上至皇帝，下至百官、卫士，甚至乐工都可以穿。

蒙古族妇女以长袍为主，左右衽都有，以左衽居多，大多比较宽博且长，也称鞑靼袍。顾姑冠是蒙古女性特有的冠饰。云肩是元代妇女流行的服饰之一。

这期间蒙古服装对中原汉族服饰也具有一定的影响，以至于左衽在中原汉民族中一度成为时髦的装束。

明代是汉族统治的王朝。基于前代辽、金、西夏、元的统治，民族之间交错而居，杂乱无章。明开国伊始，统治者便着手推行唐宋旧制，恢复汉族礼仪，调整冠服制度，禁胡服、胡姓、胡语。

明代恢复汉族冕服制度，明太祖朱元璋曾下诏"衣冠悉如唐制"，极力消除北方游牧民族包括服饰在内的各种影响，从而重建一国一代之制。明朝服饰上采周汉，下取唐宋，在继承中又有创新，形成了明代服饰自己的特色，如明代官员补子、忠靖冠、六合统一帽等。明代文武官员服饰主要有朝服、祭服、公服、常服等。常服主要为袍、裙、短衣、罩甲等。明代妇女的着装基本沿袭唐宋女装的式样，主要有冠、衫、袄、褙子、比甲、裙子、膝裤、霞帔等。最具特色的是冠和霞帔，两者都是明代命妇礼服中的一部分，是区分身份和等级的主要标志。明代妇女的普通着装是上身为袄、衫，下身为裙，外罩褙子或比甲。

清朝是中国服装史上变化最大的一个时代，也是保留原有服装传统最多的少数民族王朝。这个时期是满汉文化交融的时代，尤其是服装文化。清统治初期，以暴力手段推行剃发易服，按满族习俗统一男子服饰。顺治九年（1652）钦定《服色肩舆条例》，废除了中国2000多年的衮冕制度。

清代男装主要是长袍和马褂，袖端呈马蹄形是历代不曾见过的。长袍造型简练，立领直身，偏大襟，前后衣身有接缝，下摆有两开衩（古时称"缺胯"）、四开衩和无开衩几种类型。

清代女装，汉、满族发展情况不一。汉族妇女在康熙、雍正时期还保留明代款式，如高髻、花钿、对襟外衣、长裙；乾隆以后，衣服渐肥渐短，袖口日宽，再加云肩，花样翻新日趋繁多；到晚清时都市妇女已去裙着裤，衣上镶花边、滚牙子。满族妇女着旗装，梳旗髻（俗称两把头），穿花盆底旗鞋。至于后世流传的所谓旗袍，长期主要用于宫廷和王室。清代后期，旗袍也为汉族贵妇所仿用。

耀州青瓷

耀州窑是中国古代北方地区最有影响的青瓷窑场，是中国青瓷发展的三个里程碑中继越窑之后的第二个里程碑。创烧于唐，成熟于五代，宋代鼎盛，金元延续，衰落于明、清。耀州窑的窑址，在今铜川黄堡镇。当时铜川称为同官县，隶耀州，所以这里的窑场便号为耀州窑。据考古资料证明，黄堡镇一带的耀州古窑址范围绵延长达5000米，发掘区的文化堆积层包括唐、五代、宋、金、元、明、清诸朝，而最主要的堆积层是北宋耀瓷。

>> 五代青釉提梁倒灌瓷壶

　　高18.3厘米,1968年于彬县出土。壶底中心有一五瓣梅花形孔,灌水时将壶倒置,水从母狮口外流时始盛满,因壶内有漏柱与水相隔,底虽有孔而不漏。该提梁倒灌壶的造型、结构极为奇特,纹饰繁缛华丽,是目前国内外耀州瓷器中甚为罕见的珍品。

五代耀州窑的青釉，佳者呈湖绿色但青色较越窑淡，釉面较厚，与越窑青釉的色泽相比毫不逊色。宋陆游《老学庵笔记》"耀州出青瓷器，谓之越器，似以其类余姚县秘色也"的记载说明，在宋人眼里耀州窑青釉是与越窑秘色一样美丽的釉色。就器物的造型而言，五代耀州窑与越窑器皿的造型几乎都可在唐代金银器中找出原形，如葵瓣、菱瓣、多曲等形的碗、盘、碟以及三足小盂等。

>> 青釉八棱执壶

耀州窑在北宋时期空前发展，烧造的规模明显大于当时的越窑、龙泉窑等其他青瓷窑场，遗址鳞次栉比、星罗棋布，《同官县志》"南北沿河十里，皆其陶冶之地，所谓十里窑场是也"的记载真实地反映了耀州窑当时烧窑的规模。元丰七年（1084）《德应侯碑》"巧如范金，精比琢玉，始合土为坯，转轮就制，方圆大小，皆中规矩。然后纳诸窑，灼以火，烈焰中发，青烟外飞，锻炼累日，赫然乃成。击其声，铿铿如也，视其色，温温如也"的题记生动地描绘了北宋耀州窑烧瓷的盛况。除以青釉瓷器为主，还有白瓷、黑釉、酱釉、白釉绿彩、素地黑彩、白釉黑彩、釉下彩等等。内外壁布满花纹，丰富多彩。人物神仙，花鸟虫鱼，几何构图，无所不有。这些纹样图案构思巧妙，清新明快，既有浓厚的乡土气息，又有高雅的宫廷格调。装饰工艺手法新颖，有捏塑、浮雕、堆贴、合模、绘彩、画花、刻花、剔花、印花、锥刺等。刀法洗练纯熟，圆活流畅，刻出的花纹图画富有生气。从宋人王存主编的《元丰九域志》和《宋史·地理三》的记载看，耀州当时贡瓷给宋朝皇室。

同时，耀州瓷器还对国内其他地区的瓷业产生了相当大的影响，如河南的临汝窑、宜阳窑、宝丰窑、新安城关窑、禹县钧台窑、内乡大窑店窑，以及远在岭南的广州西村窑和广西永福窑等，都先后仿烧耀州青瓷，从而形成了一个与越窑风格有别的北方青瓷窑系。耀州瓷器的影响还远及海外，如朝鲜、日本、阿曼、苏丹以及东南亚的一些国家，当时也都是耀州瓷器的销售地。

北宋以后，耀州在伪齐、金朝统治下仍是重要的高级瓷器产地。耀州窑在这期间继承和发展了宋代的一些工艺传统，烧制技术上继续有所提高。此时创烧了一种中国陶瓷史上绝无仅有的釉层肥厚莹润、釉色淡青泛白的月白釉瓷器，不仅制作精湛，釉面匀净，而且形制优美，如罐、炉、执壶、瓶、鼓式供盘、荷叶形盖罐、单把杯等均十分精美。器物多为素面，主要以釉色取胜。南宋周辉《清波杂志》"耀州黄浦（堡）镇烧瓷名耀器，白者为上，河朔用以分茶"中的"白者"，应该是指这类如冰似玉的月白釉。这种釉色代表了金代耀州窑瓷器生产的最高水平。

到了元代，耀州窑瓷器生产逐步衰落，胎釉渐趋粗厚，造型纹饰简单，图案形象刻板拘束，青瓷的比例不断下降，主要产品为姜黄色青釉瓷。虽然在花纹题材上新出现了吴牛喘月、八卦等新的式样，但从总体风格上看，瓷器烧造水平比宋代大为逊色。相比之下，黑瓷、白瓷产量增加。尤其是白釉黑彩瓷异军突起，到了明代成为耀州窑最引人瞩目的品种，但耀州窑已完全衰落了。

精致生活

宋代是中国古代生活方式转变的节点和文化发展中至关重要的时期。完善的科举选官制度，形成强大的士大夫阶层。文人士大夫们具有较高的文化修养，追求高雅的艺术情趣和精致的生活，使风雅成为一时之风气。同时，城市商业经济的高度发展，

>> 耀州窑姜黄釉梅瓶

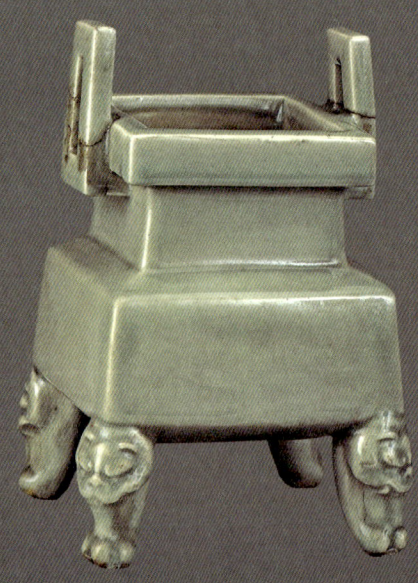

>> 耀州窑月白釉方鼎

催生了丰富多元的市井文化。

在居所环境上,文人士大夫受道教文化影响追求隐逸的情怀,追求一种隐居生活的新格调,士大夫营造园林之风盛行。吕大临的父亲吕通赴长安为官,路过蓝田,看中此地云水烟霞的山林之景、从容安逸之境,便举家迁往今蓝田五里镇桥村定居。嘉祐七年(1062)苏轼任凤翔府通判,在任3年修葺了东湖,并为东湖写了180多篇诗文,耳熟能详的《喜雨亭记》就是其中一篇。这种营建幽静、旷怡居所的风尚影响延续至明代。

宋代,从居所的清雅幽静,到文房用具、案头摆设的雅致都走向了精微。宋代士大夫墓葬与文房用具伴出的每每有茶、酒、香诸般用器,同于当日的生活情境。蓝田吕氏家族墓地出土有铁镇尺、歙砚、白石双狮笔架等文房用具,尤其是一枚白石狮子镇纸,正如诗人所咏"刻石作狻猊"。

以苏轼为代表的士人"饮官法酒,烹团茶,烧衙香,用诸葛笔",挥毫作书,与饮酒、烹茶、焚香共同构成宋代士人日常生活中的赏心乐事。饮茶器具主要有盏、盏托、壶等。从蔡襄的《品茶要录》和宋徽宗的《大观茶论》等可知,宋代的所谓斗茶即斗点茶,看谁点出的图案漂亮。据史料记载,宋徽宗就

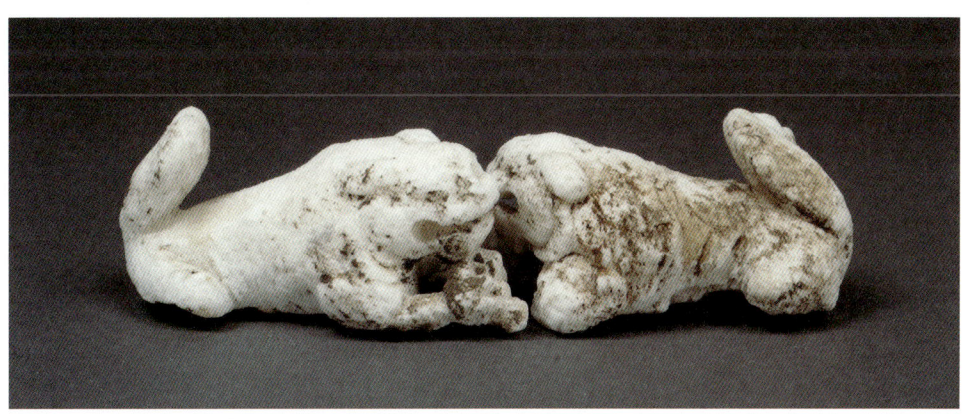

>> 白石狮子镇纸

是一位点茶高手，常常沉迷于点茶。而斗茶习俗的风行，更使得茶具的设计在造型上较前代更精致、多样、实用。

燕居焚香，是宋代士人的一种生活方式，香与香具是宋代士人精致生活的日常用具。两耳之鼎，正是当时流行的一种仿古样式的小香炉。炉中预置特为焚香而精制的香灰、香炭一饼，烧透入炉，轻拨香灰，浅埋香炭。香之发散舒缓，少烟，多气，香味持久，香韵悠长。陆游《剑南诗稿》所描述的品茶、焚香，不是宋代士人生活之个案，而是宋代士人生活之常态。

宋代的文化对后世影响巨大。金人南下占据淮水以北之后，学习汉文化，确立了金廷的礼制系统。金元时期，以盏托、玉壶春瓶为代表的茶酒之具，以及以香炉、烛台为代表的供器组合，是殷实人家的常见器物。从北方金元富室乡绅的墓室壁画可以看到居室也常常布置此类器物。

>> 侍女捧茶纹砖雕

宋代的学术界兴起了研究金石的风气。文人收藏和鉴赏古书、字画、玉器、铜器、瓷器等各类文物的风气极为兴盛，他们注重古代器物的艺术特色和文化内涵，崇尚古朴典雅、自然含蓄的审美趣味，与同道好友共赏秘藏，吟诗作跋，成为其精神生活的重要组成部分。考古鼻祖吕大临的家族墓地出土的商代晚期乳钉纹簋，汉代的朱雀铜熏炉、刻铭铜盘及铜镜，正是这一风尚的考古学印证。

明代书院盛行，以书院为场所的文人聚会也随之增多。冯从吾创办的关中书院以关学思想为学术核心，在饮酒、品茶之中得到美的陶冶，弘扬着崇真尚简。戒空谈、敦实行的关中学风，使关中学院成为正直士大夫的清议论坛。

北宋以后陕西地区士大夫文化逐渐衰落，民间文化

\>> 朱雀铜熏炉

>> 耀州窑青瓷刻花三足炉

却蓬勃发展，民间各种艺术形式荟萃，竞技献艺。沈括在《梦溪笔谈》中记他路过鄜延时听到"唐羯鼓曲，今唯有邠州一父老能之，有《大台蝉》《滴滴泉》之曲，予在鄜延时，尚闻其声"。

金元时期，陕西民间的戏曲文化繁荣。据说蒙古平陕后，就藩关中的忽必烈十分爱好民间戏曲，他曾掠关中伶优，在京兆城里建立教坊、行院、勾栏，其建制与规模可与大都及杭州相媲美。当时官家也养有众多的伶人。元墓出土有大批陶俑艺人，足以证实史书记载所言不虚。金元之际，整个陕西，尤其是关中地区民间戏曲活动普遍兴盛。如元好问记述他在京兆以东地区所见："日暮新丰原上猎，三更歌舞灞桥东。"元代陕西有许多民间散曲作家，见于记载的如孙周卿、王爱山、撒彦举等等。其时杂剧艺术也开始在关中兴起，如京兆人红字李二就是长于杂剧演出与创作的演员兼作家，所编传奇盛行于世的多为水浒戏。著名的元代杂剧作家马致远，青少年时期曾随父官居略阳，在陕西生活多年，他的一些作品如《陈抟高卧》《汉宫秋》等都以陕西为背景并融入了自己的生活体验。当时陕西已经形成了种类繁多的地方戏曲，如秦声歌舞、货郎旦、唱曲、杂剧等，是元代戏曲活动最为活跃的地区之一。其流风遗韵，现已保留到秦腔、眉户诸戏剧艺术之中了。

明代处于中国封建社会发展的晚期，城市和商业经济发展迅速，在社会生活方面的主要特征是市民阶层兴起，商品经济发展，城市和集镇空前繁荣，人们的生活方式、价值观念、审美情趣等日趋世俗化。明代陕西戏曲发展迅速。明初，秦王朱樉父子就好戏曲，于府内设教坊，供其娱乐。名将常遇存屯田于同州，以同州梆子为军乐。正德年间权宦刘瑾是陕人，主管教坊司，陕西乐户颇受优待。陕西文人康海、王九思是著名的杂剧作家，给民间戏曲化俗为雅提供了契机。康、王挖掘民间乐曲，创作了一种"康王腔"，对陕西地方戏曲发展贡献很大。据赵日睿《后土庙重修记》记载，每到秋神报赛之期，"四方辐辏，熙熙攘攘者，盖踵相接也"。经过明清两代的发展，陕西地方戏曲已经由俗而雅，从乡村社戏、教坊家班登上大雅之堂，并吸引了一大批文人学士投身于此。

清代乾嘉时期，秦腔逐渐走向成熟，在西安形成了著名的"三十六班"，其中如保符班、江东班、双寨班、锦绣班等都享有盛名。同时，这一时期的秦腔开始向全国传播。清乾隆年间，名冠南北的秦腔艺术大家魏长生，曾经三度进京演出，把秦腔艺术推向了顶峰，使之在中国戏曲舞台上大放异彩。

宗教世界

宋代以来，宗教在陕西颇为兴盛，佛寺、佛塔等遍布城乡。尤其是蔚为壮观的陕北石窟寺、华山道观和道教全真派祖庭重阳宫、西安化觉巷大清真寺，以及明末始建的西安天主教北堂，无不说明陕西在宗教文化传播上的地位。

1. 佛教

宋元时期战祸绵延，社会动荡不安，苦难深重的人民在宗教中寻求精神寄托，祈望能脱离苦海、享太平生活。石窟艺术正是这一社会背景的产物，它融外来佛教文化与中国古老传统为一体，兼有绘画、雕塑、建筑众多艺术之精妙，成为陕西艺术宝库的奇葩。

宋、金、元各代石窟主要分布在延安，尤其以安塞、甘泉、子长、富县最密集，不仅石窟数量多，而且技法纯熟，题材更趋世俗化。艺术价值较高的有子长钟山石窟、黄陵双龙千佛洞、富县石泓寺、延安清凉山万佛洞、富县阁子头等处。子长钟山石窟佛坛上的无量寿佛、胁侍菩萨，延安清凉山万佛洞一号窟的净水观音，黄陵双龙千佛洞石窟的日光菩萨与月光菩萨，神态优美，充满生气。在无名匠师的手下，佛与菩萨们冲破了天界神的藩篱，成为生活中美的典范。

罗汉造型在陕北石窟艺术中占有突出地位。宋代及其以后的全国各地寺庙中，泥彩塑罗汉像十分常见，而子长钟山石窟中的石雕罗汉像更具特色。他们千姿百态、表情生动，富有生活气息。我国古代人物画论中强调的"传神写照"或"以形写神"的创作手法，在钟山石窟的罗汉雕像中得到了很好的体现。

佛教传说是石窟造型的重要题材。佛本生故事图像，也被陕北民间艺术大师们赋予了浓厚的生活情趣。黄陵双龙千佛洞的佛涅槃图、佛说法图，富县阁子头石窟的佛涅槃浮雕，子长钟山石窟的佛涅槃和其他故事人物造型，都被刻画得如临其境，如闻其声。其制作手法具有强烈的装饰效果。

石窟造像到了宋代已明显倾向于写实的手法，这在陕北石窟中尤为明显。所有的佛、菩萨和护法神王、金刚、罗汉、天人、比丘及至供养人等，都不同程度地反映了现实社会人们的生活面貌。尤其是不少佛及菩萨的手、脚，经雕刻家出神入化的艺术加工，显得肌肉柔

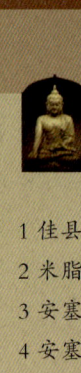
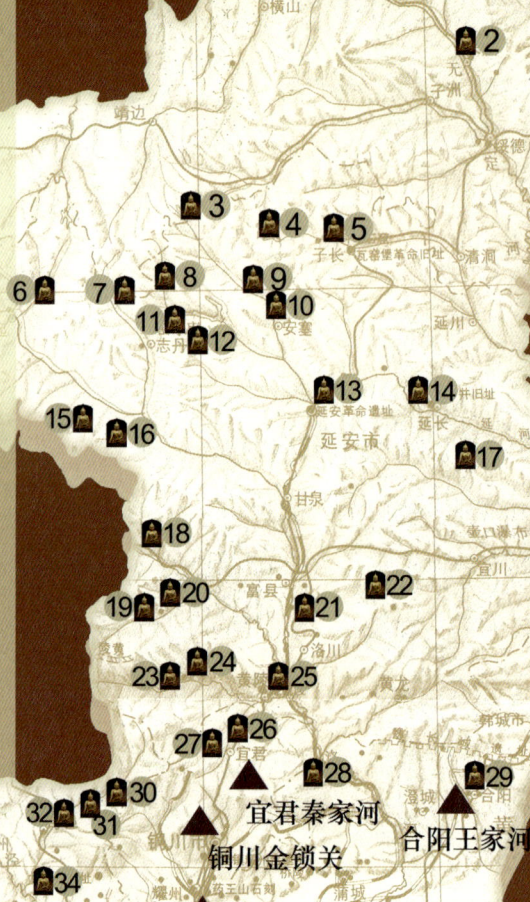

1 佳县云岩寺
2 米脂万佛洞
3 安塞云山品寺
4 安塞黑泉驿
5 子长钟山
6 吴起石窟寺
7 志丹顺宁
8 志丹吕川
9 安塞界华寺
10 安塞真武洞
11 安塞樊庄
12 安塞招安
13 延安清凉山
14 延长七里村
15 志丹何家洼
16 志丹城台
17 延长胡四湾
18 富县石佛堂
19 富县大佛寺
20 富县石泓寺

21 富县阁子头
22 黄龙小寺庄
23 黄陵香坊
24 黄陵双龙千佛寺
25 黄陵麦洛安
26 宜群彭村
27 宜君花石崖
28 宜君福地石窟
29 合阳千佛洞
30 旬邑黑牛窝
31 旬邑蜈蚣洞
32 旬邑赵家洞
33 彬州大佛寺
34 旬邑马家河
35 麟游慈善寺
36 淳化金川湾

>> 降龙罗汉、拊雏猊罗汉、披风罗汉

　　1980年7月，在富县直罗镇柏山寺塔中发现六躯圆雕罗汉像和四躯圆雕武士像。其中尤以降龙罗汉和拊雏猊罗汉最为精彩。从雕像风格及雕刻手法看，当属北宋时期作品。降龙罗汉，弓膝而坐，一手握拳置于膝盖上，一手拄地，双目紧锁，威猛庄重，似蛟龙翻浪而起回首怒吼。整个雕刻给人以咄咄逼人的感觉。拊雏猊罗汉，正襟危坐，头微侧目视下方，表情含蓄温静，身左站立的雏猊，正昂首温顺地"撒娇"，二者的和谐说明罗汉法力之大。

软，圆润而富有质感。这种高超的写实技法，在国内石窟艺术中也是突出的范例。

陕北宋元石窟不仅在造像上风格趋于写实，而且石窟的形制也向木构建筑殿宇形式发展，这种石雕的仿木结构檐廊，为我们再现了宋元建筑艺术的神韵。陕北宋元石窟艺术以其浓厚的生活气息、精湛的写实技巧与新颖的建窟形制，在中国的石窟艺术之林中占有独特的位置。

2.伊斯兰教

宋元时代陆上通道与伊斯兰世界的交流，一度非常活跃，形成了陕西的汉语穆斯林——回族族群。陕西回民自元亡之后，与中、西亚伊斯兰世界的文化联系渐趋松散。回族学者胡登洲（1522—1597）于明嘉靖年间历尽艰辛赴麦加朝圣，得伊斯兰教之真传，回到陕西后，他改革口头传授经文的方法，开创了我国的伊斯兰寺院经堂教育。在他的倡导下，陕西清真寺使用阿拉伯文经籍，设学之风大兴，很快就遍及全国。他创立了我国伊斯兰教育的"陕西学派"，对我国伊斯兰教育影响巨大。

位于西安莲湖区化觉巷的大清真寺建于明初，寺院占地面积1.2万余平方米，为传统的中国式殿堂建筑群，规模宏大，寺院自东向西依次分为五进院落。寺内主要建筑楼台亭阁沿中轴线有序排列，前后贯通，以五大殿阁即"五凤朝阳殿"为核心。其中大殿，殿面阔7间，单檐九脊歇山顶，飞檐翘角，屋顶琉璃瓦。鸟瞰全殿，三个歇山顶建筑相连，平面呈"凸"字形，异常壮观。可容千人礼拜。寺内彩绘雕刻极为精细，是中国古典建筑形式，具有很高的中国传统技艺水平。该寺是中国伊斯兰教建筑规模宏大、保存完整的古老清真寺之一。

3.天主教

明万历年间，又一次中外文化交流高潮通过沿海地区向陕西辐射。王徵是陕西西学东渐的代表人物，除了介绍西方的科学技术外，也对西方文化，尤其是基督教文化表现出了很高的热情。他积极传播基督教的同时，也向国人介绍西方文化的各个方面。他除译介引进了西方的力学与机械工艺之外，还译介天主教义。在王徵的带动下，深处内陆的陕西也加入了西学东渐之潮，于天启五年（1625）在西安开设了第一所天主教堂，即西安天主教北堂。王徵最重要的贡献是介绍西方科学，著作《远西奇器图说》也是在西安刊行的。一时间，闭塞的关中居然成了中西文化交流的热点地区。

4.全真教

金元时期陕西的道教也有很大发展。大定七年（1167），王重阳得丘处机、刘处玄、谭长真、马钰诸弟子，创全真道教。王重阳卒后，弟子马钰袭掌全真教，于今鄠邑区祖庵镇建立道观，手书"祖庭"二字为额，又在其址建灵虚观，后丘处机将其改名为重阳宫。

元代重阳宫盛极一时，在北方道教中影响巨大，居全真道三大祖庭之首，有殿堂建筑约5048间，宫观规模之大为天下道观之首。教徒云集于此，最盛时近万人。元世祖时，重阳宫奉敕更名为"敕赐大重阳万寿宫",享有"天下祖庭""全真圣地"之尊称,悬挂在山门上方的元代皇帝御赐金匾至今仍清晰可辨。

在盛唐以后近千年的漫长岁月里,陕西已经远离中枢地位,偏隅西北,其衰落已是不可避免。但陕西同样创造出了独特的文明,为多民族国家的繁荣和进步贡献了自己的力量。

跋

被誉为"古都明珠，华夏宝库"的陕西历史博物馆是珍藏陕西历史文化和中国古代文明物证的殿堂，更是展示传播中华民族优秀文化和对外交流的重要窗口。陕西历史博物馆2008年推出的"陕西古代文明"展览，比较系统地展现了陕西古代文明演进的轨迹，彰显了陕西古代文明在中国和世界文明史上的重要地位，受到社会各界的高度好评，并于2009年荣获"第八届全国博物馆十大陈列展览精品奖"。

近年来，随着国家各项事业的发展，陕西考古事业也有了长足的进步，许多考古新发现不断涌现。这些重要发现，为进一步展现陕西历史文化和丰富博物馆陈列提供了新的支撑。同时，以前的展览由于受当时考古资料及展示技术、手段的限制，相关展示内容明显不够充分，难以满足人民日益增长的文化需求。在此背景下，经陕西省文物局同意，在中国社会科学院考古研究所、中国科学院古脊椎动物与古人类研究所、陕西省考古研究院等相关兄弟单位的大力支持下，陕西历史博物馆于2018年对原有的"陕西古代文明"展览进行了提升改造。

增加近年相关重大考古新发现是本次新陈列的一个重要特色。

旧石器时代考古方面，洛南盆地的新发现是近年学界关注的焦点。在这里不仅发现了268处早期人类旷野活动地点和洞穴居址，而且还发现了数以万计的石制品和大量动物化石,其年代距今80万—25万年。值得注意的是,在这里发现了中国少见的"阿舍利手斧"。一方面给传统的学说,即东方没有这种手斧的观点造成冲击,同时也为学界重新审视旧石器时代早期欧亚大陆人类技术交流提供了新的契机。

与洛南盆地旧石器时代考古一样受到关注的还有位于黄河壶口瀑布旁的龙王辿遗址。这里发现了2万余件石制品、大量动物骨骼和多处人类用火遗迹,年代距今约2万—1.5万年。石制品中有石磨盘和刃部现磨制痕迹的石铲,石磨盘上的淀粉粒还显示它是用于加工禾本科、坚果等的工具,这些都预示着农业的出现和新石器时代的到来,弥补了陕西石器时代考古发展链上的一个重要缺环。

近年来,陕西的新石器时代考古成绩斐然,杨官寨和石峁遗址的考古发现是这一阶段的代表。

位于西安北部泾渭两大河流交汇地带附近的高陵杨官寨遗址,自2004年发现以来,两次荣获"中国十大考古新发现",在全国新石器时代遗址的考古中极为罕见。杨官寨的主要文化遗存是距今约5500年的庙底沟文化。庙底沟文化在中国历史上非常重要,其以彩陶为核心的"文化共识"影响范围东到大海,西及甘青,北至内蒙古中南部,南抵长江,奠定了中国多元一体文化的基本格局,而杨官寨正是这一时期最显赫的中心聚落。杨官寨遗址的考古,不仅使困扰考古界几十年的庙底沟文化聚落与墓地两大学术问题有了突破性线索,同时也将以西安为中心的关中作为中国古代文明中心的历史提前到了公元前3500多年。

2011年以来,陕西省考古研究院踏着前人的足迹,在国家文物局重点项目"河套地区先秦两汉时期文化、生业与环境研究"的带动下,重新开始了对神木高家堡镇石峁遗址的考古工作,一步步揭开了这座距今

4000年左右、面积达400万平方米的中国史前最大城址的面纱，引起了中国乃至许多国际考古机构的关注。这座体量庞大的石城自内而外由皇城台、内城和外城三部分构成，结构复杂，垒砌技术考究。城内雄伟的宫殿式与祭祀性建筑基址，随葬玉器与殉人的高等级墓葬和一些特殊的器物等都显示，石峁是一座拥有强大组织能力和严密社会分工的都邑性聚落，是以陕北北部、内蒙古中南部为中心的中国北方地区的核心，它所代表的社会崇尚神权且已迈过了初级文明的门槛。

两周时期的考古以荣获"全国十大考古新发现"的周公庙遗址、周原遗址、石鼓山墓地和梁带村墓地等最引人注目。

周公庙考古是"十一五"期间国家开展的大遗址考古的典范，不仅在聚落考古方面总结出了许多宝贵的经验，而且全面拓展了认识周原遗址的视野。这里发现的7处先周到西周时期不同等级人群的墓地、大量夯土建筑基址及制陶、铸铜作坊和2500余字的西周甲骨文等，为周公庙商周时期聚落为周公采邑的判断提供了依据，同时也是认识西周开创分封制管理模式的窗口。

2013年，在宝鸡石鼓山商周时期的墓葬中，出土了包括90多件精美绝伦的青铜礼器在内的各种文物230多件（组）。这一发现，不仅是商末周初中国青铜文化的一次精彩亮相，同时，第一次在宝鸡地区发现了与青铜礼器共存的被认为是姜姓戎人代表器物的高领袋足，对研究姜姓戎人与姬姓周人的文化交流具有非常重要的意义。

周原遗址是陕西考古工作的重镇，在此进行的考古发掘每次都会给大家带来意想不到的惊喜。2014年重新开始的周原考古工作没有例外地重复了这个惊喜。在著名的凤雏基址南部，发现的面积达2600多平方米、目前所知西周最大的单体院落基址，其意义之大，有可能会改变学界对凤雏遗址性质的判断。尤为重要的是，在院落中部还首次发现了西周的社祭遗存，遗存主体为一巨型社主石，埋入地下的部分达1.68米。同区域另一重要收获是发现了罕见的青铜轮牙马车，这辆由4匹马牵引的两轮马车轮间距达1.82米，在木质的车厢、车轮等主要构件上装饰有华丽的青铜饰件，后侧板所饰的青铜兽面狰狞威武，兽耳上还坠饰玉耳坠。这是迄今所见商周时期最为"豪华"的车辆，堪称"国宾车"。

韩城梁带村两周墓地的考古，弥补了陕西东部地区周代考古的空白。梁带村墓地勘探确认的周代墓葬达1300余座，发掘了包括芮国国君及其夫人在内的50余座不同等级的墓葬，出土青铜器、金器、玉器等各类文物万余件（组），为周代历史特别是芮国历史的研究提供了弥足珍贵的资料。

秦汉考古方面，增加了雍城及其附近的新发现和秦"九都八迁"之栎阳城遗址的相关资料。其中，入选"2016年十大考古新发现"的凤翔雍山血池秦汉祭祀遗址，位于雍城郊外，为秦国国君和西汉多位皇帝亲临主祭的国家大型祭天场所。此遗址由坛、墠、场、祭祀坑等各类遗迹构成，相关情况与古文献记载吻合，它的发现对秦汉礼制乃至中国古代礼制等方面的研究具有极高的价值。栎阳城的考古工作入选了"2017年全国十大考古新发现"。其城址位于西安市阎良区武屯镇，平面为长方形，面积4.2平方千米，城墙为夯筑。2016年，在栎阳城遗址内首次发现了栎阳陶文，从而印证了秦都栎阳的位置。史载秦献公二年（前383）迁都栎阳，在商鞅的主持下营建栎阳城，至秦孝公十二年（前350）迁都咸阳。秦在栎阳进行了著名的商鞅变法。

汉代考古最具影响力的无疑是国家大遗址考古项目——汉代帝陵考古调查和勘探工作。2006年以来，在国家文物局的领导和支持下，陕西省考古研究院先后对11座汉代帝陵及陵区有争议的大型墓葬进行了考古调查勘探，基本掌握了相关帝陵的范围、布局及结构，为西汉帝陵制度的研究以及政府对其实施的规划、保护和利用奠定了基础。

与西汉帝陵考古一样，唐代帝陵的考古也是国家文物局"十一五"启动的大遗址考古项目，持续工作十多年，完成了对18座帝陵和2座祖陵（咸宁陵、永康陵）及武则天母亲杨氏顺陵的考古勘探调查工作，掌握了相关陵园的结构和布局，为唐代帝陵的研究、保护和利用提供了依据。

唐代展陈部分还新增了武则天的侄孙女、唐玄宗最宠爱的妃子贞顺皇后之石棺椁的精美线刻画，著名画家韩滉之父、玄宗时名相韩休墓的壁画及大唐故昭容上官氏铭等内容。

唐代以后，陕西失去了中国政治中心的地位，但依然留下了许多珍贵的遗产。五代冯晖墓的彩绘舞乐人物砖雕，宋代吕氏家族墓精美的瓷器、石礼器、文具，以及蒙元时期汉人刘氏家族墓独特的细泥黑陶俑等都是反映当时陕西社会的重要物证。

文物展览是一个非常复杂的系统工程。想在5000平方米局促有限的展厅内，用3000件并不一定典型的文物，制作出一个既能基本反映陕西自115万年到1840年间百万年历史发展脉络，又能让大家迅速读懂的大展，其难度可以想象。前已提及，本次基本陈列提升改造的重点是增加新的考古发现，基本大纲依然延续过去比较成熟的"陕西古代文明"展览，仍以陕西古代文明的产生、演进为主线，由史前、商周、秦、汉、魏晋南北朝、隋唐、宋元明清七部分组成，保持了原展览的体系结构。之所以用了比较多的文字梳理介绍近年重要的考古发现，主要是想尽量突出本次展览的亮点。但实际上，考古新发现在整个展览中所占的比例是非常有限的，大部分还是对以前展品的重新组合、诠释。

为了增进观众对"陕西古代文明"新展的理解,我们特意组织参加过本次展览提升改造工程的我馆部分研究人员,对展览进行深度解读。相信其中许多见解应该是理解"陕西古代文明"展览最权威的声音,也希望《陕西古代文明》一书的出版能对广大观众了解陕西古代文化和中国古代传统文化有所帮助。

王炜林

2019年7月

作者简介

王炜林 —— 研究员，享受国务院特殊津贴专家，现任陕西历史博物馆副馆长、中国考古学会新石器时代考古专业委员会副主任委员、陕西省考古学会会长。长期从事田野考古工作，主持的神木大保当、华县泉护村、高陵杨官寨等考古项目多次获全国十大考古新发现和国家文物局田野考古奖。曾主持完成多项国家社科基金项目，目前为国家社科重大招标项目《陕西高陵杨官寨遗址考古报告》的首席专家。先后在《考古学报》《考古》等刊物发表论文及学术报告60余篇。

谭前学 —— 硕士，研究馆员，现任陕西历史博物馆科研处处长、中国博物馆协会区域博物馆专业委员会秘书长、陕西省博物馆协会副会长兼秘书长。主要从事秦汉唐历史文化及博物馆学研究。独立或合作出版论著20余部，发表论文60余篇。2005年成为陕西省"新世纪三五人才工程"第二层次人选。

晏新志 —— 硕士，研究馆员，现任国家文物局"馆藏壁画保护修复与材料科学研究重点科研基地"主任。致力于汉唐考古、中外文化交流等研究以及文物展览内容设计。出版《神韵与辉煌——陕西历史博物馆国宝鉴赏·陶俑卷》《多彩多姿的陶俑》《汉阳陵与汉文化研究》等论著，发表学术论文数十篇。

梁彦民 —— 博士，研究馆员，现任陕西历史博物馆文物保管部部长、陕西省博物馆协会保管专业委员会主任委员。长期从事商周考古、商周青铜器及博物馆学研究，发表学术论文20余篇。

张维慎 —— 博士，研究馆员，现任《陕西历史博物馆论丛》副主编、中国唐史学会理事。主要从事中国历史地理、汉唐礼俗和文物研究，出版《宁夏农牧业发展与环境变迁研究》《沙苑子文史论集》等论著，发表学术论文60余篇。

杨效俊 —— 博士，研究馆员，现任陕西历史博物馆陈列展览部副部长。2017年入选陕西省宣传思想文化系统第九批"六个一批"人才。主要从事汉唐考古、艺术史研究及展览策划。主持国家社科基金项目《隋唐时期佛舍利崇拜制度研究》。出版《武周时期的佛教造型：以长安光宅寺七宝台的浮雕石佛群像为中心》等论著，发表《东魏、北齐墓葬的考古学研究》等论文30余篇。参与《长安丝路东西风》等原创展览的策展。

田小娟 —— 硕士，研究馆员，现任陕西历史博物馆文物保管部副部长。主要从事先秦文物研究。在《考古与文物》《文博》《中国国家博物馆馆刊》《四川文物》等刊物上发表论文40余篇。

胡中亚 —— 硕士，现为陕西历史博物馆助理馆员。主要从事新石器时代考古、植物考古研究。发表《试论汉中玉文化的两个高峰及其玉料来源》等多篇论文。

图书代号：SK19N1430

图书在版编目（CIP）数据

陕西古代文明 / 王炜林主编. —西安：陕西师范大学出版总社有限公司，2019.10（2022.7重印）
ISBN 978-7-5695-1018-8

Ⅰ.①陕⋯ Ⅱ.①王⋯ Ⅲ.①陕西—文化史—古代 Ⅳ.①K294.1

中国版本图书馆CIP数据核字（2019）第162870号

SHAANXI GUDAI WENMING

陕西古代文明

王炜林　主编　陕西历史博物馆　编

出版统筹	刘东风
选题策划	郭永新　姚蓓蕾
责任编辑	张　佩　刘　定
责任校对	高　歌
封面设计	观止堂_未氓
出版发行	陕西师范大学出版总社
	（西安市长安南路199号　邮编710062）
网　　址	http://www.snupg.com
印　　刷	浙江海虹彩色印务有限公司
开　　本	787 mm × 1092 mm　1/16
印　　张	22
插　　页	4
字　　数	300千
版　　次	2019年10月第1版
印　　次	2022年7月第3次印刷
印　　数	5001-7000
Ｉ Ｓ Ｂ Ｎ	978-7-5695-1018-8
定　　价	198.00元

读者购书、书店添货或发现印装质量问题，请与本公司营销部联系、调换。
电话：（029）85307864　85303629　　传真：（029）85303879